Josef Schoppig Israel im Spiegel der Schweizer Presse

Josef Schoppig

Israel

im Spiegel der Schweizer Presse

1967-1977

Der Bund, Neue Zürcher Zeitung,
Tages-Anzeiger, Vaterland

Herausgegeben von Erhard Roy Wiehn

Hartung-Gorre Verlag Konstanz

Druck und Bindung: BoD GmbH, Norderstedt.

Bibliografische Information Der Deutschen Nationalbibliothek
Die Deutsche Nationalbibliothek verzeichnet diese Publikation in der Deutschen Nationalbibliografie; detaillierte bibliografische Daten sind im Internet über http://dnb.d-nb.de abrufbar.

Erste Auflage 2022
Hartung-Gorre Verlag Konstanz Germany
ISBN 978-3-86628-751-8 und 3-86628-751-8

Inhaltsübersicht

EINFUEHRUNG

In der vorliegenden Arbeit wird versucht, aus führenden deutschschweizerischen Tageszeitungen Israel-Bilder herauszuarbeiten. Das Interesse gilt der Berichterstattung dieser Zeitungen über den Staat Israel. Diese Aufgabe soll mit Hilfe einer quantitativen und qualitativen Inhaltsanalyse gelöst werden.

Den Ereignissen im Nahen Osten kommt, zumindest seit der Gründung des Staates Israel im Jahre 1948, eine ausserordentlich hohe Aufmerksamkeit seitens der Massenmedien im allgemeinen und der Presse im speziellen zu. Die Nahost-Kriege der Jahre 1956, 1967 und 1973 stiessen auch in der Schweiz immer auf ein grosses Interesse. So nimmt in der Aufmerksamkeitsverteilung der Schweizer Presse Israel den elften Platz derjenigen Länder ein, über die am häufigsten und intensivsten berichtet wird (vgl. Guggisber 1976,67). Uns interessiert in der Folge, wie sich diese Berichterstattung im einzelnen zusammensetzt. Welches sind die wesentlichen Elemente, auf welche die Schweizer Presse besonders eingeht?

Bis anhin gibt es zwar gewisse Vermutungen über die Art und Weise der Israel-Berichterstattung. Gewisse Zeitungen dürften israelfreundlicher sein als andere. Die vorliegende Arbeit will versuchen, das Israel-Bild jeder untersuchten Zeitung herauszuarbeiten. Diese Bilder sollen miteinander verglichen werden. Gemeinsamkeiten und Unterschiede in der Israel-Berichterstattung der einzelnen Zeitungen und der untersuchten Perioden werden herauszufinden sein.

Diese Arbeit untersucht den Zeitraum von 1967 bis 1977. Es wird davon ausgegangen, dass in dieser Periode ein Wandel in der Berichterstattung festgestellt werden kann. Die Popularität Israels erreichte im Jahre 1967 zur Zeit des Sechstage-Krieges einen Höhepunkt. Als 1973 der Yom-Kippur-Krieg ausbrach, konnte Israel schon nicht mehr mit einer uneingeschränkten Sympathie seitens der Schweizer Presse rechnen. Das Jahr 1977 schliesslich brachte mit dem unerwarteten Besuch des ägyptischen Präsidenten Sadat in Israel eine Wende in den Beziehungen Israels und Aegyptens. Wie beurteilte die Schweizer Presse diesen Ansatz zu einer friedlichen Regelung eines Konfliktes, der immer noch eine schwere Gefährdung des Weltfriedens darstellt?

Vier führende deutschschweizerische Tageszeitungen werden in diese Arbeit miteinbezogen: die NEUE ZUERCHER ZEITUNG und der TAGES-ANZEIGER aus Zürich, der BUND aus Bern und das VATERLAND aus Luzern. Die Neue Zürcher Zeitung und der Bund gelten als konservative Blätter, die der Freisinnig-Demokratischen Partei der Schweiz (FDP) nahestehen. Der Tages-Anzeiger bezeichnet sich als überparteilich und verfolgt einen "progressiven" Kurs. Das Vaterland ist das führende Blatt der katholischen Presse in der Schweiz und steht der Christlich-Demokratischen Partei der Schweiz (CVP) nahe.

Auswahlkriterien für diese Zeitungen waren 1) die Höhe der Auflage und 2) das Elite-Konzept von Guggisberg (1976). Sie verwendet den Begriff der Elite für diejenigen Leser, die über einen hohen sozio-ökonomischen Status und über eine entsprechende Bildung verfügen. Zudem sind die so definierten Leser im allgemeinen besonders am aussenpolitischen Geschehen - und damit auch am Nahost-Konflikt - interessiert.

Als erstes findet der Leser der vorliegenden Arbeit einen kurzen historischen Abriss über die Ereignisse im Nahen Osten seit der israelischen Staatsgründung im Jahre 1948. Dieser kurze Ueberblick über die Hintergründe der hier untersuchten Ereignisse ist zum Verständnis der qualitativen Analyse notwendig. Diese setzt sich im wesentlichen aus der Sammlung der relevanten Berichte der einzelnen Zeitung zu jedem Ereignis zusammen. Die qualitative erfolgt für jede einzelne Zeitung getrennt. Die jeweilig besprochene Periode (z.B. Mai/Juni 1967) wird kurz zusammengefasst, d.h. ein erarbeitetes Teilbild erlaubt es dem eiligen Leser, die Ergebnisse auch ohne Lektüre der zahlreichen Zitate verstehen zu können. Für jede Zeitung wird schliesslich ein Gesamtbild zusammengetragen.

Die Ergebnisse der quantitativen Analyse werden verbal besprochen und erscheinen zusätzlich detailliert in den Tabellen des Anhanges.

Diese Arbeit geht im weiteren von der Annahme aus, dass zwischen der Israel-Berichterstattung und der öffentlichen Meinung Israel gegenüber gewisse Zusammenhänge bestehen. So wird hier die öffentliche Meinung der veröffentlichten Meinung gleichgesetzt. Die Israel-Bilder der untersuchten Zeitungen wären demzufolge auch ein Barometer für das Verhältnis der Schweizer Bevölkerung Israel gegenüber. Zwei bis anhin unveröffentlichte Meinungsumfragen zum Thema des Verhältnisses Schweiz-Israel (bzw. Schweiz-Nahost-Konflikt) werden hier deshalb dargestellt.

Es stellt sich jetzt die Frage, wie Bilder eines fremden Staates ermittelt werden können. Aus welchen Elementen setzen sich Bilder zusammen? Tadayon (1980,217) kann uns hierzu eine Antwort geben. Er verwendet den Begriff des Image:
"Image is perhaps the key word in this study, and, as it happens, most difficult to define. What is image and what is reality has been a bothersome philosophical question of considerable age, reaching far back into the antiquity." Tadayon geht es darum, das Image des Irans in der New York Times darzustellen. Der vorliegenden Arbeit geht es um etwas sehr ähnliches. Tadayon erreicht sein Ziel durch Ermittlung der "sum total, of all information about Iran presented through The Times during the period of study, which would entail factual information as well as opinions, impressions, beliefs attitudes, sentiments, thoughts, assertions, and all synonyms thereof, in conjunction with <u>how</u> such information is presented; that is the amount and prominence display given the Iran-related items. Each Iran data, as such, could then perhaps be thought of as an icon in a mosaic of other such icons; each unique in its information content from, yet in a structure, or pattern, with others which produces the final picture." Das Image - oder eben das Bild - setzt sich also aus einer grossen Zahl von Einzelerscheinungen zusammen, die sich sowohl inhaltlich als auch formal unterscheiden. Erst die Summe all dieser Einzelbilder prägt das gesamte Bild, welches sich auf irgendeine Art beim Leser festsetzt.

Da der Begriff des Image vor allem im Bereich der Konsumgüterforschung verwendet wird, verbleiben wir für diese Arbeit beim Begriff des Bildes.

Die Israel-Bilder der genannten Zeitungen werden mit Hilfe

einer qualitativen und quantitativen Inhaltsanalyse ermittelt. Diese noch relativ junge Methode der empirischen Sozialforschung und die Probleme, die sich aus der Anwendung für diese Arbeit ergeben haben, werden im Anhang ausführlich dargestellt.

Im Umfeld dieser Arbeit haben sich auch interessante kommunikationstheoretische Fragen ergeben, so z.B. die verschiedenen Stufen eines Ereignisablaufes, oder das Verhalten der Kommunikatoren und der Rezipienten. Auch diesen Fragen wird im Anhang nachgegangen, wobei der aktuelle Bezug zum Thema dieser Arbeit gewahrt bleibt.

In dieser Arbeit werden neben den genannten Arbeitshypothesen (Gleichsetzung der öffentlichen mit der veröffentlichten Meinung, Annahme eines Wandels in der Israel-Berichterstattung) keine weiteren Hypothesen aufgestellt. Trotzdem wird in der Zusammenfassung versucht, die erhaltenen Ergebnisse ex post mit den Hypothesen von Burger et al. (1973,22), Cheesman (1973,3), Deutsch (1977,33) und Guggisberg (1976,30) zu vergleichen. Die diesbezügliche relevante publizistische und politologische Literatur (vor allem die Arbeiten der Forschungsstelle für politische Wissenschaft der Universität Zürich) wurde deshalb hier einbezogen.

An dieser Stelle sollte betont werden, dass die erhaltenen Ergebnisse dieser Arbeit durchaus nachvollziehbar sind. Die analysierten Zeitungsberichte können von jedermann nachgelesen werden. Auch die quantitative Analyse, d.h. die Ermittlung der Häufigkeiten und die Kategorisierung der Israel-Berichterstattung, ist - allerdings mit erheblichem Zeitaufwand - überprüfbar.

ISRAEL UND DIE EREIGNISSE IM NAHEN OSTEN VON 1948 BIS HEUTE

Am 14. Mai 1948 verkündete in Tel Aviv David Ben Gurion als Vorsitzender der provisorischen israelischen Regierung die Ausrufung des Staates Israel. In der Nacht nach der Staatsgründung wurde Israel von seinen arabischen Nachbarn angegriffen. Im Verlauf der Kämpfe konnte Israel verschiedene Gebiete (die westlichen Randgebiete Cisjordaniens und die ganze Negev-Wüste) erobern und damit sein Staatsgebiet über das Gebiet hinaus ausdehnen, welches ihm aufgrund des UNO-Teilungsplanes vom 29. November 1947 zustand. Im Februar 1949 kam schliesslich nach zähen Verhandlungen auf Rhodos ein Waffenstillstand zwischen Israel einerseits, Aegypten, Libanon, Transjordanien und Syrien andererseits, zustande. Friedensverträge hingegen wurden keine abgeschlossen. Im Jahre 1949 trat Israel auch den Vereinten Nationen bei. (vgl. zu diesem Abschnitt Krautkrämer, 1980,44ff.)

Nach mehreren Jahren relativer Ruhe, die durch eine intensive jüdische Einwanderung - vor allem aus den arabischen Ländern - nach Israel gekennzeichnet war, brach im Jahre 1956 der zweite israelisch-arabische Krieg aus. Israelische Streitkräfte stiessen am 29. Oktober 1956 in die Sinaihalbinsel und den Gazastreifen vor. Bei dieser Aktion ging es um die Sicherung der von Aegypten bedrohten Freiheit der Schifffahrt durch die Strasse von Tiran. Zudem diente der Gazastreifen als dauernder Ausgangspunkt für ägyptische Grenzverletzungen. Die Suezkrise war allerdings nicht auf eine israelisch-ägyptische kriegerische Auseinandersetzung beschränkt. In den Konflikt waren auch Grossbritannien und Frankreich verwickelt. Ihr Ziel war die Wiedergewinnung des vom ägyptischen Staatschef zuvor verstaatlichten Suez-Kanals. Die israelische Armee unter Mosche Dayan erreichte den Suez-Kanal. Auf amerikanischen und sowjetischen Druck hin mussten sich sowohl die israelischen Truppen als auch das anglo-französische Expeditionskorps - welches sich an den Kämpfen am Süez-Kanal beteiligte - wieder zurückziehen. Die Vereinigten Staaten garantierten in der Folge die freie Durchfahrt israelischer Schiffe durch die Strasse von Tiran. Israel seinerseits betonte, dass eine erneute Sperrung der Strasse von Tiran als ein casus belli anzusehen sei. Nach der Suez-Krise wurden UNO-Truppen auf der Sinaihalbinsel, in Sharm el Scheik an deren Südspitze und im Gaza-Streifen stationiert. (vgl. zur Suez-Krise Eban 1973,141-151)

Aus der Suez-Krise ging Israel gestärkt hervor. Die folgenden Jahre standen erneut im Zeichen einer wirtschaftlichen Prosperität. Vor allem machte die landwirtschaftliche Entwicklung grosse Fortschritte, was sich im zunehmenden Export landwirtschaftlicher Güter bemerkbar machte. Eban (1973,154) resümiert für diese der Suez-Krise folgenden Jahre: "Vieles war in Israel noch unvollkommen, entbehrte der äusseren Form und einer inneren Harmonie. Aber das ganze Land wirkte weniger verkrampft, seine Kultur weniger provinziell und seine Energien wesentlich robuster."

Die Jahre nach der Suez-Krise waren auch geprägt durch gute Beziehungen Israels zu den wichtigsten europäischen Staaten und den USA, zudem durch den Auf- und Ausbau der Zusammenarbeit mit verschiedenen Entwicklungsländern. Als Folge des arabischen Druckes nach dem Yom-Kippur-Krieg im Jahre 1973 zerbrachen diese bemerkenswerten Beziehungen zu den meisten afrikanischen Entwicklungsländern.

Die Schatten eines neuen Krieges begannen sich im Monat Mai 1967 abzuzeichnen. Die Monate zuvor waren, wie auch schon in anderen Jahren, von Ueberfällen arabischer Freischärler und israelischen Vergeltungsaktionen geprägt. Den Abschuss von sechs syrischen MIG-Kampfflugzeugen bei einem Luftkampf über dem See Genezareth nahm der ägyptische Präsident Nasser zum Anlass, noch stärker als bisher mit dem Säbel zu rasseln. Im Jahre 1967 forderte Nasser von UNO-Generalsekretär U Thant den Abzug der auf dem Sinai stationierten UNEF-Truppen (United Nations Emergency Forces). U Thant kam dieser Forderung rasch nach und ägyptische Truppen setzten sich an die Stelle der abgezogenen UNEF-Truppen. Zudem sperrte Nasser den Golf von Akaba am Roten Meer und damit die Strasse von Tiran für die israelische Schifffahrt. Den ägyptischen Kriegsvorbereitungen schlossen sich auch Syrien, Irak und - nach längerem Zögern - Jordanien an. Israel stand vor der Gefahr eines koordinierten arabischen Angriffs.

Aus dieser Konstallation entwickelte sich am 6. Juni 1967 ein neuer Krieg. Dieser brachte Israel einen überzeugenden militärischen Sieg. Die Umsetzung der militärischen Erfolges in einen politischen Frieden blieb Israel allerdings versagt. Im Sechstage-Krieg eroberte Israel Westjordanien mit dem arabischen Teil Jerusalems, die Sinai-Halbinsel und den Gaza-Streifen sowie die strategisch besonders wichtigen Golan-Höhen. Am 26. Juni vereinigte Israel Ost- und Westjerusalem zu einer einzigen, unteilbaren Stadt.

Viele Beobachter - so auch einige Redaktoren der hier untersuchten Zeitungen - forderten den israelischen Rückzug aus den besetzten Gebieten. Krautkrämer (1980,67) vertritt die Auffassung, dass der These, wonach "Israel nach dem Junikrieg durch Räumung der besetzten Gebiete zu einer Einigung hätte kommen können", die Tatsache gegenübersteht, "dass die arabischen Staaten auf der Konferenz von Karthum grundsätzliche Verhandlungen mit Israel und dessen Anerkennung ablehnten."

Im November 1967 nahm der Sicherheitsrat der UNO die Resolution 242 einstimmig an. Die Auslegung derselben verursachte besondere Auslegungsschwierigkeiten und die darin enthaltenen Bestimmungen wurden nicht verwirklicht. In den Jahren 1969 und 1970 folgte ein Abnützungskrieg zwischen Aegypten und Israel über den Suez-Kanal hinweg. Auch die Vermittlungsbemühungen des Nahostbeauftragten der UNO, Gunnar Jarring und des US-Aussenministers Rogers brachten keine Annäherung zwischen den erstarrten Fronten.
(vgl. zum Sechstage-Krieg Eban 1973,195ff., Krautkrämer 1980,60ff. und Ben Gurion 1973,609ff.)

Am 6. Oktober 1973 wurde Israel vom Angriff ägyptischer und syrischer Truppen überrascht. Der Ueberfall fand am Yom-Kippur - dem höchsten jüdischen Feiertag - statt. Die arabischen Streitkräfte konnten in der Anfangsphase dieses vierten Krieges einige Erfolge erzielen. So gelang es Aegypten, das Ostufer des Suez-Kanals zurückzuerobern. In der zweiten Kriegswoche dieses ausserordentlich verlustreichen Krieges für beide Seiten, stiessen israelische Truppen auf das Westufer des Suez-Kanals vor. Auch auf den Golan-Höhen konnte der Vormarsch der Syrer gestoppt werden. Ein sowjetisch-amerikanischer Appell führte zur Feuereinstellung und zur Verabschiedung der UNO Resolution 338. Diese forderte die Verwirklichung der Resolution 242 aus dem Jahre 1967, welche im wesentlichen die Forderung nach Rückzug der israelischen Truppen bei gleichzeitiger Anerkennung Israels durch die Araber beinhaltete. Da die 3. ägyptische Armee eingeschlossen war, ergab sich die Notwendigkeit direk-

ter Verhandlungen zu ersten Entflechtungsmassnahmen zwischen israelischen und ägyptischen Offizieren unter UNO-Aufsicht am Kilometerstein 101 auf der Strasse Suez-Kairo. Die Anstrengungen des US-Aussenministers Kissingers brachten in den folgenden Monaten und Jahren (Abkommen 1974 mit Syrien, 1975 mit Aegypten) weitere Truppenentflechtungsabkommen und erste Ansätze zu einer gegenseitigen Annäherung zumindest zwischen Israel und Aegypten. Es wurden entmilitarisierte Zonen geschaffen, die erneut von UNO-Truppen besetzt wurden.
(vgl. zum Yom-Kippur-Krieg Konzelmann 1974 und Krautkrämer 1980, 68ff.)

Eine grundsätzliche Wende im Nahost-Geschehen brachten die Ereignisse des Herbstes 1977. Am 11. November 1977 richtete der israelische Ministerpräsident Menachem Begin einen Appell an das ägyptische Volk. Er verwies auf die zwei Tage zuvor von Aegyptens Staatschef Anwar el-Sadat geäusserte Bereitschaft, vor dem israelischen Parlament zu sprechen, und er lud Sadat ein, dieses Vorhaben in die Tat umzusetzen. Sadat nahm diese Einladung trotz harter arabischer Kritik an,und er traf am 19. November 1977 in Israel ein, wo er mit allen Ehren empfangen wurde. Seine Rede - und die Antwort Begins - vor der Knesset, dem israelischen Parlament, zeigten zwar deutlich die immer noch vorhandenen widersprüchlichen Auffassungen beider Länder auf. Doch Sadats Reise und der Gegenbesuch Begins in Aegypten am Weihnachtstag 1977 hatten die Bereitschaft beider Länder aufgezeigt, die Meinungsverschiedenheiten inskünftig mit politischen Mitteln zu lösen. Sadats Initiative fand keine Nachahmung im arabischen Lager. Die Tripolis-Konferenz der "Ablehnungsfront" am 2. Dezember 1977 verurteilte den Schritt Sadats und führte zur allmählichen Isolierung Aegyptens von der übrigen arabischen Welt.

Am 17. September 1978 unterzeichneten Begin, Sadat und der amerikanische Präsident Jimmy Carter die Vereinbarungen von Camp David. Diese führten schliesslich zum Abschluss der Friedensverhandlungen zwischen Aegypten und Israel am 26. März 1979. In der Folge begann der schrittweise Rückzug Israels aus der Sinai-Halbinsel, der im April 1982 abgeschlossen sein soll. Zudem erfolgte die Aufnahme diplomatischer Beziehungen und der Beginn von Normalisierungsbemühungen zwischen den lange verfeindeten Staaten Israel und Aegypten. Verhandlungen zur Regelung der Autonomiefrage des besetzten Westjordaniens wurden auch durchgeführt, wobei diese Verhandlungen sich zum jetzigen Zeitpunkt in einem kritischen Stadium befinden. (vgl. zu den Entwicklungen im Nahen Osten seit dem Besuch Sadats in Israel: Krautkrämer 1980,102ff., Encyclopedia Judaica, Year-Book 1977-8,232ff. und Astor/Yorke 1978)

Nach Krautkrämer hängt der Erfolg oder Misserfolg der Friedensbemühungen davon ab, "ob die arabischen Staaten weiterhin geschlossen die Errichtung eines Palästinenserstaates fordern und ob sich Israel dieser Forderung auf die Dauer widersetzen kann. Es wird letztlich darum gehen, ob ein Weg gefunden wird, die arabisch-palästinensischen Forderungen mit dem israelischen Streben nach Sicherheit in Einklang zu bringen. Den europäischen Ländern kann dabei eine Schlüsselrolle zufallen. Ihre Abhängigkeit vom nahöstlichen Oel zwingt sie, arabischen Forderungen Gehör zu schenken. Doch stehen sie zugleich in der moralischen Pflicht, auch dafür zu sorgen, dass das jüdische Volk nach allen Leiden frei von Furcht seinen Staat erhalten und weiter entwickeln kann." (Krautkrämer 1980,121)

ISRAEL UND DER NAHOSTKONFLIKT IN DIVERSEN INHALTSANALYTISCHEN STUDIEN

Bei der Durchsicht der Literatur stellt sich heraus, dass nur wenige inhaltsanalytische Arbeiten zum Nahostkonflikt vorliegen. Zudem konnten einige Arbeiten gefunden werden, die dem Nahostkonflikt auch Beachtung schenken. Zu den ersteren sind die Arbeiten folgender Autoren zu zählen: Cheesman (1970), Lewan (1970), Lapierre (1968), Mousallam (1976), Rosengren/Rikardsson (1974), Mishra (1979) und Rikardsson (1978); zu der zweitgenannten Art diejenigen von Mühlethaler (1976) und von Steiner (1971).

Cheesman (1970) untersucht den Umfang der Berichterstattung über Israel und Aegypten in europäischen Eliteblättern. Theoretisch stützt er sich vor allem auf die grundlegenden Arbeiten von Galtung/Ruge (1965). Cheesman versucht die Frage zu beantworten, ob sich die Erkenntnisse von Galtung und Ruge auch auf ausserskandinavische Zeitungen übertragen lassen: "As Galtung and Ruge claim general validity for their theory, the data from an international sample of newspapers should also confirm their hypothesis." (Cheesman 1970,6) Im folgenden stellt er einen Hypothesenkatalog auf, der im wesentlichen die Erkenntnisse von Galtung und Ruge beinhaltet (vgl. bei Cheesman 1970,3).

Cheesman arbeitet mit einem sehr schmalen Sample, welches sich aus einem Zeitraum von wenigen Wochen im Jahre 1969 ableitet. Immerhin zeigt er den Konflikt zwischen dem Arbeitsaufwand, der klein gehalten werden soll und der Zuverlässigkeit der zu machenden Aussagen: "When designing the sample conflicting goals had to be met: to include as few copies as possible for each paper because content analyse ist a laborious method, to increase reliability - by including as many issues as possible, to increase probability by extend of period of observation, etc." (Cheesman 1970,8). Des weiteren zeigt er mögliche Verzerrungen auf, die auf der Auswahl der Zeitungen beruhen. Für uns ist die Arbeit von Cheesman insofern besonders interessant, als auch die Neue Zürcher Zeitung (NZZ) unter den Eliteblättern in der Untersuchung aufgeführt ist. "It seems possible that the small sample has caused some irregularities: during the period of observation NZZ published a series of articles on the Egyptian economy, several of which were included in the sample - the systematic sample will therefore have given somes bias in Egypts (or rather NZZ's) favour." (Cheesman 1970,8) Schon hier zeigt sich im übrigen eine interessante Erscheinung, die in der vorliegenden Arbeit auch festgestellt werden konnte: Die Tatsache nämlich, dass die NZZ einen nicht unbedeutenden Anteil ihrer Berichterstattung aus der uns interessierenden Region dem Wirtschaftsgeschehen in diesen einzelnen Ländern widmet.

Lapierre's Arbeit (1968) ist ungleich viel umfangreicher als diejenige von Cheesman und verdient besondere Beachtung. Er untersucht den Umfang und Inhalt der Information über den Staat Israel in den wichtigsten Zeitungen Frankreichs im Jahre 1958. Seine Zeitungsauswahl beinhaltet über zwanzig Titel. Es ist klar, dass die bei einer solchen Arbeit anfallende Masse von Daten nur im Rahmen eines grösseren Forschungsprojektes verarbeitet werden konnte.

Das Ziel der Arbeit von Lapierre (1968,161) besteht darin,: "de découvrir, à travers les thèmes principaux, si l'état d'Israel a été présenté dans un quotidien de manière plutôt favorable ou au contraire plutôt défavorable, si le lecteur est orienté par les informations qu'on lui a données vers la sympathie ou vers l'antipathie à l'égard d'Israel."

Des weiteren interessiert sich Lapierre (1968,45) für den unterschiedlichen Umfang der Berichterstattung der untersuchten Zeitungen: "Tout d'abord il se peut que certains quotidiens informent peu leurs lecteurs sur un pays donné, tandis que d'autres proposent aux leurs des nouvelles abondantes et régulières sur ce même pays. Une telle hypothèse de travail amène à poser les questions suivantes: existe-t-il réellement des différence dans la quantité et dans la régularité de l'information sur Israel selon les journaux? Les différences ont-elles un sens, et quel sens? Sont-elles en rapport avec la formule du journal, ou avec sa tendance à l'égard d'Israel? Les journaux les plus favorables à une nation étrangère sont-ils ceux qui en parlent le plus?" Auch die vorliegende Arbeit wird sich mit solchen Fragen auseinanderzusetzen haben.

Lapierre (1968,95) kommt auf den Informationsfluss zu sprechen, dem inbezug auf die Auswahl der Erhebungszeiträume besondere Beachtung zu schenken ist: "Or, les événements ne se produisent pas régulièrement. La régularité de l'information dépend du cours de choses. Il y a des périodes creuses pendant lesquelles rien de saillant n'arrive dans un pays, rien qui vaille d'être signalé par les agences de presse, ou les correspondants, sinon de menus faits qui passent inaperçus. Puis, un jour, quelque chose se produit, qui éveille l'attention des salles de rédaction." Diese Aussage zeigt deutlich auf, wie problematisch die Auswahl der Erhebungszeit sein kann. Grundsätzlich stehen zwei Möglichkeiten zur Auswahl: a) eine bestimmte, längere Periode wird analysiert; aus dieser längeren Zeitspanne (z.B. ein Jahr bei Lapierre) werden Stichproben gezogen (z.B. jeder vierte Tag wie bei Cheesman), b) kürzere Perioden (z.B. einige Wochen) werden als Vollerhebung einer Untersuchung unterzogen. Während sich Lapierre für die erste Möglichkeit entschieden hat, wird hier die zweite gewählt.

Die vorliegende Arbeit muss deshalb als Ereignisanalyse verstanden werden (vgl. Bürki 1977,367). Uns interessiert in erster Linie die Berichterstattung über besonders markante zeitgeschichtliche Ereignisse wie die Nahost-Kriege der Jahre 1967 und 1973 und der Sadat-Besuch in Israel im Jahre 1977. Immerhin wird auch in dieser Arbeit eine zusätzliche Periode (Januar bis März 1977) untersucht, die ohne besondere Vorkommnisse ausgestattet ist.

Eine weitere grundlegende Arbeit ist die Untersuchung über den Nahostkonflikt in der Schwedischen Presse von Rikardsson (1978). Auch Rikardsson erhält seine Daten unter Zuhilfenahme elektronischer Datenverarbeitungsmethoden. Deshalb kann er auch mit sehr präzisen statistischen Angaben Aussagen über den Umfang und den Inhalt der Nahost-Berichterstattung verschiedener schwedischer Tageszeitungen machen.

Rikardsson versucht, einen Zusammenhang zwischen den Massenmedien und der "öffentlichen Meinung" herzustellen: "The information that Swedish people has received over the years about the Middle East Conflict has for the most part been suplied by the mass media. For that reason it is likely that the information via the

mass media has actually determined the Swedish opinion of the conflict and the parties involved." (Rikardsson 1978,11)
Wir wollen hier annehmen, dass ein solcher Zusammenhang zwischen der Berichterstattung der Massenmedien und der öffentlichen Meinung auch für die Schweiz Geltung hat.

Besteht ein Zusammenhang zwischen der Information der Massenmedien über ein Land und der öffentlichen Meinung, die sich über dieses Land bildet, dann könnte man daraus folgern, dass eine Analyse der Berichterstattung auch Aussagen über das Bild, das Image eben dieses Staates in der Bevölkerung zulassen würde. Nehmen wir weiter an, dass ein solcher beschriebener Zusammenhang auch für die Schweiz seine Gültigkeit hätte, dann müssten Rückschlüsse auf die Rezipienten aufgrund der von uns erhaltenen Ergebnisse der Inhaltsanalyse führender Zeitungen zulässig sein.

Rikardsson (1978) untersuchte den Zeitraum von 1948 - 1973, eine ausserordentlich lange Zeitspanne. Selbstverständlich kam eine Vollerhebung nicht in Frage. Es muss jedoch berücksichtigt werden, dass sich Rikardsson (1978,20) nur auf Leitartikel der ausgesuchten Zeitungen beschränkte, ganz im Gegensatz zu Cheesman (1970) und Lapierre (1968). Die vorliegende Arbeit wird sowohl die Leitartikel und die anderen meinungsbildenden Ausdrucksformen, als auch die Informationen als solche, wie Agenturmeldungen etc. beinhalten. Nur so lässt sich eine wirklich umfassende Aussage durchführen.

Rosengren/Rikardsson (1974,108) interessieren sich für die Frage, ob die Schwedische Presse in ihrer Berichterstattung über den Nahen Osten ausgewogen ist: "Is there any difference in the treatment of the news about the Arab side and that about the Israeli side, or may the Swedish News system be said to be impartial in this respect? Impartiality may be explicated as balance and neutrality. Balance may be seen as referring primarily to coverage, neutrality to manner of presentation. In this report we have restrict ourselves to coverage. The minimum demand on balance would be that there is news about both sides. But this qualitative, minimum demand is necessarily complemented with a qualitive question: how much news? Our first task, then, would be to find out how much news there is about each of the two sides, and wheter the proportions are subject to change during the selection process."

Bei vorliegender Arbeit interessiert nicht so sehr die Frage, ob die Schweizer Presse quantitativ ausgewogen über den Nahen Osten berichtet, sondern vielmehr die Zusammensetzung der Nachrichten über den Staat Israel. Bei der Datenerhebung wurde dann auch der arabischen Seite Aufmerksamkeit geschenkt, wenn die Artikel im Zusammenhang mit Israel und dem Nahostkonflikt standen. Eine systematische Erhebung auch dieser Daten hätte jedoch den Rahmen dieser Arbeit eindeutig gesprengt.

Einen kürzeren Aufsatz über die Nahost-Berichterstattung amerikanischer Massenmedien liefert uns Mishra (1979). Seiner Ansicht nach hängt das Interesse vieler Forscher am Nahost-Konflikt eng mit der grossen strategischen Bedeutung dieser Region zusammen, d.h. dem Aufeinanderprallen der USA und der UdSSR: "This reality alone impels scholars to examine the nature and extent of news from the Middle East in the U.S. news media, especially since flow of news is vital to the formation of public opinion toward the nations of the region." (Mishra 1979,334) Mishra glaubt, ähnlich wie Rikardsson (1978) an einen engen Zusammenhang zwischen dem Informationsfluss, d.h. der Art und Weise der Berichterstattung und der öffentlichen Meinung im betreffenden Land (in diesem Falle die USA).

Auch die vorliegende Arbeit geht davon aus, dass zwischen der Berichterstattung der Medien und der öffentlichen Meinung Zusammenhänge bestehen. Mit den Mitteln der Inhaltsanalyse - das kann hier schon festgehalten werden - lassen sich nur Aussagen über das Medium selbst einigermassen schlüssig machen. Aussagen über Kommunikatorintentionen und Rezipienteneinstellungen müssen grundsätzlich jedoch spekulativ bleiben.

Mishra (1979,374) wählt einen Ansatz, der quantitative und qualitative Elemente verbindet. Bei der Zeitungsauswahl spielen bei Mishra folgende Selektionskriterien eine Rolle: "...1) the daily publication of the newspapers, 2) the relatively large circulation of the newspapers published principally from the large population centers of the United States, 3) the 'elite' nature of the newspapers, 4) the geographic representation of the United States by the newspapers, and 5) the newspapers' representation in the Middle East countries through their own correspondents."

Mishra (1979,378) untersucht fünf amerikanische Zeitungen während einer Woche in den Monaten September, Oktober und November 1971. Dabei kommt er zu folgenden Ergebnissen: "The coverage was found to be mostly concentrated in Israel, Egypt and Iran. This focus of attention might be partly explained in the terms of continuing Arab-Israeli conflict and the high stakes in the region for the U.S. economic, political, and military interests.. Most items dealing with the internal and external politics, Arab-Israeli conflict, human interest and American interest were treated in a neutral and professional journalistic fashion. More economic, social and national development items were treated positively than negatively."

Die Arbeit von Lewan (1970) kann mit wenigen Worten besprochen werden. Er beschränkt sich darauf, die Ereignisse des Sechstage-Krieges von 1967 anhand von Zitaten der führenden deutschen Tageszeitungen Revue passieren zu lassen. Seine Interessen deckt Lewan zwar nicht explicit auf, sie lassen sich jedoch aus gewissen einleitenden und abschliessenden Bemerkungen deutlich ablesen. So will Lewan (1970,8) einen kausalen Zusammenhang zwischen den Ereignissen von 1967 und der Berichterstattung von deutschen Zeitungen sehen: "Was 1967 im Nahen Osten geschah, wurde durch das Einverständnis im Westen ermöglicht. Auch heute hängen Glück und Elend vieler Menschen, die unmittelbar in den Konflikt verwickelt sind, erheblich von unseren Vorstellungen ab. Da nun die Meinungen zum beträchtlichen Teil von der Presse bestimmt werden, soll diese Arbeit, die zeigt, was es bedeutete, den Krieg durch den Spiegel der westdeutschen Presse zu sehen, ein Beitrag zur Konfliktforschung sein." Noch eindeutiger sind die folgenden Aeusserungen Lewans (1970,174): "So wie die Presse durch ihren Einfluss auf die Meinungsbildung der Oeffentlichkeit und der Regierungen die israelischen Eroberungen von 1967 ermöglichte, deckt sie heute deren Bestehen...Es fragt sich auch, ob die Redakteure nicht dazu gebracht werden müssten, ihre Entscheidungen über die Aufstellung von Richtlinien, die Auswahl von Journalisten usw. öffentlich zur Diskussion zu stellen und zu verantworten. Das gefährliche Versagen der Presse in der Nahost-Frage sollte dazu zwingen, alle gangbaren Möglichkeiten zur Abschaffung dieses Uebelstandes ernst zu nehmen." Diese letzte Forderung kann sicher diskutiert werden, jedoch nur in einem allgemeinen Rahmen und nicht nur auf den Nahost-Konflikt bezogen.

Sehr fundierte Angaben zum Informationsfluss aus dem Nahen Osten macht das International Press Institute (IPI), dessen Bulletin jedoch aus dem Jahre 1954 stammt und sicher nicht mehr die neuesten Entwicklungen wiedergibt. Einige grundlegende Informationen können aber heute auch noch verwendet werden.

Das IPI (1954,58) gibt einen Ueberblick über die Nahost-Berichterstattung der Presse verschiedener Länder. Auch die Berichterstattung der Schweizer Presse findet Erwähnung: "In Switzerland several newspapers, and in particular the Neue Zürcher Zeitung, give full and continuous coverage by the technique of relying for day-to-day news on the agencies and rounding up problems regularly in articles from an export rover or from correspondents resident in the area. The result in all cases is a high standard of coverage. Several newspapers have the services on a pool basis of rover or permanent correspondents.." Allgemein kann gesagt werden, dass die Beobachtungen des IPI auch heute noch ihre Gültigkeit haben.

Zwar wird die Berichterstattung über den Nahen Osten durch verschiedene Quellen abgedeckt, doch die Frage, wie vielseitig diese Information ist, bleibt noch offen. Dazu das IPI (1954,68): "Middle East coverage is strongly weighted towards political, and economic and social news tends to be ignored even though political developments very often have direct economic and social causes. Human interest stories are virtually non-existent. The result is an unbalancedpicture of the area and several correspondents fastened on this as an explication of why the public outside the Middle East finds live there inexplicable." Dieser letzte Vorwurf des IPI deckt sich vollumfänglich mit der vorliegenden Untersuchung. Einzig die Neue Zürcher Zeitung vermag dem Postulat nach einer vielseitigen Informations-Abdeckung einigermassen gerecht zu werden.

Zum heutigen Stand der Informationsbeschaffung aus dem Nahen Osten können wir einen fundierten Kenner der Szene zu Worte kommen lassen, den Nahost-Korrespondenten der Neuen Zürcher Zeitung, Arnold Hottinger: "Auf Interviews und angeblich vertrauliche Mitteilungen ist in der islamischen Welt noch weniger Verlass als anderswo. Politiker sagen in erster Linie, was sie veröffentlicht haben wollen, weil sie der Ansicht sind, dass es ihnen nütze. Ob dies den Tatsachen entspreche oder bloss ihren Hoffnungen, pflegen sie bewusst oder auch unbewusst zu verwischen.. Es gibt sogar Irreführung durch Betonung der Wahrheit. Bevor er den 73-er Krieg auslöste, hat Präsident Sadat ein- ums andermal unterstrichen, dass der Krieg unmittelbar bevorstehe; nicht etwa, weil er warnen wollte, sondern weil er, wie er später zugab, genau wusste, dass er so oft von dem kommenden Krieg gesprochen hatte, dass ihm niemand mehr Glauben schenkte; je mehr er davon redete, desto weniger, und der Krieg ist denn auch als eine Ueberraschung gekommen." (Hottinger 1980,43)

Goren et al. (1975,199) berichten über den Informationsfluss zur Zeit des Yom-Kippur-Krieges 1973: "The decision of media organizsations to assign high priority to the coverage of the Yom Kippur War is due, in our opinion, to a number of reasons. First, it is clear that a war is an event of highest news value, particulary when it occurs suddenly and develops in an dramatic and unexpected manner as was the case in October 1973,.." Goren et al. unterscheiden zwischen zwei Arten von Korrespondenten, die aus Israel berichten: "those foreign reporters who reside in Israel for a 'permanent' basis and who report to their editorial offices on all the activities concerning Israel (most of the reporting during this period concerned security matters); and 'visiting' reporters who came to Israel in order to cover a particular event, or more often on a well-defined journalistic assignment. The fact that the latter are less familiar with Israel and its activities, have fewer and less reliable contacts in the country, and that their first impression is often distorted, does not prevent authorities from giving them special privileges and assistance which often causes frustration among resident reporters." (Goren et al. 1975,200)

Auch die Neue Zürcher Zeitung und der Tages-Anzeigers haben anlässlich der von uns behandelten Ereignisse Sonderreporter nach Israel geschickt (auch in die arabischen Länder). Goren et al. (1975,201) beschreiben die nicht leichte Arbeit der Korrespondenten in Kriegszeiten:"The foreign reporters were generally not easily accessible due to the nature of their work. Most potential correspondents wereout from the early pre-dawn hours and returned late at night from battle areas. Data collection took place at the hotels where the reporters resided and at the Government Press Office where they received briefings." Goren et al. (1975,206) sind der Ansicht, dass die Einstellungen von Korrespondenten gegenüber den Quellen von grosser Bedeutung für die Art und Weise der Berichterstattung sind: "It appears that the credibility he ascribes to a source is a result of his evaluation as to the probability of the source 'using' him to relay information."

Wir wollen uns nun denjenigen Arbeiten zuwenden, die u.a. auch den Nahost-Konflikt und die damit verbundene Berichterstattung in der Schweizer Presse streifen.

Es zeigt sich bereits jetzt, dass mit der vorliegenden Arbeit weitgehend Neuland betreten wird. Nicht was die Methodik (Inhaltsanalyse) betrifft, jedoch die Thematik wird selten angesprochen. Nur wenige inhaltsanalytische Arbeiten, die sich mit der Schweizer Presse auseinandersetzen, sind bis jetzt erschienen.

Mühlethaler (1976,81) untersucht den Anteil der Korrespondentenberichte an der Berichterstattung über den Nahostkonflikt: "Jeder sechste Bericht über dieses Thema stammt von einem Korrespondenten. Auch hier wird wieder untersucht, inwieweit die Korrespondenten über die Agenturen hinausgehende Information anbieten." Mühlethaler stellt fest, dass ein Informationsvorsprung der von Korrespondenten belieferten Zeitungen festzustellen ist.

Die Ergebnisse von Mühlethaler - wie auch die unsrigen - müssen sehr vorsichtig interpretiert werden, handelt es sich doch immer nur um Momentaufnahmen. Dem abschliesenden statement, welches die Frage der Vollständigkeit von Artikeln beinhaltet, können wir uns aber durchaus anschliessen und dessen Allgemeinverbindlichkeit bejahen: "Wenn in der vorliegenden Arbeit immer wieder Unvollständigkeit und Vereinfachung kritisiert werden, so nicht aus Verkennung der journalistischen Möglichkeiten. Denn es ist klar, jeder Artikel ist notwendigerweise unvollständig und vereinfachend. Die Kritik richtet sich denn auch nicht gegen die einzelnen Artikel, sondern gegen Tendenzen innerhalb des Gesamtangebotes. Denn entscheidend ist, ob sich die Mängel im Gesamtbild ausgleichen oder ob durch Häufung gleichartiger Mängel dieses Bild verzerrt wird." (Mühlethaler 1976,90)

Auch für die Nahost-Berichterstattung gilt nach Mühlethaler (1976,91), "dass die von den Zeitungen übernommenen Agenturtexte unzureichende Informationen bieten: Die kurzen Meldungen sind zum Teil unverständlich, zum Teil gehen sie am Wesentlichen vorbei. Da es sich hier um qualitative Mängel handelt und diese Mängel in den Meldungen aller Zeitungen festzustellen sind, ist anzunehmen, dass die Unzulänglichkeiten in der Agenturberichterstattung liegen und nicht durch die Artikelauswahl der Zeitungen zustande kamen." Diese letzte Aussage könnte die Grundlage für eine umfassende Analyse der Berichterstattung aus dem Nahen Osten von Seiten der Internationalen Agenturen bilden. Auch die "gate-keeper" Probleme, die bei der Auswahl der Agenturmeldungen entstehen, würden eine selbständige Untersuchung rechtfertigen, da dies in der vorliegenden Arbeit nicht angegangen werden kann (zum "gate-keeper" Problem vgl. Anhang)

Mühlethaler (1976,92) macht dieselbe Beobachtung, die das IPI schon viele Jahre früher machte, "wie sehr die Zeitungen in ihrer Berichterstattung über den Nahen Osten die negativen Aspekte gegenüber den positiven in den Vordergrund schieben... Der Rückgang der Berichte auf Kurzmeldungen zeigt ausserdem, wie stark ereignisbezogen die Berichterstattung heute ist und wie sehr sie dadurch wirtschaftliche und soziale Aspekte vernachlässigt, die wirtschaftlichen allerdings nur solange, als - wie bei Oelembargo und Preissteigerungen - unsere Interessen nicht verletzt werden... Die Entwicklung in der Berichterstattung über die beiden Gebiete Indochina und Naher Osten, die über Jahre als Frontseitenberichte grosses Gewicht hatten und zeitweise weiterhin haben werden, bestätigt, dass die Art der Information über Gebiete der Dritten Welt vor allem davon abhängt, ob und wie stark sie unsere Interessen - seien diese ideologischer oder wirtschaftlicher Natur - berühren." Zu ähnlichen Schlussfolgerungen kommen Jaeggi et al. (1966) in ihrer Arbeit über den Vietnamkrieg in der Schweizer Presse. Dass die Berichterstattung über die Dritte Welt in der Schweizer Presse nach Jaeggi et al. und Mühlethaler gewisse ideologische Züge trägt, kann bis zu einem gewissen Grade stimmen; problematisch erscheint jedoch die Einstufung des Nahen Ostens als ein Gebiet der Dritten Welt. Unserer Meinung nach kann der Nahe Osten nicht in das Schema von Ost-West und Nord-Süd gepresst werden, vielmehr ist er ein selbständiges Untersuchungsobjekt.

Auch über die Nahostberichterstattung der schweizerischen Illustrierten können einige Aussagen gemacht werden. Steiner (1971,107) untersucht die Berichterstattung von drei Zeitungen auch im Hinblick auf den Krieg von 1967: "Der Nahost-Konflikt war <u>das</u> kriegerische Ereignis des Jahres 1967, dem die schweizerische Oeffentlichkeit ihre besondere Aufmerksamkeit schenkte." 1967 gab es - im Gegensatz zu heute - noch zwei deutschsprachige illustrierte Wochenzeitungen mit namhaften Auflagen: Sie + Er und die Schweizer Illustrierte. Zur Berichterstattung der Sie + Er meint Steiner (1971,108): "Der zentralen und nur durch eine sorgfältige historische Analyse zu klärenden Frage nach den Interessen der Grossmächte im Nahen Osten, geht Sie + Er nicht nach. Ihre Berichterstattung ist keineswegs dazu angetan, dem nach Informationen und Argumenten für eine eigene Meinungsbildung suchenden Leser weiter zu helfen." Ergiebiger indessen ist die Berichterstattung der Schweizer Illustrierten: " Schon etliche Zeit vor Ausbruch des Krieges versuchten beide Zeitschriften (SI und die Woche, ein kleineres drittes Blatt, J.S), ihre Leserschaft auf die prekäre Lage im Nahen Osten aufmerksam zu machen... Zu kritisieren ist vor allem die Einseitigkeit der Berichterstattung von SI und Woche, die sich darin äussert, dass über die Position Israels wohl intensiv und ausführlich, über jene der arabischen Staaten aber nur sehr marginal informiert wurde. Eine ideologische Beeinflussung der Leserschaft ist auf diese Weise nicht zu vermeiden." (Steiner 1971,108)

DER NAHOSTKONFLIKT IN DER OEFFENTLICHEN MEINUNG

Zum Begriff der öffentlichen Meinung

Die Grundüberlegungen in den folgenden Betrachtungen gehen von der Vermutung aus, dass ein gewisser Zusammenhang zwischen der Art und Weise der Berichterstattung über ein bestimmtes Objekt und der öffentlichen Meinung über dieses Objekt bestehen könnte. Wir wollen uns deshalb mit dem, was man gemeinhin als "öffentliche Meinung" bezeichnet, auseinandersetzen.

Eine Beschreibung dessen, was mit öffentlicher Meinung gemeint sein könnte, gibt uns Noelle-Neumann (1977,173): "Mit einer kürzeren Formel kann man öffentliche Meinung als herrschende Meinung umschreiben, die zu ihrer Beachtung in Verhalten und Handeln zwingt, indem sie die Zuwiderhandelnden mit Isolation (den Politiker mit Verlust der Unterstützung, der Popularität) bedroht. Die aktive Rolle, einen Prozess der öffentlichen Meinung in Gang zu bringen, reserviert dieses Konzept dem, der die Missbilligung der Mehrheit nicht fürchtet." Für Noelle-Neumann ist demnach die öffentliche Meinung ein wichtiges Element zur Ausübung von sozialer Kontrolle.

Nicht von herrschender Meinung, sondern nur von übergewichtiger Meinung spricht Jordan (1970,78): "Allenfalls kann man sich unter 'öffentlicher Meinung' so etwas wie eine Bündelung verschiedenartiger, einander jedoch nicht ausschliessender Einzelmeinungen vorstellen, die zahlenmässig ein gewisses Uebergewicht besitzen. Aber damit verliert der Begriff seine Allgemeinverbindlichkeit; seine Definierbarkeit und seine Aussagekraft bleiben umstritten. Sofern man diesen Begriff als politisches Indiz verwendet, kann man ihn durch Hinzunahme dieses oder jenes Meinungsakzentes in jede nur wünschbare Richtung manipulieren."

Ganz unmissverständlich legt Jordan die Vielschichtigkeit des zu besprechenden Begriffes dar. Es stellt sich vor allem die Frage nach den Mitteln, wie diese Einzelmeinungen und die Summierung derselben eruiert werden können. Die Antwort auf diese Frage dürfte sich mit der Erwähnung der wohl bekanntesten Vertreterin dieser Disziplin - Elisabeth Noelle-Neumann - ergeben haben; es handelt es sich um die Demoskopie, deren praktische Ergebnisse inbezug auf den Nahostkonflikt wir alsbald zu besprechen haben.

Noack (1975,195) sieht vor allem Schwierigkeiten in der Abgrenzung des Begriffes öffentliche Meinung gegenüber sinnverwandten Begriffen. Vor allem herrscht Unstimmigkeit darüber, was "öffentlich" genannt zu werden verdient: "Man kann 1. die publizierte, veröffentlichte Meinung darunter verstehen, 2. kann das 'Offenstehen' der Gesellschaft für eine Vielheit von Meinungen gemeint sein, 3. kann 'öffentlich' auf die Objekte, also die Objekte 'von öffentlichem Interesse' bezogen werden; schliesslich 4. auf die Träger dieser öffentlichen Meinung, das ist: die Meinung der Oeffentlichkeit, des Publikums." In unserem Zusammenhange werden vor allem der erste und der vierte Punkt von Interesse sein; d.h. uns interessiert in erster Linie, welche Meinungen zum Nahostkonflikt und über Israel veröffentlicht wurden und eben die Meinungen des Publikums, d.h. der Leser der untersuchten Zeitungen. "Damit ist gesagt, dass von vorherrschenden Meinungen gesprochen wird, was Träger, Artikulationsform und Sachinhalt betrifft, nicht als statische Grösse, sondern als dynamischer Prozess verstanden, nicht als ein Meinen ein für allemal, sondern als temporäre Uebereinkunft. Damit ist gesagt, dass eine öffentliche Meinung eine Fiktion ist, dennoch mit der öffentlichen Meinung in vielen politischen Sachfragen gerechnet werden muss." (Noack 1975,176)

Eine Brücke zwischen öffentlicher Meinung und dem Interesse vieler Menschen an fremden Kulturen schlägt Noack (1975,196): "Trotz zunehmender Interedependenz aussenpolitischer Faktoren entziehen sich diese zumeist dem Interessenbereich und Erfahrungshorizont des Bürgers. Die damit auftretende Fremdheit hat zur Folge, dass aufgrund von vorgegebenen politischen Positionen beispielgebende Identifikationsobjekte gesucht werden. Die auch in der Bundesrepublik zu beobachtende Neigung zu politischen Kulturen (China, Kuba), deren Wirklichkeit schwer überprüfbar ist, speist sich daher oft nicht aus einer rationalen Informationsbereitschaft, sondern aus so abstrakten Gegensatzpaaren wie reich-arm, mächtig-ohnmächtig, sozialistisch-kapitalistisch." Diese erwähnte Neigung kann auch in der Schweiz beobachtet werden, so z.B. die Identifikation vieler Jugendlicher mit dem Problem der Palästinenser. Da die Kenntnis der elementarsten Fakten meist nicht vorhanden ist, steigt die Bereitschaft, in dichotomischen Kategorien zu denken. Dies führt zur unreflektierten Uebernahme von wertbeladenen Argumenten, deren Quelle nicht zuletzt auch die Presse sein kann.

Als Vermittler von Staat und Gesellschaft sind im 20. Jahrhundert die Massenmedien aufgetreten, deren Vermittlerfunktion vor allem im Bereich der Aussenpolitik sehr ausgeprägt ist: "Geht man davon aus, dass im Regelfalle die Materie der Aussenpolitik das Publikum weniger direkt berührt als die Innenpolitik, so ist der Informations- und Beeinflussungsvorgang durch die verschiedenen Medien in seiner Wirkung dort noch höher einzuschätzen als hier." (Noack 1975,197) Wie diese Wirkungen gemessen werden können, darüber macht uns Noack keine Angaben. Immerhin weist er daraufhin, dass die individuelle Meinungsbildung der Bildung der öffentlichen Meinung vorausgeht: "Herausgestellt hat sich, dass die grundsätzlichen Ueberzeugungen der Individuen überraschend resistent sind, selbst gegenüber den praktisch permanenten Beeinflussungsmöglichkeiten der Massenmedien. Die individuelle Meinungsbildung wird auch in einer freien Gesellschaft, in der die Massenmedien für vielfältige organisierte Gruppeninteressen offenstehen, weitgehend durch die Primärgruppe (Familie, Arbeitsplatz, nächste Umgebung) vorgeformt." (Noack 1975,198)

Welches sind die Faktoren, durch die der Einfluss der Massenmedien bei der Bildung von öffentlicher Meinung begrenzt wird? "Es werden einmal vor allem Informationen aufgenommen und verarbeitet, die für den Aufnehmenden von persönlicher Bedeutung sind. Insbesondere bei aussenpolitischen Informationen fällt dieser Punkt stark ins Gewicht. Zum anderen ist die vorgefasste Meinung entscheidend, mit der der zu Informierende an die neue Information herangeht." (Noack 1975,198) Damit kommt Noack auf die Probleme zu sprechen, die mit den Begriffen der "opinion leaders", der "kognitiven Dissonanz" und der "selektiven Wahrnehmung" zusammenhängen.(vgl. Anhang)

Schliesslich verweist Noack (1975,203) auf den meinungsbildenden Einfluss der Zeitungen im Bereich der Aussenpolitik hin: Vor allem dürften die "Prestige-Zeitungen und Zeitschriften" einen nicht unerheblichen Einfluss auf die Meinungsbildung ausüben, "da Aussenpolitik zwar nicht mehr als Arkan-Politik betrieben wird, dennoch sich gegenüber der Innenpolitik eine gewisse Exklusivität zu bewahren wusste... Deshalb ist in jeden Falle die starke Verflechtung mit wirtschaftlichen, sozialen und/oder politischen Gruppen herauszuheben. Sie bewirkt eben jenen Prozess, in dem öffentliche Meinung in veröffentlichte Meinung übergeht... Innerhalb der Presse zeigt sich, dass die Intensität der aussenpolitischen Berichterstattung umso grösser ist, je höher der Anspruch ist, den die Zeitungen an sich selbst stellen. In den sogenannten Prestigeblättern bedeutet dies, dass der Anteil der aussenpolitischen Berichterstattung durchwegs grösser ist als der Prozentsatz des zu erwartenden Interesses... Die überregionalen Blätter machen sich durch eigene Korrespondenten in weitem Masse unabhängig von der Berichterstattung der Welt- oder nationalen Nachrichtenagenturen.. Dennoch zeigen Untersuchungen, dass eine 'wertfreie' Berichterstattung natürlich nicht existiert; selbst die Plazierung von aussenpolitischen Ereignissen wird durch die geographische Lage bestimmt." Eine besondere Position nimmt in diesem Zusammenhang auch Israel im Rahmen des Nahostkonfliktes ein. "Die weltpolitische Bedeutung der Krisenzone Nahost zeigt sich darin, dass praktisch alle Medien dort exklusiv sowohl im arabischen wie im israelischen Teil vertreten sind." (Noack 1975,205) Wir nehmen einige kommunikationstheoretische Ueberlegungen vorweg, wenn wir die abschliessenden Bemerkungen von Noack (1975, 206) anführen: "Unklar bleibt, ob und in welcher Stärke bei der Mediennutzung die politischen Einstellungen verändert werden. Dass sie verändert werden, ist empirisch nachgewiesen; welchen Anteil die Massenmedien haben, ist von Fall zu Fall verschieden.. Die öffentliche Meinung in pluralistischen Gesellschaften ist heute weitgehend eine durch die Massenmedien vermittelte Meinung. Dem widerspricht nicht, dass die Wirklichkeit noch ziemlich unbekannt ist."

Auslandsnachrichten stossen im allgemeinen auf ein nur geringes Interesse, wie verschiedene Studien aufgezeigt haben. "This side of the debate has been able to introduce, as evidence to support its claim, the result of public opinion polls showing that the public is substaintially satisfied with the existing amount of foreign affairs coverage in its newspapers and is unwilling to see local or national news reduced in order to give more space to foreign news." (Cohen 1966,135) Dies hat zur Folge, dass die Presse ihr Schwergewicht im lokalen und regionalen Bereich der Berichterstattung legen wird. In diesen Bereichen hat sie einen grossen Vorsprung gegenüber den anderen Medien (Fernsehen, Radio). In der Menge (und Qualität) der Auslandsberichterstattung heben sich die sogenannten Elite-Blätter hervor.

Cohen (1965,135) weist auf einen Widerspruch hin zwischen der Tatsache, dass Auslandsnachrichten meist "on the front page and in lead position" stehen und der Ueberzeugung der Zeitungen, dass Auslandsnachrichten nur eine geringe Aufmerksamkeit seitens der Leser geschenkt werden. "This circumstance points to the role of the press in forcing foreign policy material to the forefront of policy attention even though the large majority of the population would be as happy to see it sink into oblivion and indeed immediately consigns it there. It is in this sense that the press should be seen as a significant part of the public audience for a foreign policy, a creator of structure of policy attention that has a very limited additional public audience and may never even be recorded in the mind of the <u>average</u> newspaper reader." Cohen (1965,136) behauptet ferner: der "average reader is actually a lot more interested in foreign affairs than he is given credit for, and that his distinction to read foreign affairs material in the press is due to the complexity of the material that is presented to him."

Skriver (1973,706) kritisiert die seiner Ansicht nach teilweise unzulängliche Berichterstattung der Massenmedien. Am Beispiel der Berichterstattung über Chile und Vietnam in der Bundesrepublik zeigt er auf, wie die freie Meinungsbildung durch selektive Nachrichtenübermittlung vorgeformt wird. Er fordert schliesslich, "dass die Auslandsberichterstattung gewissenhaft erforscht wird. Den Benutzern der Massenkommunikationsmittel muss bewusst werden, dass sie mehr wissen können, als sie wissen. Es gibt Möglichkeiten, die Qualität von Korrespondentenberichten zu überprüfen, nur kann dies nicht von Lesern, Hörer oder Zuschauern erwartet werden." Diese Aufgabe muss vielmehr die Presse erledigen, d.h. "die Journalisten selbst, die draussen und drinnen schreiben, sprechen, redigieren." (Skriver 1973,713)

Tatsächlich haben eben die Rezipienten keine oder nur sehr

geringe Ueberwachungsmöglichkeiten über die auf sie einwirkenden Meldungen. Diese Kontrollfunktion den Kommunikatoren zu überlassen, bedeutet doch wohl ein Vertrauen in diese zu setzen, welches nicht immer gerechtfertigt ist.

Auch Woodward (1930,17) sieht eine Korrelation von Zeitungsberichterstattung und öffentlicher Meinung: "The two variables, Public Opinion (the aggregate of the attitudes of individual members of the Public) and newspaper content are therefore in all probability correlated and one can at least take as an hypothesis the view that the content of newspapers is a valid index of at least some phases of the Public Mind."

Fraenkel seinerseits geht noch einen Schritt weiter als Noack, der von kleinen aktiven Gruppen spricht, die bei der Bildung der öffentlichen Meinung einen grossen Einfluss ausüben. Für Fraenkel (1962,16) sind die Gruppen als Eliten aufzufassen: "In der heutigen freiheitlichen Demokratie entsteht die öffentliche Meinung dadurch, dass eine oder von einer oder mehreren Eliten - das Wort im wertfreiem Sinn verwandt - konzipierte und formulierte Auffassungen oder Forderung die ausdrückliche oder stillschweigende Billigung einer unbestimmt grossen und unorganisierten Masse in der Bevölkerung gefunden hat." Vorgängig umschreibt er noch den Meinungsbegriff: "Meinung, opinion und opinion ist gemeinsam, dass sie eine Ueberzeugung ausdrücken, die nicht beansprucht, Ausdruck einer vorgegebenen Wahrheit zu sein, die weder auf Offenbarung beruht, noch ein Dogma reflektiert oder das Ergebnis eines rationalen Denkprozesses darstellt." (Fraenkel 1962,9) Wir wollen jedoch die Rationalität des Denkprozesses nicht von vorneherein ausschliessen, da Meinung unseres Erachtens immer ein Wechselspiel von irrationalen, emotionalen und rationalen, belegbaren Elementen darstellt.

Abschliessend wollen wir noch die Stimmen einiger Soziologen anführen, die sich zur Problematik der Oeffentlichen Meinung geäussert haben. Eisermann (1973,349) verlangt, dass eine Definition von öffentlicher Meinung auch empirisch einzulösen sei: "Eine Definition der öffentlichen Meinung vom Standpunkt der empirischen Sozialwissenschaften wird sich daher nicht allein am Phänomen der Kommunikation orientieren dürfen, die ein konstituives Element des sozialen Feldes ist, mit dem ihm innewohnenden, sich nicht nur in politischen Stimmungen, Neigungen, Sympathien, Idiosynkrasien und Stereotypen manifestierenden Gefühlsstrukturen und dem sich daraus ergebenden sozialen Handeln beobachtbarer Personen der jeweils sozialen Gruppen; sondern sie muss sich - gerade deswegen - auch jederzeit wieder empirisch einlösen lassen können." Gerade diese Forderung nach empirischer Ueberprüfbarkeit dieser politischen Stimmungen etc. bereitet bis anhin die grösste Mühe und kann immer nur annäherungsweise erfasst werden.

Auch als Mittler zwischen öffentlicher Meinung und Staat und Gesellschaft sieht Habermas (1962,269) die Aufgabe der Massenmedien: "Da es freilich öffentliche Meinung keineswegs als 'solche' gibt, allenfalls Tendenzen isoliert werden können, die unter den gegebenen Verhältnissen auf die Ausbildung einer öffentlichen Meinung hinwirken, lässt sie sich nur komparativ definieren. Der Grad der Oeffentlichkeit einer Meinung bemisst sich daran: in welchem Masse diese aus der organisationsinternen Oeffentlichkeit eines Mitgliedpublikums hervorgeht; und wie weit die organisationsinterne Oeffentlichkeit mit einer externen Oeffentlichkeit kommuniziert, die sich im publizistischen Verkehr über die Massenmedien zwischen gesellschaftlichen Organisationen und staatlichen Institutionen bildet."

Bei Luhmann (1974,32) geht es vor allem um die Aufmerksamkeit, die ein Publikum gewissen Themen zukommen lässt, wobei er davon ausgeht, dass diese Aufmerksamkeit knapp ist: "Zieht man in Betracht, dass Kommunikation mit einem minimalen Potential für bewusste Aufmerksamkeit auskommen muss,..., wird offensichtlich, dass solche kommunikative Voraussetzungen machen, dass sie mögliche Themen immer schon haben muss. Was öffentliche Meinung genannt wird, scheint im Bereich solcher <u>Themen der Kommunikation</u> zu liegen, deren Vorausgesetztheit die Beliebigkeit des politisch Möglichen einschränkt." Unter solchen Themen versteht Luhmann (1974,32) "mehr oder weniger unbestimmte und entwicklungsfähige Sinnkomplexe.., über die man reden und gleich, aber auch verschiedene Meinungen haben kann: das Wetter, das neue Auto des Nachbarn, die Wiedervereinigung.." In diesem Sinne unterscheidet Luhmann (1974,35ff.) zwischen "attention rules" und "decision rules". "Da Aufmerksamkeit knapp ist, bilden sich zwangsläufig Regeln über die Zuwendung von Aufmerksamkeit aus, die sich von denjenigen Regeln unterscheiden, nach denen Entscheidungen angefertigt und als richtig beurteilt werden.. Der Gegenstand, der Aufmerksamkeit evoziert, ist nicht notwendig identisch mit dem Gegenstand, über den dann effektiv entschieden wird... Aufmerksamkeitsregeln steuern die Konstruktion politischer Themen: Entscheidungsregeln steuern die Meinungsbildung, unter anderem in den entscheidungsbefugten Instanzen..Themen dienen nicht unmittelbar der inhaltlichen Festlegung von Meinungen, sondern zunächst und vor allem dem Einfangen von Aufmerksamkeit.. Zuwendung von Aufmerksamkeit heisst deshalb noch nicht Bindung an bestimmte Meinungen und Entscheidungsinhalte, sondern ist allenfalls eine Vorstufe dazu.. Jedenfalls haben Aufmerksamkeitsregeln in sozialer Hinsicht den weiteren Einzugsbereich und die grössere integrierende Kraft; sie können, ja müssen dieselben sein auch für Teilnehmer, die unter verschiedenen Entscheidungsregeln operieren, während die gegenseitige Beziehung nicht möglich ist." Folgende Regeln gelten für die Verteilung von Aufmerksamkeit und der Themen-Bildung (Luhmann 1974, 37ff.):

1) Ueberragende Priorität bestimmter Werte
2) Krisen oder Krisensymptome
3) Status oder Absender einer Kommunikation
4) Symptom politischen Erfolges
5) Die Neuheit von Ereignissen

Die Punkte 2)3) und 5) dürften bei verschiedenen unserer untersuchten Zeitungen eine gewisse Geltung haben. Zeitungen, bzw. Massenmedien tragen also erheblich zur Bildung und Verteilung von Aufmerksamkeit bei.

Der Nahostkonflikt in der öffentlichen Meinung der Schweiz

Nachdem wir uns mit dem Begriff der öffentlichen Meinung auseinandergesetzt haben, wollen wir im folgenden die wichtigsten Ergebnisse von Meinungsumfragen in der Schweiz zum Thema Nahostkonflikt anführen.

In den Jahren 1970 und 1975 führte das Institut für Konsumenten- und Sozialanalysen AG (KONSO) im Auftrag des Schweizerischen Israelitischen Gemeindebundes repräsentative Meinungsumfragen zum Thema: Die Einstellung des Schweizers zum Nahost-Konflikt durch, deren Ergebnisse unseres Wissens bis anhin nicht veröffentlicht wurden. Nachstehend sind die wichtigsten Ergebnisse angeführt:

"Je höher die Schulbildung, desto eindeutiger die Meinungsäusserung, man lehnt mit höherer Bildung die Vorleistung einer israelischen Gebietsrückgabe umso drastischer ab, jedoch entspricht dem nicht eine umso klarere Bejahung des israelischen Standpunktes. Hingegen finden wir hier eine leicht höhere Bereitschaft zur Ablehnung (inbezug auf die Frage nach der Rückgabe der besetzten Gebiete, J.S.) in dem immerhin jeder sechste Hochschulabsolvent gegen die Meinung ist, die Israelis müssten die besetzten Gebiete einhalten bis echte Friedensverhandlungen beginnen." (KONSO 1970,7) Zum Problem der Flüchtlinge: "Die Welschen sind viel deutlicher der Auffassung, dass die Flüchtlinge in arabischen Ländern angesiedelt werden sollten.. Dies ist ein überaus deutlicher Hinweis darauf, dass das Bild der Westschweizer nicht einheitlich günstiger oder ungünstig für eine Partei ist. Wenn auch die offizielle Meinung der israelischen Regierung in der Westschweiz offenbar weniger überzeugt akzeptiert wird, sind die Urteile für die arabische Sache trotzdem nicht besser als jene der Deutschschweizer." (KONSO 1970,8)

Es wurde auch versucht, die Aenderung in den Einstellungen seit 1967 (bis 1970) zu erfassen: "Die Gesamtheit der Argumente weist auch hier darauf hin, dass die Propaganda die Israeli nicht allzusehr als die Ueberlegenen darstellen sollte. Andererseits zeigen die Begründungen in Bezug auf das verschlechterte Image gegenüber den Arabern auf der einen Seite einige konkrete Meinungen, wie 'es liegt an der Führung' oder 'das Volk wird aufgehetzt oder zu Hass erzogen', jedoch auch Vorurteile in Bezug auf schlechte Charaktereigenschaften des Arabers überhaupt." (KONSO 1970,10) Zusammenfassend äusserte sich KONSO (1970,12): "Im Ganzen finden wir, dass ca. drei Viertel der Schweizer mit den offiziellen Thesen der israelischen Regierung in Bezug auf die besetzten Gebiete und die Chancen für eine Friedensregelung übereinstimmten. Das Image der Araber ist überaus schlecht, während man Sympathie für Israel zeigt. Die Welschschweizer äussern sich im grossen und ganzen etwas ungünstiger in Bezug auf die israelischen Thesen, jedoch geschieht dies zu Gunsten von eher ausgleichenden Meinungen (Jerusalem soll internationalisiert werden, beide sind gleichermassen Schuld am Fortdauern des Konflikts, etc.) oder von Meinungslosigkeit, während das Bild in Bezug auf die Araber ebenso ungünstig, wenn nicht ungünstiger ist, wie jenes der Deutschschweizer."

Welche Aenderungen in den Einstellungen ergaben sich in der Zeitspanne von 1970 - 1975? "Die Mehrheiten der Antworten ist demnach wie vor 5 Jahren deutlich pro-israelisch und misstrauisch gegenüber Arabern, wenn auch die Unentschiedenen zugenommen haben und auch jene, die an eine echte Verhandlungsbereitschaft der Araber glauben, etwas an Terrain gewonnen haben... Eindeutig zeigt sich auch hier wieder, wie schon 1970, dass mit höherer Schulbildung das Engagement zugunsten Israels und das Misstrauen gegenüber den Arabern zunimmt. Mit niedriger Schulbildung nimmt jedoch auch das Desinteresse zu, d.h. der Anteil der Antworten 'weiss nicht'." (KONSO 1975,3) Diese letzte Aussage dürfte heute nur noch bedingt Geltung haben, sind es doch vor allem jugendliche Intellektuelle, die sich kritisch mit Israel auseinandersetzen und sich zugleich für die palästinensische Sache einsetzen.

Das Institut KONSO (1975,4) fragte auch nach der Schuld am Konflikt und den Friedenschancen: "Es zeigt sich demnach hier, dass wiederum die Einstellung gegenüber den Arabern weniger negativ geworden ist, jedoch jene, die Israel negativ beurteilen, nicht zugenommen haben... Dass sich das Image Israels seit dem Yom-Kippur-Krieg nicht mehr so deutlich verbesserte, wie kurz nach dem Sechstagekrieg, ist wohl nicht weiter verwunderlich."

DIE PRESSE ALS EIN AKTEUR DER OEFFENTLICHEN MEINUNG

Saxer betont in seiner Einleitung zu Padrutt (1975II), dass die Zahl der "aktuellen Inventarisationen der Schweizer Presse" nicht gross ist. Wohl würdigt er die Arbeiten - die auch hier verwendet werden - von Thommen und Jäger aus dem Jahre 1967, weist aber auch daraufhin, dass diese "zufolge des raschen Wandels im Pressewesen verständlicherweise manchenteils veraltet" sind, "während andere Publikationen mehr meinungsbezogen als tatsachengerichtet sind."

So kommen auch wir nicht umhin, die wenigen zur Verfügung stehenden Analysen der Schweizer Presse in deutscher Sprache für unsere Zwecke miteinzubeziehen.

Padrutt (1975,2) unterscheidet vier Hauptfunktionen publizistischer Aussagekategorien: "Information = Nachricht

Information	=	Nachricht
Korrelation	=	Meinungsbildung, Kommentar
Transmission	=	Bildung und Erziehung
Gratifikation	=	Unterhaltung"

Was bedeuten diese Funktionen im einzelnen? "Information im Sinne einer Individualfunktion bedeutet Orientierung über die Umwelt, die für das eigene Verhalten von Gewicht ist, also Benachrichtigung (Nachrichten = Aussagen, nach denen man sich richtet)...
Die Korrelationsfunktion wird durch zahlreiche Faktoren bedingt, wobei die Forschung vornehmlich den Bestätigungseffekt hervorhebt, doch ist die Möglichkeit des Wandels von Meinungen und Einstellungen als Langzeitwirkung nicht zu unterschätzen."

Die Transmissions- und Gratifikationsfunktion können wir unberücksichtigt lassen, da sie nicht wesentlich zur Meinungsbildung über den Staat Israel und den Nahostkonflikt beiträgt. Das heisst aber nicht, dass wir Beiträge dieser Gattungen (z.B. Feuilletons, Ausstellungs- und Konzertberichte, Romane zum Thema Israel etc.) in unserer quantitativen Analyse unberücksichtigt lassen. Gerade in dieser Beziehung dürften sich grosse Unterschiede in den einzelnen Zeitungen feststellen lassen, d.h. es wird Zeitungen geben, die über Israel nie oder nur selten über den politisch-militärischen Aspekt der Berichterstattung hinausgehen, während andere auch nicht-politische Beiträge publizieren.

Padrutt (1975,17) definiert den Begriff der Zeitung als Presseerzeugnisse, "die sich an einen unbegrenzten Rezipientenkreis wenden, sich durch Aktualität, Periodizität, Publizität und Universalität des Inhalts auszeichnen.." Auch Thommen (1967, 34) betont die Wichtigkeit eines grosses Leserkreises: "Die Zeitung ist ein publizistisches Mittel (Medium), um neuestes (jüngstes) Gegenwartsgeschehen in kürzester regelmässiger Folge einer breitesten Oeffentlichkeit gedruckt mitzuteilen."

Padrutt (1975,19) greift die Mehrsprachigkeit der Schweiz und die daraus resultierenden Probleme auf: "Da die Schweiz eines der wenigen mehrsprachigen Länder ist, spielt die sprachliche Gliederung der Presse eine bedeutsame Rolle; sie verhindert insbesondere auch das Aufkommen nationaler Zeitungen (vgl. Frankreich und England), indem jedes Blatt als möglichen Abnehmerkreis nur je ein Sprachgebiet abdecken kann, nie jedoch das ganze Land." Immerhin kann angenommen werden, dass zumindest die Neue Zürcher Zeitung auch in der französischsprachigen Schweiz gelesen wird. Grote (1979.149) gibt uns die Merkmale der Ueberregionalität von Zeitungen an: "Konzentration auf die Berichterstattung und Kommentierung von Ereignissen mit nationaler und internationaler Bedeutung." Diese Merkmale gelten weniger für die führenden Schweizer Zeitungen, die doch immer einen stark ausgebauten Lokalteil haben, als vielmehr für die immer wieder in inhaltsanalytischen Arbeiten zitierten überregionalen Zeitungen der Bundesrepublik (Die Welt, Frankfurter Allgemeine, Süddeutsche Zeitung).

Die Tatsache, dass generell keine Schweizer Zeitung den gesamten Raum der Schweiz erreicht, erleichtert uns die Beschränkung auf die Analyse einiger führender Deutschschweizer Zeitungen. Wir lassen also das Gebiet der Westschweiz und des Kantons Tessin zum vorneherein aus unserer Arbeit aus. Viel wichtiger bei unserer Beschränkung auf die deutschsprachigen Zeitungen ist jedoch die Tatsache, dass uns die "kommunikative Kompetenz" (Manella 1978,22) ganz abgeht. Bei der kommunikativen Kompetenz handelt es sich um die Fähigkeit, "die Sprache richtig zu gebrauchen". Es fehlt uns jedoch nicht nur die kommunikative Kompetenz, um französischsprachige Zeitungen zu analysieren, sondern auch die sprachliche Kompetenz: "Als Beispiel der kommunikativen Kompetenz im Gegensatz zur sprachlichen Kompetenz kann die Erlernung einer Zweitsprache in der Schule angeführt werden, indem bei der Erlernung der Muttersprache durch die sprachliche Sozialisation die kommunikative Kompetenz erworben wird, während bei der Zweitsprache in der Schule vorwiegend nur die sprachliche Kompetenz vermittelt werden kann." (Manella 1978,22) Obwohl der Verfasser die französische Sprache in der Schule gelernt hat, masst er es sich nicht an, auch in dieser Sprache die Feinheiten und Nuancen im kommunikativen Verhalten entschlüsseln zu wollen und zu können. Für den Gebrauch der deutschen Sprache verfügt er über eine angemessene "kommunikative Kompetenz", um Zeitungsartikel zu verstehen und analytisch zu begreifen.

Zeitungsauswahl

Nachdem wir uns mit dem Wesen der Zeitung generell beschäftigt haben, gilt es jetzt, die Auswahl der Zeitungen für unsere Arbeit zu präsentieren und zu begründen. Grundsätzlich kommen verschiedene Auswahlverfahren in Betracht.

Guggisberg (1974,1) will vor allem jene Zeitungen untersuchen, "die von den in einem aussenpolitischen Entscheidungsprozess mitwirkenden Gruppen gelesen werden. Damit lässt sich, unter Berücksichtigung der Funktion der Presse als meinungsbildender Faktor, als Vermittlerin von Bezugsrahmen, aus dem von der Presse gezeichneten Ausland-Bild auf die Art und Weise der Aussen-Orientierung derer schliessen, die in einem aussenpolitischen Entscheidungsprozess integriert sind, denn Meinung ist bekanntlich nicht nur Ursache, sondern auch das Ergebnis massenkommunikativer Angebote und deren Interpretation."

Guggisberg bestreitet auch die Notwendigkeit, die "öffentliche Meinung" zu untersuchen, so wie wir uns mit diesem Begriff oben auseinandergesetzt haben. "Da nun aber die schweizerische Aussenpolitik, nicht zuletzt wegen ihrer Verankerung in der Neutralität, selten Gegenstand innerschweizerischer Kontroversen ist, erscheint es wenig sinnvoll, die öffentliche Meinung zu untersuchen.." (Guggisberg1974,3) Die Argumentation von Guggisberg hat sicher bis zu einem gewissen Grade ihre Berechtigung, trotzdem interessiert uns die öffentliche Meinung der Schweizer inbezug auf Israel und den Nahost-Konflikt.

Wir werden uns im folgenden auf zwei Auswahlkriterien beschränken:

1) Kriterium der Auflagenhöhe einer Zeitung
2) Elite-Konzept nach Guggisberg (1976)

Im Juli 1980 präsentierte sich die Reihenfolge der Zeitungen nach ihrer Auflagenhöhe wie folgt (Quelle: Presse- und Medienarchiv, Zürich):

		Auflagenhöhe:
1. Tages-Anzeiger (Zürich)	(TA)	239'199
2. Berner Zeitung		120'000
3. Basler Zeitung		115'000

4. Neue Zürcher Zeitung	(NZZ)	101'010
5. Vaterland (Luzern)	(VA)	83'313
6. Luzerner Neueste Nachrichten		60'752
7. Der Bund (Bern)	(BU)	58'155

Die Vorarbeiten beinhalteten eine Analyse der Zürcher Zeitungen (Tages-Anzeiger und Neue Zürcher Zeitung). Dabei stellte sich heraus, dass ein grosses Arbeitspensum alleine für diese beiden Zeitungen zu bewältigen war. Der Entschluss reifte, nur diese Zeitungen in die Arbeit miteinzubeziehen. Da aber ursprünglich die Absicht bestand, Aussagen über die gesamte deutschschweizerische Presse zu machen, musste das Zeitungssample erweitert werden.
Es war naheliegend, die wichtigsten Gebiete (in diesem Falle: Städte) miteinzubeziehen. Die Basler Zeitung kam nicht in Frage, da diese aus der Fusion der Basler Nachrichten und der National-Zeitung erst anfangs 1977 entstanden war. Somit hätte die Zeit von 1967 und 1973 anhand beider Zeitungen analysiert werden müssen, um dann 1977 in der Analyse des Fusionsproduktes zu enden. Aus demselben Grunde kommt auch die Berner Zeitung nicht in Frage, da auch sie ein Fusionsprodukt ist. Hingegen kann der Bund, als führende politische Tageszeitung der schweizerischen Hauptstadt Bern, miteinbezogen werden. Aus dem Raume Luzern, der auch die gesamte Innerschweiz abdeckt, standen drei Zeitungen zur Auswahl. Der Entscheid fiel für das Vaterland, da dieses die führende katholische Zeitung der Schweiz ist. Somit ergibt sich aufgrund der Auflagenhöhe und der soeben erwähnten Ueberlegungen die folgende Zusammenstellung: Tages-Anzeiger, Neue Zürcher Zeitung, Vaterland und der Bund.

Auch wenn das Elite-Konzept von Guggisberg (1974) angewendet wird, gelangt man zu ähnlichen Resultaten. Dieses Konzept basiert auf verschiedenen Leserschaftsanalysen. Guggisberg (1974,4) berücksichtigt folgende Gruppen als Eliten: "-Exekutive, Legislative und Parteiführung (political elites); - die hohe Verwaltung (administrative or bureaucratic elites); - die Repräsentanten privater, politisch orientierter Vereinigungen (interested elites); - die Kommunikatoren (communications elites)."

Guggisberg (1974,10) präzisiert ihren Elitenbegriff noch: "Es werden also 'Eliten-Blätter' ermittelt, wobei 'Elite' nicht im Sinne einer qualitativen Wertung der Zeitung, sondern im Hinblick auf ihre noch zu definierende Leserschaft zu verstehen ist. Wie bereits in Kapitel 2 erwähnt, werden als unabhängige Variablen für aussenpolitisches Interesse der sozio-ökonomische Status und der Bildungsgrad bestimmt. Die offensichtliche Interdependenz der beiden Variablen lässt es berechtigt erscheinen, Elite-Leser und damit die Elite-Presse aufgrund der Indikatoren 'Kaufkraft' und 'Beruf' zu ermitteln."

Auch Cohen (1966,137) sieht einen Zusammenhang zwischen diesen Variablen: "Readership of foreign affairs news increases with age, education, and economic status; with an increase in these variables, the newspaper is used increasingly for information and decreasingly for entertainment. More men than women read such news; the larger the community (....) the higher the interest in and readership of international events. Basically, however, it is educational level and socio-economic status that seem to be the best predictors of newspaper readership of foreign affairs." Das individuelle Interesse an internationaler Politik liegt in "psychological orientations" und in seinem "social setting". "And so long as this is the case, the important variables in determining interest and participation in foreign affairs and exposure to information on the subject will be found chiefly in the life patterns of individuals, in the things that are relevant to their perceptions of and orientations to the political universe and only marginally in such ephemeral things as the way foreign affairs stories are written for the newspapers, the amount of pictorial or human-interest content in them, and so forth." (Cohen 1966,138)

Wir hingegen sind der Ansicht, dass der Anteil der Bildberichterstattung und die Aufgliederung nach "hard" und "soft" news durchaus eine Rolle spielt. Wir meinen, dass die erwähnten Variablen aussenpolitischen Interesses zusammen mit einer interessanten und gut aufgemachten Berichterstattung eine ideale Verbindung zur Steigerung des Interesses an aussenpolitischen Belangen in weiten Kreisen darstellen würde.

Die von Guggisberg (1974) und Cohen (1966) beschriebenen Variablen lassen sich für die Neue Zürcher Zeitung, den Tages-Anzeiger und für den Bund zuverlässig ermitteln, da die entsprechenden Zahlen vorliegen; für das Vaterland jedoch nicht (vgl.Media-Analyse-Führungskräfte 1980, MAF 80)

Im folgenden sollen die einzelnen Zeitungen dargestellt werden. Der Umfang der Darstellung richtet sich nach der Literatur, die zur entsprechenden Zeitung vorhanden ist. Wir beginnen mit d e r politischen Tageszeitung par excellence: die Neue Zürcher Zeitung.

Neue Zürcher Zeitung

Im Jahre 1980 konnte die NZZ ihr zweihundertjähriges Jubiläum feiern. Toni Lienhard, Redaktor am Tages-Anzeiger stellte die Frage nach dem Erfolg der NZZ (TA, 12.1.80): "Es ist, wie es Chefredaktor Fred Luchsinger einmal formulierte, eben 'die konstante Meinung', welche die Stärke der 'NZZ' ausmacht, nicht 'das vom Publikum oder vom Geschäft diktierte Urteil von Fall zu Fall'... Das besondere journalistische Konzept der 'NZZ' besteht zum einen in der Ueberzeugung, umfassende Information zu liefern."

Zum Verhältnis von Redaktoren und Auslandskorrespondenten meint Lienhard (TA, 12.1.80): "Die Redaktoren an der Falkenstrasse sind selbstbewusst und sicher genug, um auch Interpretationen von Auslandskorrespondenten und Inlandfakten verdauen zu können, die nicht zum geschätzten Weltschau-Gesammtzusammenhang passen. Im Leitartikel ein paar Tage später sodann kann man die Sache wieder zurecht biegen; dem 'NZZ'-Liebhaber werden da amüsante Nuancen geboten, wie man ein politisches Faktum vom Ort des Geschehens her und von der Redaktionsklause her verschieden beurteilen kann."

In einem Interview des TA-Chefredaktors Peter Studer mit Fred Luchsinger, Chefredaktor der NZZ (TA, 12.1.80) kommt die Sprache auf die formalen Gestaltungsgrundsätze der NZZ: "TA: Dem regelmässigen Leser ihrer Zeitung, der daneben auch noch andere Blätter liest, fällt etwa auf: Den Artikelüberschriften fehlt in der Regel das Verb; das Interview als journalistische Form kommt nicht vor. Welches Zeitungsverständnis erklärt diese Eigenheiten?
Luchsinger: Das Verb fehlt nicht durchgehend; aber wir haben eine allgemein zurückhaltende Politik in bezug auf die Titelsetzung. Der Titel soll auf den Sinn eines Artikels hinweisen und nicht einen fetten Köder für eine allenfalls magere Beute abgeben. Dass

wir keine oder allenfalls höchst selten Interviews bringen, ist richtig. Das entspricht einer alten, überlegten Redaktionspolitik. Nach unserer Erfahrung setzen Politiker das formelle Interview sehr häufig als Propagandainstrument ein; wir möchten nicht Propaganda weitertragen. Etwa in der Auslandberichterstattung ziehen wir das diskrete Hintergrundgespräch dem Interview vor. So kommen die wirklichen Gedanken des Gesprächspartners für den Journalisten klarer zum Vorschein."

Das äussere Erscheinungsbild der NZZ wird von verschiedenen Autoren zum Teil lobend und teils kritisch erwähnt. Gubser (1967, 21): "Diese in ihrem Stil und der geistigen wie äusseren Gestaltung betont konservative Zeitung, aus einer liberalen Grundgesinnung aus geschrieben, weist eine erstaunliche Konstanz ihres Gesichtes auf." Aus dieser Konstanz folgert Gubser (1967,21) dann - unserer Meinung nach völlig unbegründet -: "Darin dürfte sich unter anderem auch die ihr nachgerühmte höchste Verlässlichkeit bezüglich aussenpolitischer Objektivität und Sachlichkeit ausdrükken, welche zahlreiche Regierungen der ganzen Welt dazu veranlassen, die 'NZZ' für ihre sämtlichen Botschaften zu abonnieren." Wichtiger als die Konstanz ihrer äusseren Erscheinung ist sicher die Konstanz in der Art und Weise ihrer Berichterstattung. Gubser (1967,23) schliesst seine Ausführungen zur NZZ: "Der Stil der 'NZZ' erweist sich 1947 wie 1967 als sehr gepflegt, aber auch recht schwierig in dem Sinne, dass er verhältnismässig hohe Ansprüche an das Abstraktionsvermögen sowie das kombinatorische Denken der Leser stellt."

Kritisch äussert sich Tern (1973,135): "Die Neue Zürcher Zeitung befleissigt sich allgemein eines sehr konservativen Stils bei der Aufmachung und bei der Stilisierung der Schlagzeile, die man auf solchem mausgrauen Hintergrund dennoch nicht in jedem Fall als wertfrei oder absichtslos anzusehen haben wird." Es geht der NZZ darum, "dass Wesentliche auszusagen und das Zufällige, die Akzidentien abzuschütteln."

Schönbach (1977,73ff.) nimmt zur Trennung von Nachricht und Meinung Stellung. Für die Frankfurter Allgemeine Zeitung konnte beobachtet werden, dass der Trennungsnorm nur ungenügend nachgelebt wird: "Die FAZ (und mehr oder minder wohl auch die übrigen über-

regionalen Abonnementszeitungen) versteht sich quasi als 'täglich erscheinende Wochenzeitung' - sie will gar keine 'reinen' Nachrichten vermitteln, sondern Analyse, Interpretation. Diese Bezeichnung macht deutlich, dass die FAZ oder andere 'Qualitätszeitungen' sich eigentlich - ähnlich Wochenzeitungen - aus dem Geltungsbereich der Trennungsnorm ausschliessen, das Postulat für den Zweck der Berichterstattung, wie sie ihn sehen, für ungültig erklären."
Diese Beobachtungen treffen bis zu einem gewissen Grade auch für die NZZ zu.

Für Fischer (1966,61) liegt das Geheimnis der starken Auslandsverbreitung "im wesentlichen in der überwiegend auf Korrespondentenberichten basierenden Auslandsberichterstattung."

Kristen (1972,37) interessiert sich dafür, wie die NZZ mit ihren Quellen umspringt. "Man betrachte etwa die 'Neue Zürcher Zeitung' und das in ihr häufig auftretende Phänomen, dass vorerst (ohne gate-keeper-Eingriffe) die Agenturtexte zu einem bestimmten Ereignis wörtlich und mit Angaben der Quellen zitiert werden und anschliessend die eigentliche redaktionelle Arbeit oder die Arbeit des Korrespondenten folgt. Bei diesen Weltblättern überwiegt die kommentierende Funktion, so dass der Kommunikator nicht darauf verzichten zu dürfen glaubt, dem Rezipienten auch die 'reine' Nachricht zukommen zu lassen."

Mester/von Dach (1975,8) erwähnen die enge Anlehnung der NZZ an die Freisinnig-Demokratische Partei (FDP): "Zusammenfassend lässt sich sagen, dass kein Mitglied der NZZ-Redaktion einer Partei angehört oder parteipolitische Aktivitäten ausübt, nur FDP-Mitgliedschaft und Aemterbekleidungen innerhalb der FDP werden also toleriert/gefördert." Dieser Sachverhalt spielt vor allem in Bezug auf die innenpolitische Berichterstattung eine gewisse Rolle, keine jedoch im Bereich der aussenpolitischen Berichterstattung.

Die wichtigste Informationsquelle ist für die NZZ nach Mester/von Dach (1975,9) ihr ausgebautes Korrespondentennetz: ".... es ermöglicht durch Kommentierung und eigene Berichterstattung die oft eintönigen und meist in allen Zeitungen in gleicher Form erscheinenden Nachrichtenagenturberichten etwas auszuweiten.. Dabei konnte gleichzeitig festgestellt werden, dass den Korrespondentenberichten im Auslandteil wie auch im Inlandteil innerhalb der Zeitung eine entscheidende Stellung zukommt. Das Verhältnis zwischen Agenturmeldungen und Korrespondentenberichten lässt und will sich nur als grob festgelegt verstanden wissen, den Korrespondentenberichten wird aber in den meisten Fällen schon rein quantitativ ein grösserer Platz eingeräumt. Die 'Qualität' des Textteiles, und mit vermehrten Eigenberichten kann dieser tatsächlich verbessert werden, hebt sich von der Qualität einer nur/vor allem mit Nachrichtenagenturenmeldungen gespickten Zeitung offensichtlich deutlich ab." Diese Offensichtlichkeit zeigt sich auch im Vergleich des Israel-Bildes der Neuen Zürcher Zeitung mit den anderen untersuchten Zeitungen.

Bei der Beurteilung der politischen Ausrichtung der NZZ stützen sich Mester/von Dach (1975,12) auf NZZ-eigene Quellen: "1. Es wird betont, dass ein meinungsloser Journalismus nicht existiere. Auch neutrale Blätter verträten eine Meinung, sie betonen dabei, dass es sich um ihre eigene Meinung handle, als ob die 'Meinungspresse' andere Meinungen als ihre eigenen verträte.

2. Kein Informationsorgan könne es sich leisten, 'Nachrichten von Bedeutung im Interesse eines bestimmten Standpunktes zu unterschlagen, zu verfälschen oder zu 'manipulieren''. Diese Ueberlegung scheint gewagt, zumal, da nicht definiert wird, was unter dem Begriff 'Nachrichten von Bedeutung' zu verstehen ist.

3. Es wird von der Ueberlegung ausgegangen, dass 'Meinung' die Informationsleistung nicht beeinträchtige. Aus diesem Schluss, der einer näheren Untersuchung wert wäre, wird das Fazit gezogen: 'dann kann die Frage nur lauten, ob konstante Meinung im Unterschied zu rein subjektivem' (auch eine konstante Meinung kann als subjektiv bezeichnet werden) 'oder vom Publikum oder vom Geschäft diktiertem 'Urteil von Fall zu Fall' zeitgemäss ist. Das wird im Ernst gelegentlich bezweifelt.'"

Auch die der NZZ eigene Vorzensur kommt bei Mester/von Dach (1975,14) zur Sprache: "Dabei gilt die Regel, dass bei Beiträgen, welche die Zeitung als Zeitung engagieren, das heisst, wenn es darum geht, eine bestimmte Meinung als NZZ-Meinung zu kennzeichnen, stets der Chefredaktor miteinzubeziehen und konsultiert werdem muss." Man kann daraus schliessen, dass den Leitartikeln und

Kommentaren der NZZ eine überragende Bedeutung zukommt, da diese nicht dem Zufall überlassen, d.h. spontan ausgearbeitet werden, sondern vielmehr das Ergebnis eines sozialen Prozesses der Kommunikationsübertragung im internen NZZ-Bereich sind.

Wie beurteilt die NZZ selber ihre Informationspolitik? Aus einer Anzeige der NZZ vom 19.11.73: "Die NZZ bringt Information mit Hintergrund: die nüchterne Nachricht, die klare Analyse und den erläuternden Kommentar."

In einem Gespräch mit dem Ausland-Redaktor Ferdinand Hurni konnten verschiedene oben behandelte Fragen geklärt werden. Im grossen und ganzen sind die Aeusserungen von Hurni identisch mit denjenigen der erwähnten Autoren. Hier die wichtigsten Ergebnisse dieses Gesprächs:

Da die Agenturberichte meist ungenügend sind, müssen sie umgeschrieben und überarbeitet werden. Zudem enthalten sie öfters auch kommentierende Elemente, die gestrichen werden. Agenturberichte dürfen nur facts enthalten. Die durchgehende Nennung der Quellen (Agenturen, Initialen der Korrespondenten und Redaktoren) kann nach Auffassung von Hurni als gewisse Distanzierung und Relativierung des Inhalts betrachtet werden. Es ist zur Tradition geworden, nur die Initialen der Korrespondenten anzugeben. Der einzelne Berichterstatter soll nicht im Vordergrund stehen. Bei den Korrespondentenberichten gibt es nicht immer eine scharfe Trennung von Nachricht und Kommentar. Beim Kommentar, im allgemeinen eine Aufgabe der Redaktoren, geht es darum, dem Leser Hintergrundsinformation und Erläuterung zum Geschehen anzubieten. Inbezug auf das Anstellungsverhältnis der Korrespondenten müssen folgende Unterschiede gemacht werden: a) full-time Korrespondenten. Diese erscheinen namentlich im Impressum der Sonntagsausgabe und schreiben nur für die NZZ; b) die redaktionellen Mitarbeiter: 1) die im Fixum arbeitenden Korrespondenten mit teilweiser Spesendeckung. Diese können auch noch für andere Zeitungen tätig sein, 2) die Korrespondenten, die nach Zeilen honoriert werden.

Nach der Plazierung befragt, meinte Hurni, dass generell die sachliche Aktualität eines Beitrages den Platz bestimmt. Ausgenommen davon sind die Leitartikel, die grundsätzlich in der Sonntagsausgabe auf der ersten Seite plaziert werden. Eine Abgrenzung zwischen Leitartikel und Kommentar lässt sich zumindest materiell kaum vornehmen.

Sehr wichtig bewertet Hurni die Tatsache, dass die einzelnen Redaktoren und Korrespondenten eine grosse Bewegungsfreiheit haben, da kein wirtschaftlicher Druck besteht. Trotz dieser Freiheit der Mitarbeiter gibt es aber eine ganz bestimmte Grundlinie der NZZ, die in internen redaktionellen Gesprächen immer wieder neu bestätigt wird.

Wenden wir uns abschliessend noch einer Arbeit zu, die eine Inhaltsanalyse der NZZ darstellt: "Benutzt man für die Bedeutung einer Zeitung quantitative und qualitative Kriterien, so bedarf es kaum des Nachweises, dass die NZZ sowohl inhaltlich als auch wirkungsmässig die bedeutendste schweizerische Tageszeitung ist." (Bürki 1977,366)

Tages-Anzeiger

Der Tages-Anzeiger ist mit Abstand die grösste politische Tageszeitung der Schweiz. Wie oben erwähnt, bestand die Absicht, nur die zwei Zürcher Tageszeitungen NZZ und TA im Hinblick auf ihr Israel-Bild zu analysieren. Sehr problematisch sind Vergleiche jedoch dann, wenn man bedenkt, dass dem TA nur drei Seiten für die Auslandsberichterstattung zur Verfügung stehen, der NZZ jedoch bis zu sechs Seiten. Andererseits sind wir davon ausgegangen, dass die von uns untersuchten Ereignisse jeweils einen so hohen Aufmerksamkeitswert hatten, dass ein Vergleich doch zulässig wäre. Uns interessiert der absolute Umfang der Nahostberichterstattung in den gewählten Zeiträumen und nicht der prozentuale Anteil der Nahostberichterstattung an der gesamten Auslandsberichterstattung der betreffenden Zeitungen.

Gubser (1967,11) äussert sich auch in erster Linie zur Aufmachung: "Im Zusammenhang mit der Frage nach der Aufmachung der Schweizer Tageszeitungen fällt zumindest in Zürich auf, dass es gerade der unabhängige Tages-Anzeiger ist, der gestalterisch die grössten Veränderung vornahm (zwischen 1947 und 1967, J.S.)." Gubser spricht von der Unabhängigkeit des TA. Tatsächlich bezeichnet sich der TA als unabhängig und überparteilich. Gerade in dieser Hinsicht gehört der TA in diese Untersuchung hinein, sind doch die NZZ und der Bund dem freisinnig-liberalen Lager zuzuzählen, während das Vaterland zur katholischen Presse zu zählen ist.

Des weiteren bezeichnet Gubser (1967,27) den TA als "ein Blatt der bildungssoziologischen Mitte. Seit seiner grundlegenden Umstrukturierung im Jahre 1962 dürfte sich die Leserschaft der höher Gebildeten vermehrt haben. Jedenfalls fällt auf, dass sich der heutige 'Tages-Anzeiger' zum Beispiel in Studentenkreisen einer wachsenden Beliebtheit erfreut." Denken wir hier daran, dass Bildung ein wichtiges Element des Elite-Ansatzes ist. Auch an dieser Stelle muss die Frage aufgeworfen werden, ob von den Doppellesern der NZZ und des TA nicht viele die NZZ wegen ihrer Ausland- und Wirtschaftsberichterstattung lesen, während der TA zur lokalpolitischen Informiertheit gehört. Antworten auf diese Fragen können ansatzweise die verschiedenen Leserschaftsforschungen geben, die vom TA regelmässig durchgeführt werden und auf die wir noch zu sprechen kommen.

In einer Untersuchung über die Wirksamkeit von selektiver Wahrnehmung kommt Noelle-Neumann (1977,67) zu interessanten Feststellungen: "Die Wirksamkeit selektiver Wahrnehmung beim Lesen einer regionalen Abonnementszeitung soll am Beispiel des Schweizer 'Tages-Anzeigers' (Zürich) dargestellt werden. Bei einer Repräsentativumfrage im Herbst 1967 wurden die Leser des Blattes nach ihrer Einstellung zu verschiedenen politischen Themen befragt und an anderer Stelle im Interview nach ihrer Ansicht, was der Standpunkt des 'Tages-Anzeigers' in diesen Fragen sei."

Aus den Ergebnissen zieht Noelle-Neumann (1977,67) folgende Schlüsse: "Man hat Mühe, bei so widersprechenden Aussagen der Leser zu erkennen, welche Richtung der 'Tages-Anzeiger' wirklich vertritt; es ist, als ob die Anhänger verschiedener Standpunkte von verschiedenen Blättern redeten. Besonders auffallend zeigt sich das psychologische Phänomen der selektiven Wahrnehmung bei dem Thema der Reformbedürftigkeit der politischen Einrichtungen, die am verschwommensten ist, so dass die Leser am unbefangensten aus ihrer Zeitung eine Bestätigung ihrer eigenen Auffassungen herauslesen können. Tatsächlich tritt der 'Tages-Anzeiger' entschieden für die Reformbedürftigkeit der politischen Institutionen der

Schweiz ein. Aber auch bei allen anderen Themen gelingt es einem erheblichen Teil der Leser, die anderer Ansicht als der 'Tages-Anzeiger' sind, im 'Tages-Anzeiger' für ihren Standpunkt Unterstützung zu finden."

Für unsere Belange ist die Frage, ob auch im Bereich des Nahost-Konflikts und des Israel-Bildes im TA solche Folgerungen denkbar und zulässig sind. Da wir selber keine Umfrage durchführen können, bleibt uns nur die Möglichkeit, unter dem obigen Gesichtspunkt an die Auswertung der TA-Berichterstattung heranzutreten.

Der Tages-Anzeiger hat verschiedene Leserschaftsforschungen angestellt. So wurden im Jahre 1974 verschiedene Zürcher Zeitungen untersucht: "Ein Phänomen des Tages-Anzeigers ist, dass ihm in allen Bildungsschichten eine grosse Bedeutung geschenkt wird, er also offenbar von gebildeten wie auch von weniger gebildeten Lesern goutiert wird. Immerhin: Der leichte Zuwachs bei Personen mit höherem Schulabschluss ist nicht zu übersehen." (Zürcher Zeitungen 1974,12)

Für diese Arbeit kann folgender Schluss gezogen werden: In erster Linie gehört der TA in die Analyse als grösste politische Tageszeitung. Zudem hat er - wie Gubser (1967) und die Untersuchung Zürcher Zeitungen (1974) festgestellt haben - einen wachsenden Anteil an gebildeten Lesern, tendiert also auch dazu, gewisse Eliten anzusprechen.

Mester/von Dach (1975,7) unterrichten uns über den redaktionellen Gehalt des Tages-Anzeigers: "Dem Lokaljournalismus wird besondere Sorge getrage, er bildet auch mehr Anlässe zu Streitigkeiten als Auslandsberichte, die weder vom Rezipienten überprüft werden können in den meisten Fällen, noch vom Dargestellten überhaupt werden wollen in den meisten Fällen."

Zur Frage nach einer allfälligen Zusammenarbeit mit anderen Zeitungen, meinen Mester/von Dach (1975,8): "Zu diesem Punkt lässt sich sagen, dass eine Zusammenarbeit gar nicht angestrebt wird und auch nicht als wünschenswert betrachtet wird. Der Tagi hat einige 'befreundete Zeitungen', was sich zum Beispiel darin ausdrücken kann, dass Korrespondenten ausgetauscht werden. Als solche 'befreundeten Zeitungen' gelten im Ausland die Süddeutsche Zeitung (München) (mit der der TA einen gemeinsamen Korrespondenten in Tel Aviv,

Israel, hat! J.S.).... Der Tagi ist in keiner Weise in irgendein Kopfblattsystem verwickelt (im Gegesatz zum Vaterland, J.S.) und ist auch nicht aktiver Lieferant von Stoff für andere Zeitungen."

Nach Aussagen von Redaktor Hugo Wild besteht auch beim TA zwischen Leitartikel und Kommentar kein materieller Unterschied, obwohl Kommentare also solche formell bezeichnet werden. Die Artikel sind jeweils exklusiv, auch wenn sie aus der Feder von Korrespondenten stammen, die noch für andere Zeitungen schreiben. Die Exklusivität bezieht sich auf den Einzugsbereich des TA.

Wild kritisiert offen den Israel-Korrespondenten des TA (zusammen mit der Süddeutschen Zeitung) - Manfred Schröder -; dieser sei als Deutscher Israel gegenüber zu zurückhaltend. Der Korrespondent für den arabischen Raum - Carl Buchalla mit Sitz in Beirut - arbeitet auch zur Hälfte für die Süddeutsche Zeitung. Nach Angabe von Wild können auch Korrespondenten Leitartikel schreiben, diese widerspiegeln jedoch weniger die Haltung der Redaktion, als diejenige der Korrespondenten selber.

Wie auch bei der NZZ (vgl. oben Gespräch mit Hurni), aber noch in viel stärkerem Masse werden beim TA Agenturberichte "manipuliert", d.h. gekürzt, zusammengeschnitten und umgeschrieben, ohne sie jedoch inhaltlich zu verfälschen.

Auf die Bedeutung der Leserbriefe angesprochen, meinte Wild, dass der TA aus der unzähligen Zahl der Leserbriefe eine Auswahl treffe , die ein möglichst genaues Spiegelbild der Lesermeinung wiedergebe.

Abschliessend betonte Hugo Wild, dass sich die heutige Doktrin der TA-Berichterstattung zum Thema Nahost durch "Ausgewogenheit" auszeichne, d.h. es gelte, beide Seiten kritisch verstehen zu wollen.

Vaterland

Im Zusammenhang mit den wirtschaftlichen Schwierigkeiten der Neuen Zürcher Nachrichten (einer kleinen katholischen Zeitung in Zürich) berichtet Frischknecht (1981) über die allgemeine Situation der katholischen Presse in der Schweiz. Dabei unterscheidet er zwei Gruppen: die Vaterland-Gruppe und die Ostschweiz-Gruppe (Die Ostschweiz ist eine katholische Zeitung aus St. Gallen). Diese beiden Zeitungen sind die führenden Blätter ihrer Region. Verschiedene kleinere Zeitungen, die einer dieser Gruppen angeschlossen sind, übernehmen dabei verschiedene Stellen unverändert. Wir haben es also mit einem Kopfblatt-System zu tun. Viele dieser Zeitungen haben ums Ueberleben zu kämpfen. Anders dagegen die beiden "führenden CVP (Christlich-Demokratische Volkspartei der Schweiz)-Sprachrohre 'Vaterland' und 'Ostschweiz', die gewisse Seiten gemeinsam produzieren und ihrerseits verschiedene kleinere Redaktionen mit fertigen Zeitungsseiten beliefern. Beide Verlage leisten sich betrachtliche Investitionen für die Umstellung auf neue Satz- und Drucktechniken.. Die Auflagen dieser grossen CVP-Blätter stagnieren zwar, doch Einbrüche sind kaum zu befürchten. 'In unseren Breitengraden wächst man noch mit einer Zeitung auf', umschreibt Romanin (Ostschweiz-Marketing Chef, J.S.) die enge Bindung der Leser an 'ihre' Zeitung. Und Richenberger (Vaterland-Verlangsdirektor, J.S.) weist darauf hin, dass man sich in katholischen Stammlanden 'ebenso schwer an eine neue Zeitung gewöhnt wie an eine neue Frau'.. Für die beiden Verlagsmanager Romanin und Richenberger ist es klar, dass die Verbreitung des katholisch-konservativen Gedankengutes mindestens so wichtig ist wie das Erwirtschaften von Profit. Diese enge Bindung an Partei und Konfession ist fast für alle CVP-nahen Blätter eine Selbstverständlichkeit."

Auch mit dem Auslandsredaktor des Vaterland, Martin Merki,. konnte ein Hintergrundsgespräch geführt werden. Merki wies daraufhin, dass das Vaterland durchaus auch als ein Eliteblatt, zumindest für die Parlamentarier der CVP auf kantonaler und Bundesebene und allgemein dem Gedankengut der CVP nahestenden Kaderleute der Wirtschaft bezeichnet werden kann. Inbezug auf die Auslandsberichterstattung ist das Vaterland den Luzerner Konkurrenzblättern (Luzerner Tagblatt und Luzerner Neuste Nachrichten) zumindest ebenbürtig. Die Auslandsberichterstattung nimmt jedoch einen nur relativ bescheidenen Anteil ein (Frontseite und eine Auslandseite). Das Vaterland hat verschiedene Auslandskorrespondenten, jedoch keinen Exklusiv-Berichterstatter. Auslandskorrespondenten werden zusammen mit anderen Schweizer Zeitungen in einem Pool gehalten. Im Einzugsbereich des Vaterlandes (Kantone Luzern, Aargau und Innerschweiz) sind die Berichte jedoch durchwegs exklusiv. Die internationalen Nachrichtenagenturen werden nur indirekt über die Schweizerische Depeschenagentur (SDA) bezogen. Der tägliche Kommentar auf der Frontseite gilt abwechslungsweise (und je nach Aktualität) den verschiedensten Bereichen (Ausland, Inland, Wirtschaft, Lokales etc).

Der Nahe Osten ist mit Korrespondenten in Kairo und Tel Aviv abgedeckt. Auch beim Vaterland (wie bei der NZZ und dem Bund) sind die Korrespondenten in Tel Aviv meist Israelis; d.h. Journalisten, die aus deutschsprachigen Ländern stammen und heute in Israel leben.

Das Interesse an Israel basiert, nach Aussagen von Merki, auf der Entstehungsgeschichte des Landes im Gefolge des Holocaust und seiner Konsequenzen und als dem Land der heiligen christlichen Stätten.

Das Vaterland arbeitet mit dem lead-system. Die Korrespondentenberichte sind so abgefasst, dass das Wichtigste zuerst, das Unwichtigste am Schluss anzutreffen ist. Dies erlaubt der Redaktion, den Korrespondentenbericht mit Hilfe der Agenturmeldungen kurzfristig auf die Aktualität hin zu korrigieren. Seit dem Jahre 1967 sei ein Stilbruch beobachtbar. Kommentare würden immer weniger von der Redaktion als vielmehr auch von den Korrespondenten verfasst. Auch hier gilt wieder, dass die Korrespondenten-Kommentare nur im jeweiligen Einzugsgebiet exklusiv sind.

Der Bund

Der Nahost-Spezialist des Bundes, Redaktor Willy Lüthi, gab bereitwillig Auskunft über die heutigen Tendenzen der Auslandsberichterstattung im allgemeinen und der Nahost-Berichterstattung im speziellen. Aehnlich wie das Vaterland verfügt auch der Bund nur über Korrespondenten, die in einem Pool-System arbeiten. Aber im Einzugsgebiet des Bundes sind diese Berichte wiederum exklusiv. Sowohl in Tel Aviv als auch in Kairo (z.T. auch in Beirut) sind Korrespondenten stationiert. Zudem ist die Auslandsredaktion sehr aktiv, d.h. durch viele Reisen ist sie in der Lage, korrespondentenähnliche Hintergrundsberichte zu schreiben. Es wird darauf geachtet, dass auf den zur Verfügung stehenden Seiten (3,4 und meist auch die Frontseite, zudem Seite 2) vorwiegend Korrespondenten- oder Redaktorenberichte plaziert werden. Die Agenturberichte werden auch redigiert. Diese Tendenz zur Eigenleistung ist vor allem nach einer internen Strukturänderung im Jahre 1978 erfolgt.

Der Bund könne durchaus als Elite-Zeitung, zumindest für das Einzugsgebiet, betrachtet werden, versicherte Redaktor Lühti. Selbst gegenüber der NZZ habe der Bund Boden gut gemacht. Dazu kommt, dass der Bund von vielen Bundesbeamten in Bern gelesen wird.

Auch die kommentierenden Berichte, wie Leitartikel und Kommentar, nehmen einen wichtigen Platz ein (sowohl inhaltlich als auch formal). Zudem werden auch die Leserbriefe grundsätzlich veröffentlicht, d.h. der Bund sucht die Reaktionen der Leser. Selten jedoch ist die aussenpolitische Berichterstattung Gegenstand von Kontroversen. Als Auflockerung ist auch vorgesehen, auf jeder Seite ein Bild zu plazieren. Immerhin müsse gesagt werden, dass das Angebot an guten (inhaltlich wie technisch) Bildern recht gering sei.

Lüthi vertritt die Auffassung, dass durchaus ein Zusammenhang zwischen der öffentlichen Meinung in der Schweiz zum Nahostkonflikt und der Berichterstattung in den Massenmedien zu diesem Thema bestehe. Die Berichterstattung, auch die des Bundes, sei allzulange einseitig zugunsten Israels ausgefallen. Erst mit den Massenmedien sei auch die andere Seite (vor allem das Palästinenser-Problem) beleuchtet worden. Unumwunden gibt Lüthy ausserdem zu, dass die Nahost-Berichterstattung sehr stark von den Einstellungen des Redaktors abhänge .

QUANTITATIVE UND QUALITATIVE AUSWERTUNG DER ISRAEL-BERICHTERSTATTUNG

Quantitative Auswertung

Im folgenden wird versucht, die Ergebnisse der quantitativen Inhaltsanalyse (vgl. Anhang) zu verbalisieren. So können die quantitativen Ergebnisse, die durchaus interpretationsbedürftig sind, auch zugleich relativiert werden.

Bei der quantitativen Erhebung wurde dem äusseren Erscheinungsbild und der Plazierung keine Beachtung geschenkt, da die Erfassung dieser Daten zu arbeitsintensiv gewesen wäre. Die Titel wurden, sofern beachtenswert, bei der qualitativen Analyse miteinbezogen.

Zu beachten galt es bei der Erhebung der Gesamt-Zeilenzahl der untersuchten Zeitungen, dass die Neue Zürcher Zeitung (und 1967 auch das Vaterland) nur vier Spalten, der Bund, der Tages-Anzeiger und das Vaterland jedoch fünf Spalten aufwiesen. Deshalb wurden die Zeilenzahlen von Bund, Tages-Anzeiger und Vaterland nach der Erhebung entsprechend umgerechnet.

Die Neue Zürcher Zeitung weist durchwegs die grösste Menge an Israel-Berichterstattung aus. Dazu tragen vor allem die sehr ausführlichen Leitartikel und Korrespondentenberichte bei, die im allgemeinen nicht nur häufiger erscheinen als in den anderen untersuchten Zeitungen, sondern auch umfangreicher sind (bis fünf Spalten). Der grosse Abstand zwischen der Gesamt-Zeilenzahl der Neuen Zürcher Zeitung und den übrigen Zeitungen ist teilweise auf die umfangreiche Berichterstattung über nicht politisch-militärische Bereiche zurückzuführen.

Die Gesamt-Zeilenzahl der anderen untersuchten Zeitungen liegt sehr nahe beisammen. Dies zeigt doch deutlich auf, dass die Berichterstattung über Israel sich sehr stark an der Entwicklung des Nahost-Konfliktes orientiert. In Krisenzeiten oder bei spektakulären Ereignissen (Sadat-Besuch) steigt das Interesse an Israel stark an, um bei einer gewissen Entspannung wieder zurückzugehen.

Besonders gross ist der Abstand zwischen der Neuen Zürcher Zeitung und den anderen Zeitungen in den Monaten Mai und Juni 1967

Dies ist darauf zurückzuführen, dass die Neue Zürcher Zeitung 1967 noch drei tägliche Ausgaben hatte (Morgen-, Mittag- und Abendausgabe). So brachte die Neue Zürcher Zeitung jeweils die aktuellsten Agenturberichte zur Entwicklung auf dem Kriegsschauplatze, die zeilenmässig stark ins Gewicht fallen. Deshalb findet sich in diesen Monaten auch eine grosse Zahl von erhobenen Items vor.

Die Gesamt-Zeilenzahl der untersuchten Zeitungen wird nun nach verschiedenen Aspekten aufgegliedert. So interessiert uns der Anteil der nicht politisch-militärischen Berichterstattung für jeden Monat und für jede Zeitung. Bei der Aufgliederung der Berichterstattung sind folgende Kategorien weggelassen worden:

1 Aussenpolitik
2 Innenpolitik
5 Justiz
7 Militärpolitik
8 Konflikte

Die Kategorie Justiz erwies sich im nachhinein als überlüssig, da hierzu keine Items gefunden wurden. So sind noch folgende Kategorien nicht politisch-militärischer Natur übriggeblieben:

3 Wirtschaft
4 Kultur
6 Soziales
9 Wissenschaft
10 Religion
11 Tourismus
12 Human Interests/Residuals

Die so vorgenommene Aufgliederung der Berichterstattung zeigt eindeutig, dass zwischen der Neuen Zürcher Zeitung und den anderen Zeitungen ein starkes Gefälle besteht. So beträgt der durchschnittliche Anteil der nicht politisch-militärischen Berichterstattung an der gesamten Israel-Berichterstattung der Neuen Zürcher Zeitung immerhin 7,6%. Auch hier liegen die anderen Zeitungen wieder sehr nahe zusammen (zwischen 2,1% - 2,7%). Bei allen Zeitungen ist der Anteil der nicht politisch-militärischen Berichterstattung vor allem in der "ereignislosen" Periode Januar bis März 1977 überdurchschnittlich hoch.

Der Bund ist die einzige Zeitung, die Berichte veröffentlicht, die der Kategorie Human Interests zugeordnet werden können. Umfangmässig sind die Kategorien Tourismus, Kultur und Wirtschaft von Bedeutung. In der Kategorie Soziales sind keine Items gefunden worden.

Die Neue Zürcher Zeitung wird ihrem Ruf als führende Wirtschaftszeitung der Schweiz auch in Bezug auf die Israel-Berichterstattung gerecht. Ungefähr ein Drittel der erfassten Berichterstattung entfällt auf die Kategorie Wirtschaft. Die Berichte werden zumeist vom jeweiligen Israel-Korrespondenten der Neuen Zürcher Zeitung verfasst. Wirtschaftsbeiträge finden sich während allen untersuchten Perioden, mit Ausnahme des Monates Mai 1967. Auch die Kategorie Religion ist bei der Neuen Zürcher Zeitung umfangreicher als bei den anderen Zeitungen. Das konfessionell gefärbte Blatt Vaterland bringt wesentlich weniger zum Thema Religion.

Die einzige namhafte Kategorie ist beim Tages-Anzeiger die Kategorie Kultur. Im Juni 1967 erscheint eine Buchbesprechung zum Thema Antisemitismus. Diesem Beitrag kommt besondere Bedeutung zu, da er zusammen mit dem Schlüsselbeitrag des Tages-Anzeigers im Juni 1967 veröffentlicht wird (vgl. S.120). Im Oktober 1973 finden wir einen umfangreichen Beitrag zum Thema Kibbuz. Nur noch im Vaterland sind Beiträge zum selben Thema erschienen.

Auch beim Vaterland ist nur die Kategorie Kultur von Bedeutung. Keine Beiträge existieren, die auf das Verhältnis Staat/Religion oder auf die Stellung der nicht-jüdischen Minderheiten in Israel eingehen.

Im folgenden interessiert uns die Aufgliederung der Gesamtberichterstattung nach den publizistischen Stilformen:

LB: Leserbriefe
LA: Leitartikel
KOMM: Kommentare
AND: anderes
DR: "Dritte"
NA: Nachrichtenagenturen
MB: Mischberichte (nur beim Tages-Anzeiger)

Beim Bund fallen in erster Linie die grossen Anteile an Leserbriefen in den Kriegsperioden 1967 und 1973 auf. Es wurde schon darauf hingewiesen, dass der Bund der Veröffentlichung von Leserbriefen grosse Beachtung schenkt. Leserbriefe können nach

Ansicht des Redaktors Lüthi als Indikatoren der öffentlichen Meinung aufgefasst werden. Die Leserbriefe werden auch veröffentlicht, wenn sie nicht zu einem Bericht des Bundes direkt Stellung beziehen. Im qualitativen Teil werden wir feststellen, dass sowohl 1967 und im vermehrten Masse 1973 die Leserbriefe mehrheitlich pro-israelisch sind.

Der Anteil der Nachrichtenagenturberichten ist bei den Zeitungen sehr unterschiedlich. Ganz eindeutig ist bei der Neuen Zürcher Zeitung die Fremdleistung am geringsten (oder die Eigenleistung am grössten). Der Anteil der Korrespondentenberichte (als Gegensatz zu den Nachrichtenagenturberichten) ist bei der Neuen Zürcher Zeitung wiederum am grössten.

Beim Tages-Anzeiger finden wir oft Berichte, die sowohl mit den Initialen der Korrespondenten, als auch mit Agenturkürzeln versehen sind. Es ist deshalb ohne intime Kenntnis des Entstehens der Artikel (und diese Kenntnis hat nur der betreffende Redaktor) sehr schwierig, die Anteile auseinanderzuhalten. Mehrheitlich können die Mischberichte zu den Nachrichtenagenturberichten gezählt werden.

Leserbriefe fallen beim Vaterland überhaupt nicht ins Gewicht. Hingegen weist das Vaterland mit wenigen Ausnahmen den grössten Anteil an Nachrichtenagenturbeiträgen auf. Diese Feststellung bedeutet jedoch keine Wertung bezüglich der Israel-Berichterstattung. Die qualitative Analyse wird klarstellen, dass die Israel-Berichterstattung des Vaterlandes keine Vergleiche scheuen muss. Ferner kann festgestellt werden, dass in den Monaten März und Oktober 1977 keinerlei meinungsbildende Beiträge (Leitartikel und Kommentare) vorliegen. (Dies gilt beim Bund für den Monat März 1977, während die Neue Zürcher Zeitung und der Tages-Anzeiger in jedem Monate meinungsbildende Beiträge aufweisen).

Die meinungsbildenden Beiträge sind für die verschiedenen Zeitungen gesondert ausgewiesen. Dabei zeigt sich, dass diese Beiträge meist mehrspaltig sind, d.h. eine überdurchschnittliche Zeilenzahl aufweisen. An die Leser werden einige Anforderungen gerichtet, da diese langen Beiträge zumeist auch inhaltlich gehaltvoll sind. Um die Aufmerksamkeit der Leser zu gewinnen, werden beim

Bund, beim Tages-Anzeiger und beim Vaterland Hervorhebungen, Kästchen und Kursivdruck verwendet.

Auch bei der Gesamtzahl (Items und Zeilen) der meinungsbildenden Beiträge liegt die Neue Zürcher Zeitung wieder klar an der Spitze. Die anderen Zeitungen liegen wieder relativ nahe zusammen. Keineswegs ist jedoch die Quantität der Berichterstattung einfach der Qualität gleichzusetzen. Diese Zahlen bedeuten lediglich, dass z.B. die Leser der Neuen Zürcher Zeitung etwa doppelt so viele meinungsbildende Beiträge wie die Leser des Bundes vorgesetzt bekommen.

Des weiteren wollen wir das Verhältnis Eigen- zu Fremdberichten betrachten. Als Eigenleistung werden hier zusätzlich zu den Kommentaren und Leitartikeln auch die Korrespondentenberichte hinzugezählt. Diese können als Eigenleistung der Zeitungen aufgefasst werden, da die entsprechenden Beiträge für die jeweilige Leserschaft der Zeitungen exklusiv sind. Zudem enthalten viele Korrespondentenberichte auch wertende Elemente. Bei der qualitativen Analyse der Neuen Zürcher Zeitung beispielsweise ist es oft unumgänglich, auch die Korrespondentenberichte miteinzubeziehen.

Mit Ausnahme des Mai 1967 ist das Verhältnis Eigen-/Fremdberichte für die Neue Zürcher Zeitung am günstigsten. Die grosse Zahl der Nachrichtenagenturberichte bewirkt im Juni 1967 (drei tägliche Ausgaben) einen für die Neue Zürcher Zeitung kleinen Faktor (1.96). Beim Tages-Anzeiger ist das Verhältnis ausser im Oktober 1977 immer ungefähr ausgeglichen oder unwesentlich darüber. Der Bund liegt meist knapp unter oder unwesentlich über 1. Für das Vaterland ist das Verhältnis besonders in den Monaten Mai und Juni 1967 ungünstig (0.15 und 0.28). Dies ist darauf zurückzuführen, dass zu jener Zeit das Vaterland noch keinen Korrespondenten in Israel zur Verfügung hatte.

Da Leserbriefe möglicherweise einen Spiegel der öffentlichen Meinung zu einem Thema darstellen, sind diese hier nochmals gesondert aufgeführt. Ganz eindeutig ist hier der Bund führend (41 Leserbriefe), wie nach den vorherigen Bemerkungen zu erwarten war. Die veröffentlichten Leserbriefe zum Thema Israel konzentrieren sich auf die Monate Oktober und November 1973. Dies trifft auch für die Neue Zürcher Zeitung zu (27 Leserbriefe). Der Tages-Anzeiger hat neben den Perioden 1967 und 1973 noch im Januar 1977 Leserbriefe aufzuweisen (21 Leserbriefe). Hingegen erscheinen im Vaterland nur zwei Leserbriefe während der ganzen Untersuchungsperiode.

Bei der Bildberichterstattung ist der Tages-Anzeiger führend. Er arbeitet mit zahlreichen Photos, Karikaturen und Karten. Keinerlei Karikaturen verwenden hingegen die Neue Zürcher Zeitung und das Vaterland. Die Photos stammen im allgemeinen von den verschiedenen internationalen Bild-Agenturen. Die Karikaturen werden beim Bund und beim Tages-Anzeiger vom hauseigenen Karikaturisten gezeichnet und sind als exklusiv für die jeweilige Region zu betrachten.

Zusammenfassung

Mit Hilfe der quantitativen Analyse können noch keine wesentlichen Aussagen über das Israel-Bild der untersuchten Zeitungen gemacht werden. Das erhobene Material (Items, Zeilenzahlen, Bildberichte) wurde aufgegliedert und interpretiert. Auch eine Aussage darüber, ob "viel" oder "wenig" Material erhoben wurde, kann nicht schlüssig gemacht werden. Die erhobenen Daten müssten in Relation zu anderen Daten gestellt werden können (z.B. der Anteil der Israel-Berichterstattung am gesamten aussenpolitischen Teil einer Zeitung). Immerhin kann festgestellt werden, dass die Zusammensetzung der Berichterstattung von Zeitung zu Zeitung unterschiedlich ist. Eine Aufgliederung in publizistische Stilformen gibt die Möglichkeit, das Verhältnis Eigen-/Fremdberichte zu berechnen. Der Anteil der meinungsbildenden Beiträge und der Leserbriefe ist uns auch bekannt. Zudem kennen wir die Anteile der nicht politisch-militärischen Berichterstattung. Wieviele Zeilen widmet die Neue Zürcher Zeitung der israelischen Wirtschaft und wieviele der Tages-Anzeiger der Kategorie Religion. Interessant ist auch die Feststellung, dass in der "ereignislosen" Periode Januar bis März 1977 der Anteil der nicht politisch-militärischen Berichterstattung bei allen Zeitungen recht gross ist. Schliesslich sei auf die Liste der nicht politisch-militärischen Beiträge verwiesen (vgl.Anhang 7.H). Diese erfasst für jede Zeitung die entsprechenden Titel. Teilweise wird aus den Titeln ersichtlich, wo das Interesse der Zeitungen liegt.

Qualitative Auswertung

Die qualitative Auswertung erfolgt nach Zeitungen getrennt. Zudem wird ein chronologisches Vorgehen gewählt, d.h. innerhalb der Untersuchungszeiträume untersuchen wir die Berichterstattung vom ersten bis zum letzten Tage. Jeweils kürzere Zusammenfassungen der untersuchten Perioden sollen helfen, die relevanten Erkenntnisse auch ohne Berücksichtigung des zahlreichen Zitatenmaterials rasch zu überblicken. Diese Zusammenfassungen werden als Teilbilder bezeichnet. Aus diesen Teilbildern wird schliesslich versucht, ein Gesamtbild für jede Zeitung zu erarbeiten.

DER BUND

Mai und Juni 1967

Ein erster Kommentar setzt sich mit dem übereilten Abzug der UNO-Truppen aus dem Sinai auseinander und fragt nach den Folgen: "Möglich, dass Nasser diesen 'Erfolg' heraushängt und nun den gross aufgezogenen Truppenaufmarsch wieder abbläst. Möglich ist aber auch, dass damit nur die Begehrlichkeit angestachelt wird und sich die Gemüter weiter erhitzen. In diesem Fall hätte Thant dem Frieden einen schlechten Dienst geleistet." (BU 21.5.67: Friedensdienst?)

Am 29. Mai 1967 bietet der Bund seinen Lesern eine ganzseitige Chronik der Ereignisse seit 1917. Dabei verwendet er auch Karten, die das Mandatsgebiet Palästina, die Aufteilung durch die UNO 1947, den Einfall der Araber 1948 und die aktuelle Lage darstellen. Zudem werden die Ereignisse seit dem 7. April 1967 chronologisch aufgeführt, d.h. die Ursachen des sich abzeichnenden Konflikts dargelegt.

Nachdem sich die Lage in den ersten Junitagen 1967 zugespitzt hat, stellt sich der Bund die Frage, ob "das bedrängte Israel auf einsamem oder gar auf verlorenem Posten steht?" (BU 2.6.67: Die Stunde der Diplomatie)

Im"Wort zum Sonntag", einen Tag vor Kriegsausbruch, vergleicht der Bund die aktuelle Lage mit Ereignissen aus der biblischen Zeit: "Noch kein Menschenalter nach der furchtbarsten Verfolgung, die es unter dem Hitler-Regime erlitten, muss das jüdische Volk, falls es zum offenen Ausbruch der Feindseligkeiten kommt, auf Tod oder Leben um seine neuerrungene Existenz und Heimat kämpfen .. Seltsam, wie sich in gewisser Weise die weltgeschichtliche Situationen wiederholen. Mehr als zweieinhalb Jahrtausende sind es her, da bestand, als Ueberrest von Salomos Reich, ein kleines, aber selbstbewusstes jüdisches Staatswesen. Demselben gab von Süden her die bedrohliche Nachbarschaft der ägyptischen Pharaonen schwer zu schaffen; mehr aber noch hatte es die länderhungrige Grossmacht der Assyrer zu fürchten, die von Nordosten her andrängte. Das kleine Gottesvolk erlebte damals eine allerschwerste Heimsuchung.." (BU 4.6.67: Das Wort zum Sonntag; Kriegsgefahr)

Am selben Tag (4.6.67) deckt der Bund klar auf, wo die Sympathien der Schweizer Bevölkerung stehen: "Sie bangen um das Schiksal eines kleinen Volkes, eines kleinen Staates, um Israel, dass von einem von fanatischem Hass erfüllten Gegner, von einem politischen Vabanquespieler angeführt ist, eingekreist wird. Die Sympathien der grossen Mehrheit der Schweizer stehen zweifellos auf seiten der hartbedrängten Israeli, die schon allein durch die Ruhe, mit der sie ihrer ungewissen Zukunft entgegensehen, uns unsere Bewunderung abringen. Diesem Volk scheint das Schicksal wirklich nur härteste Prüfungen und Demütigungen auferlegen zu wollen.
Seit knapp zwanzig Jahren, nachdem ihm die UNO endlich eine eigene Heimstätte gegeben hatte, baute es in einer einzigartigen Leistung und Anstrengung, allen Anfeindungen zum Trotz, aus dem Nichts ein Haus auf, das allein dem Frieden dienen sollte, nun aber vom Krieg, von der totalen Vernichtung bedroht ist." (BU 4.6.67: Illusionen)

Am Tage nach dem Kriegsausbruch, stellt der Bund die Frage nach dem ersten Schuss, relativiert diese Frage jedoch gleichzeitig. Der Bund nimmt an, dass Israel losgeschlagen hat und bringt für dieses Vorgehen Verständnis auf: "So ruhig sich auch Israel dieser Entwicklung gegenüber seit Tagen verhielt - alles das könnte es erklären, dass man sich nun auch in Tel Aviv zum Handeln entschloss, wie das nationale Kreise schon lange gefordert hatten.. Tatsächlich steht das kleine Land im Augenblick seiner schwersten Bedrohung völlig allein, auch von denen verlassen, die sich einst für seine Existenz verbürgt haben." Für die Schweiz wird folgende Schlussfolgerung gezogen: "Eine bittere Lehre für alle Kleinstaaten!

Und eine Mahnung, sich niemals auf fremde Hilfe zu verlassen, auch wenn sie in noch so schönen Worten zugesichert wird." (BU 6.6.67: Dritter Krieg um Israel)

Die Rubrik "A propos..", die nur sehr selten zur Kommentierung aussenpolitischer Ereignisse verwendet wird, steht am 7.6.67 im Zeichen des Krieges. An dieser Stelle wird Israel als das geplagte Volk beschrieben, über das alle Welt staunte, "wie dieses arbeitsame, kluge und begabte Volk den Wüstenboden zum Garten umwandelte." Auch an dieser Stelle tritt erstmals das David-Goliath-Bild auf: "Wir haben das Alte Testament vom Regal heruntergenommen und gelesen: 'Da trat aus dem Lager der Philister ein Zweikämpfer hervor mit dem Namen Goliath, von Gath, sechs Ellen und eine Handbreit hoch; ... Aber dann kam 'im Namen des Herrn Zebaoth, des Gottes des Heeres Israels', David, ein Knabe, bräunlich schön, mit seiner Schleuder und mit seinem Gottvertrauen. Und es ereignete sich, was seit Jahrtausenden überliefert heute jedem Kind bekannt ist, der Sieg des Kleinen, der fest im Glauben steht. Wir harren beklemmt der Geschehnisse. Ob sich Wunder wiederholen?" (BU 7.6.67: A propos..)

Auch am 7.6.67 verwendet der Bund erstmals den Begriff des "Blitzkrieges": "Die Vermutungen, die - teils zuversichtlich, teils mit einer leisen Skepsis verbunden - seit Wochen weitherum geäussert worden waren, haben sich bewahrheitet: Israel ist den in einer Front vereinigten arabischen Staaten eindeutig überlegen. Die Israeli haben die völlige Luftüberlegenheit errungen, halten an der Ost-Nordostfront Jordanier, Syrer und Iraker in Schach und treiben auf der Sinai-Halbinsel im Blitzkriegstil den ägyptischen Gegner vor sich her-.." (BU 7.6.67: Moskaus Dilemma)

Zwei Tage später berichtet der Bund vom Echo, das der Kriegsausbruch im eidgenössischen Parlament ausgelöst hat und zeigt Verständnis für die kühle Erklärung des Bundesrates: "Zwar lautete auch sie am Empfinden des Volkes gemessen kühl. Aber das war begründet und verständlich, erstens im Hinblick auf die grundsätzliche Neutralität, die eine Regierung zwingt, anders zu sprechen, als der einzelne Bürger es tun kann. Sodann ist es angezeigt, dass eine Regierung, die zu Friedensaktionen ihre guten Dienste anbietet und wünschen muss, dass sie damit auf beiden Seiten Vertrauen finde, sich überflüssiger Aeusserungen und Stellungnahmen enthält." Der Bundesrat habe auch die Lehre gezogen, "die sich für einen Kleinstaat ergibt, nämlich dass die erste Voraussetzung zur Sicherung seiner Existenz und seiner Lebensrechte in der Treue zum Recht und in der Bekräftigung seines entschlossenen Wehrwillens liegt." (BU 9.6.67: Kriegsecho im Bundeshaus)

Der Bund sieht noch weitere Konsequenzen, die sich für die Schweiz ergeben: "Es ist die wertvolle Erfahrung, dass auch im heutigen Materialkrieg nicht automatisch die Quantität siegt, nicht ohne weiteres die vielen Panzer und die vielen Flugzeuge, sondern die Qualität, die der Mensch ausmacht. Kriegsmaterial hat nur seine volle Wirkung, wenn die Entschlossenheit des Menschen dahinter steht, ein Wehrwille, ja eine verzweifelte Abwehrbereitschaft und wenn zur Handhabung der modernen Waffen Kenntnisse, Ausbildung und Bildung hinzukommen." Besonders freut es den Bund, dass Israel seine Mobilisierung "nach schweizerischem System vornimmt und mit Erfolg durchgeführt hat." Dies "wird von Fachleute gern zur Kenntnis genommen." (BU 9.6.67: Kriegsecho im Bundeshaus)

Diese Vergleichsmassstäbe zwischen der israelischen und der Schweizer Armee werden immer wieder herangezogen; mit Argumenten, die den tatsächlich recht verschiedenen Verhältnissen nicht genügend Rechnung tragen.

In einem Kommentar ist die Rede von verschiedenen Aktionen "Pro Israel", die es zu unterstützen gilt: "Die Aktion 'Pro Israel' und weitere Organisationen entfalten eine segensreiche Tätigkeit. Man sammelt Material und spendet Blut. Es wird nicht bloss geredet, sondern auch gehandelt." Der Bund berichtet von einer "Woge der Sympathie zu Israel, die unser Volk in diesen Tagen mit ganz besonderer Macht erfasst hat." Ein praktischer Vorschlag wird gemacht: "In einem kleinen Kreise ist die Idee aufgetaucht, ein Weg aufgezeigt worden, auf welchem die Schweiz auch als Staat handeln könnte: auf dem zutiefst schweizerischen Gebiet der Humanität. Wäre es nicht möglich, ist es nicht ein Gebot der Stunde, eine oder mehrer unserer MSA (Militärsanitätsanstalten) zu öffnen und im Nahostkrieg Verwundete aufzunehmen und zu pflegen?" In diesem Sinne richtet der Bund einen Appell an die Bundesbehörden, "welche die Idee in Realität erwachsen zu lassen vermögen. Wir können.

Wir müssen." (BU 9.6.67: Handeln!)

Im ersten Leitartikel nach Ende des Sechstage-Krieges kritisiert der Bund die Neutralität der USA: "Was übrigens die Neutralität betrifft, so hatte man das Wort erstaunlich rasch zur Hand, ohne sich offenbar über den Begriff und seinen Inhalt völlig im klaren zu sein.. Wenn allerdings bemerkt wurde 'Wir sind nicht die Schweiz', so war auch das wieder schief, denn die Schweiz hat eine Neutralität 'in Gedanken und Worten' niemals akzeptiert; die Gesinnungsneutralität gehört nicht zum völkerrechtlichen Neutralitätsbegriff.. Wieder einmal hat sich damit gezeigt, wie mangelhaft amtliche Köpfe über das, was Neutralität ist und bedeutet, unterrichtet sind. Daran wird man denken müssen, sooft im Ausland von der schweizerischen Neutralität die Rede geht." (BU 11.6.67: Zwischen Krieg und Frieden)

"Wird Israel um die Früchte seines Sieges gebracht?" Der Bund muss diese Frage zu seinem Bedauern bejahen. Gleichzeitig rät er der israelischen Regierung, sich gut zu überlegen, "welche Gebiete sie aus strategischen Erwägungen heraus unbedingt beanspruchen muss und von welchen sie besser die Hand lässt, um nicht unnötig neue Konfliktursachen zu schaffen." Leider könne die israelische Regierung "auch nicht die Sympathie der zahllosen Völker und Millionen von Menschen in die Waagschale werfen, die in schrankenloser Begeisterung den Israeli die schönsten Siegesfrüchte gönnen möchten." (BU 12.6.67: Keine Siegesfrüchte)

Es gibt ein Argument im Zusammenhang mit dem Nahost-Konflikt, welches nach Meinung des Bundes diskutiert werden kann: Hat man das arabische Volk von Palästina im Jahre 1948 für die von Europäern am jüdischen Volk begangenen Verbrechen büssen lassen? Der Bund verneint die Frage: "Hier stellt sich die Frage, um wieviele Jahre oder Jahrhunderte der Geschichte jeweilen zurückgegangen werden darf, um 'Recht' oder 'Unrecht' festzustellen. Im Lichte einer über zweitausendjährigen Geschichte <u>gehört das israelische Volk unbestreitbarerweise zum Raum am Ostrand des Mittelmeeres.</u> Und während ihres ganzen, langen Exils bestand der Traum der Juden darin, wieder an ihre 'nationale Heimstätte' zurückzukehren,. Eine jahrtausendealte Geschichte, in der neuesten Zeit und zuletzt durch den handgreiflichen Beweis des Vorhandenseins eines kräftigen nationalen Selbstbehauptungswillens, hat nunmehr harte Tatsachen geschaffen, die von den Nachbarn Israels zur Kenntnis genommen werden müssen.." (BU 14.6.67: Fehlrechnungen)

Am 15. Juni 1967 organisiert das Kommitee "Pro Israel" einen "Tag für Israel" als Abschluss der Sammelaktionen, die seit Ausbruch des Krieges im Gange sind. Der Bund freut sich, dass "es nicht nur bei einer Demonstration, bei träfen Worten und einer Solidaritätsbotschaft an Israel blieb. Viele schritten zur Tat, wobei es der feste Wille des Kommitees Pro Israel ist, das gesammelte Geld nicht ohne Auflage nur für den Wiederaufbau freizugeben. Selbst wenn - dank der Tüchtigkeit der Israeli - der eigentliche Krieg ausserhalb des Landes ausgetragen wurde, so entstanden doch unabsehbare Schäden, die zu lindern wir uns nun eben anschicken." Erstmals fordert der Bund dazu auf, auch an die andere Seite zu denken: "Selbst auf die Gefahr hin, missverstanden zu werden, sei hier noch ein anderer Gedanke geäussert: Sollten wir jemals in die Lage kommen, auch der - Gegenpartei zu helfen - wir müssten es auch tun. Damit sind nun aber freilich nicht die Scharlatane und Feudalherren um Nasser, dessen Wahnsinn diese neueste Not verursacht hat, gemeint! Zumindest einen warmherzigen Gedanken verdienen aber nach meiner Auffassung alle jene armen Menschen, die für diese arabischen Grossmäuler (oder noch grössere 'Regisseure') ausziehen mussten in einen Krieg, den sie wohl gar nicht kannten, den sie möglicherweise gar nicht wollen - in dem sie (vor allem jene, die nun in der Wüste herumirren) jedoch ganz bestimmt letztlich die Dummen sind." (BU 16.6.67: Solidarität)

Der Krieg um Israel hat nach Ansicht des Bundes die Problematik der Entwicklungshilfe aufgezeigt (vgl. auch beim Vaterland, 26.6.67): "Der Westen würde gut daran tun, zu erkennen, dass die arabischen Länder, aber auch andere afrikanische Staaten mit Virtuosität immer dabei waren, wenn es darum ging, materielle Vorteile ohne eigene Arbeitsleistung zu erreichen." Eine Lösung ist denkbar: "Man vergisst bei aller 'ans Herz rührenden' Hilfe immer wieder, dass es für die unterentwickelten Länder einen recht einfachen Weg gibt, um zu einer Wirtschaftshilfe zu kommen, wie sie auf dem bisherigen Weg niemals zu erreichen ist: Statt Räuberlis zu spielen oder Angriffskriege zu planen, brauchten diese Länder bloss Ordnung bei sich selbst halten. Sie müssten sich als reif genug erweisen, um eine gesicherte Rechtsordnung auf die Beine zu stellen; sie müssten aufhören, dem Westen das zu stehlen und zu zerstören, was er in früheren Zeiten an Aufbauendem geleistet hat, sie müssten selber arbeiten und nicht nur betteln wollen; sie müssten politische Stabilität und Vertrauen schaffen.." (BU 18.6. 67: Entwicklungshilfe)

In der Sonntagsausgabe vom 18.6.67 finden wir ein "Wort zum Sonntag", welches sich indirekt mit dem Nahost-Konflikt beschäftigt. Das Wort zum Sonntag hat nach Aussagen von Redaktor Lüthi eine längere Tradition im Bund. Die Verfasser sind abwechslungsweise Vertreter der verschiedenen im Kanton Bern tätigen Kirchen. Diese Rubrik lässt sich des öfteren zur Prüfung der Korrelation des Israel-Bildes und der Einstellungen den Juden gegenüber heranziehen. So werden Vergleiche der aktuellen Situation mit biblischen Vorgängen angestellt.

"Der Freiheitskampf Israels weckt Erinnerungen an biblische Geschichten. Der Hinweis auf Gideon oder David und Goliath drängt sich auf. Es gibt aber noch eine andere, wenig bekannte Phase in der jüdischen Geschichte, die im historischen Bewusstsein der Israeli unserer Zeit eine hervorragende Rolle spielt. Das ist die Zeit der Makkabäerkriege, deren Bedeutung durch die in verschiedenen Zusammenhängen auftretende Bezeichnung 'Maccabi' im modernen Israel unterstrichen wird." So wird die Geschichte der Makkabäer kurz dargestellt und schliesslich folgert der Bund: "In diesem heiligen Wehrwillen der Makkabäer finden wir wohl einen Keim des überwältigenden Widerstandsgeistes, der vorletzte Woche die Welt in Atem gehalten hat." (BU 18.6.67: Das Wort zum Sonntag; Makkabäergeist)

In den restlichen Beiträgen des Bundes im Juni 1967 zum Nahost-Konflikt finden sich keine Stellen mehr, die zusätzliche Aufschlüsse zum Israel-Bild vermitteln. In den Leitartikeln und Kommentaren geht es um die Beratungen der UNO-Vollversammlung, de Gaulles Nahostpolitik und um das Gipfeltreffen Johnson-Kossygin.

Teilbild Mai und Juni 1967

Die Berichterstattung des Bundes im Mai und im Juni 1967 ist umfassend und informativ. Zusammenhänge und Hintergründe werden aufzudecken versucht. Die Sympathien des Bundes stehen eindeutig auf Seiten Israels. Das Israel-Bild trägt positive Züge:

- hartbedrängt
- auf einsamem oder verlorenem Posten stehend
- völlig alleinstehend und von allen verlassen
- ein kleines, kluges und arbeitsames Volk
- hat aus dem Nichts eine Heimat aufgebaut
- den Wüstenboden zum Garten umgewandelt
- Israel ist das kleine Gottesvolk
- es ringt uns Bewunderung ab
- Sympathie der zahllosen Völker und Millionen von Menschen
- schrankenlose Begeisterung
- das israelische Volk gehört unbestreitbarerweise zum Raum am Ostrand des Mittelmeeres
- kräftiger, nationaler Selbstbehauptungswille
- überwältigender Widerstandsgeist, der die Welt in Atem gehalten hat

Nach Ansicht des Bundes müsse auch die Schweiz (als Kleinstaat) Konsequenzen aus den Geschehnissen ziehen: der schweizerische Wehrwille müsse bekräftigt werden. Dass Israel seine Mobilisierung nach schweizerischem Vorbild durchgeführt hat, wird mit besonderer Genugtuung zur Kenntnis genommen.

Die Gegenseite wird im Zusammenhang mit humanitären Aspekten erwähnt. Ausser einem Seitenhiebe auf die Entwicklungshilfe (zugunsten der arabischen Staaten) werden keine negativen Attribute für die Araber gebraucht. Einzig der ägyptische Präsident Nasser wird scharf angegriffen.

Oktober und November 1973

Noch bevor am 6. Oktober 1973 völlig unerwartet der vierte Nahost-Krieg losbricht, beschäftigt den Kommentator ein anderes Ereignis: die Schliessung des Durchgangslagers für die russischen Juden in Schönau (bei Wien) als Folge eines Terroranschlages. Der Bund zeigt Verständnis für die Haltung des österreichischen Bundeskanzlers Kreisky: "Aber der israelische Massstab des 'Um-keinen-Preis-Nachgebens' den palästinensischen Freischärlern gegenüber, bei aller Logik, die er für sich beanspruchen darf, kann doch nicht der allgemeine Massstab sein. Wer neutral sein will, für den gibt es im Nahen Osten nicht einfach Gerechte und Ungerechte, Unschuldige und Schuldige. Auch dann nicht, wenn man sich nicht ohnehin gern die Hypothek 'Schönau' vom Hals geschafft hätte.." Der Bund nimmt an derselben Stelle auch zur Neutralität Stellung: "Kritisieren ist ebenfalls einfach, wenn es 'glücklicherweise' den Nachbarn betrifft. Wir Schweizer, Neutrale auch sie, sind hier ja wohl gebrannte Kinder. Wenn jede Seite Neutralität im Grunde genommen als schäbigen 'Verrat an einer heiligen Sache' taxiert, ist es in der Tat schwer, neutral zu sein. Doch eines wird Neutralen und nicht Neutralen kaum schaden: kühlen Kopf zu bewahren." (BU 3.10.73: Neutralität in Schönau)

Nach Ansicht des Bundes kann eine solche Aktion der "palästinensischen Freischärler" zwar "an die Existenz der palästinensischen Frage" erinnern, kaum aber Sympathien für die Palästinenser aufkommen lassen. "Sie schaden den Palästinern, sie schaden den Arabern. Und dies alles für eine nicht realisierbare und auch nicht wünschbare politische Utopie: ihren allumfassenden Palästinastaat." Man beachte die Schreibart: palästinisch (und nicht palästinensisch). Vor allem der Tages-Anzeiger verwendet seit 1973 bis heute diese ungewohnte Schreibart.

In der Sonntagsausgabe vom 7.10.73 beginnt der Bund mit einer mehrteiligen Dokumentation zur Geschichte des Zionismus. Diese ist von einem "Dritten", einem Pfarrer, verfasst worden. Drei Tage hintereinander nimmt diese Dokumentation jeweilen die ganze dritte Seite ein, ist also bestimmt auf grosse Beachtung gestossen. Am 8.10.73 berichtet der Bund auf den ersten beiden Seiten umfangreich über den Kriegsausbruch, auf Seite drei folgt die Geschichte des Zionismus.

Auch 1973 stellt sich die Frage nach dem ersten Schuss, die diesmal relativ leicht zu beantworten ist: "- auf jeden Fall weisen die Feststellungen der UNO-Beobachter, der Zeitpunkt der Offensive am höchsten jüdischen Feiertag (dazu nicht im Morgengrauen, sondern nach Mittag) und die offenbar bis zu einem gewissen Grade geglückte Ueberraschung doch darauf hin, woher diesmal der erste Schuss kam." (BU 8.10.73: Wozu Krieg?)

Uns wird in diesem Zusammenhang vor allem die Frage interessieren, ob die Tatsache, dass der arabische Angriff am höchsten jüdischen Feiertag erfolgte, in den anderen Zeitungen auch erwähnt wird.

Am 9. Oktober, zwei Tage nach Kriegsausbruch erläutert der Bund, warum die Kriegsparteien zum militärischen Handeln, "ja zum Sieg auf dem Schlachtfeld verdammt" sind. Territoriale Konzessionen können von Israel nicht verlangt werden, denn "dies müsste das gewachsene militärische Selbstbewusstsein der Araber zu neuen Abenteuern verleiten, um das insgeheime arabische 'Traumziel', den Zionistenstaat doch noch von der Landkarte zu tilgen und das utopische 'Palästina aller Rassen und Religionen' zu schaffen, zu erreichen." Der Bund scheint für einen Palästinenserstaat, zumindest im Oktober 1973, kein Verständnis zu haben (vgl. auch BU 3.10.73).

Auch wenn Israel einen Sieg erringen sollte, würde dies nicht den Frieden bedeuten. Dennoch nötigt der Kampf der Israelis grosse Bewunderung ab: "Die nationale Heimstätte der Juden, zu deren Erhaltung ihre Bewohner in diesen Stunden unter Bewunderung und Sympathie der westlichen Welt wieder zu höchsten Opfern gezwungen sind,..." (BU 9.10.73: Zwang zum Sieg)

Der Bund, als die führende Zeitung der Bundeshauptstadt Bern, kommentiert auch im Oktober 1973 (wie im Juni 1967) die Stellungnahme des Bundesrates zum ausgebrochenen Krieg. Dabei wird vermisst, dass der Bundesrat keinerlei Aeusserungen hinsichtlich der Entwicklung der militärischen Lage gemacht hat: "Die Schlussfolgerung liegt aber nahe, dass man sich ebenfalls mit ihr befasst hat. Schon 1967 hat man bei uns militärische Lehren aus dem damaligen

Feldzug gezogen. Diesmal wird es nicht ohne Eindruck bleiben können, dass sich das SAM-Raketen- und Flabwaffen-Abwehrsystem der Aegypter längs des Suezkanals als sehr wirksam gegenüber der hochmodernen israelischen Luftwaffe zu erweisen scheint. Trifft dies zu, dürften unsere Bemühungen zur nachhaltigen Verstärkung der Fliegerabwehr kräftig Auftrieb erhalten." (BU 11.10.73: Bundesrat und Nahostkrieg)

Eine Woche nach Kriegsausbruch spricht der Bund von einer tragischen Ironie der Situation im Nahen Osten: "..., dass eine Art Symetrie besteht zwischen der Erinnerung der Israelis an die totale Vernichtung, wie sie die Nazis anstrebten, und des als Neurose zu bezeichnenden Zorns der Araber über die demütigenden israelischen Niederlagen, die ihnen ihre israelischen Gegner noch und noch zugefügt haben." In dieser Situation ist die Lösung sicher nicht in einem "Befreiungskrieg" zu suchen, "wie ihn Aegypten und Syrien heute vor einer Woche am Nachmittag des höchsten jüdischen Feiertages, an dem in Israel im wahrsten Sinne des Wortes das Leben stillsteht, inszenierten." (BU 14.10.73: Der vierte Krieg)

Als Hauptursache dieses vierten Krieges sieht der Bund "das Gefühl der Schmach", das die Araber bedrückt. "Für den Araber heilt die Zeit offenbar die Wunden nicht, sondern reisst sie im Gegenteil weiter auf." Und wie reagiert Israel?

"Seit der Staatsgründung muss es um seine nackte Existenz, um sein Ueberleben kämpfen, befindet es sich in einem Belagerungszustand, fühlt es sich auf sich selbst angewiesen in seinem Befreiungskampf. Es weiss, dass es keine Alliierten hat, auf die es sich in der Not wirklich verlassen könnte, die ihr zur Hilfe eilen würden, wenn es der feindlichen Uebermacht militärisch erliegen sollte. In der ganzen Welt geniesst es zwar Achtung, anerkennt man die gewaltige Leistung, die dieser Staat in fünfundzwanzig Jahren aus eigener Kraft vollbracht hat, hat man Sympathien für den kleinen David, der dem Goliath trotzt. Aber die Israelis wissen, dass sie mit der Achtung und Sympathie, die ihnen ihre Freunde entgegenbringen, nicht überleben können. Israel hat auch erfahren - und nicht immer war es selbst dafür ganz schuldlos - , dass seine Freunde zahlenmässig kleiner, seine Feinde und Neider grösser werden. Der Antisemitismus ist neu aufgeflackert, Auschwitz gehört nicht für die Juden, aber für Millionen von Nichtjuden der Geschichte an. Vom Antisemitismus der arabischen Staaten und der Sowjetunion liess sich auch die junge Linke in Europa und in Amerika manipulieren. Die Israelis leben bewusst gefährlich. Sie sagen von sich: 'Ejn brera! Es bleibt uns keine Wahl! Aber wir sind frei!' Auf den Golanhöhen oder in der Wüste Sinai gibt es Israelis, die dieser Tage zum viertenmal in ihrem kurzen Leben in der gleichen Schlacht um ihre Freiheit stehen. Sie sehen sich vielleicht denselben ägyptischen oder syrischen Panzereinheiten gegenüber wie im Sechstagekrieg. Sie wissen zwar, um was er für sie geht. Aber, so mögen sie sich in einer Kampfpause, oder selbst, wenn sie auch in diesem Krieg Sieger sein sollten, fragen: Was wird morgen sein? Ist es unser unabänderliches Schicksal, alle fünf bis sechs Jahre wiederum auf dem Schlachtfeld anzutreten, Schreie der Angst der Kameraden oder auch der Feinde zu hören, die Toten auf den Sandflächen zu zählen? ... " (BU 14.10.73: Der vierte Krieg)

Am gleichen Tag erscheint eine erste Serie von zahlreichen Leserbriefen im Oktober und November 1973. Seit dem Chefredaktoren-Wechsel im Jahre 1964 fördert der Bund ganz bewusst die Leserbriefe und stellt verhältnismässig viel Platz zur Verfügung (mündliche Mitteilung von Redaktor Lüthi). Interessanterweise nehmen die Leserbriefe aber nicht zur Berichterstattung des Bundes über den Krieg, sondern zu den Ereignissen direkt Stellung. Die abgedruckten Leserbriefe sind überwiegend israelfreundlich. Hier eine kleine Auswahl: ".. Wo aber, wo um alles in der Welt bleiben die Demonstrationen gegen den Angriff der Araber auf den Kleinstaat Israel?!"

"Hat sich der 'herkömmliche' Antisemitismus gegen den Juden schlechthin gerichtet, so wendet sich der 'moderne' Antisemitismus gegen den Staat Israel und damit gegen jeden Juden, denn Israel ist untrennbar mit der schrecklichen Verfolgung der Juden durch Hitler verbunden und kann von diesen Ereignissen nicht isoliert werden."

Aehnlich wie 1967 macht sich hier ein Leser Gedanken über den humanitären Standort, den die Schweiz einnehmen sollte:
"Wie ein schlechter Witz hörte sich die Meldung an, dass wir uns beim Blutspenden dafür entscheiden dürfen, ob wir unser Blut an Israelis oder Araber spenden wollen. Schweiz: Neutralität? Heimat des Roten Kreuzes? Ich schäme mich für all diejenigen, die eine solche Mitteilung aufgesetzt haben. Wenn wir noch als 'neutral' und 'menschlich' vor und in den Augen der Welt bestehen wollen, kann man nur das Rote Kreuz offiziell um ein Dementi dieser Mitteilung bitten."

Neben der Berichterstattung über den Kriegsverlauf hat der Bund eine weitere Seite am 18. Oktober dem Nahostkonflikt reserviert. Ein Mitglied einer Reisegruppe aus der Schweiz, die auf ihrer Israelreise vom Ausbruch des Kriegs überrascht worden ist, berichtet von den Erlebnissen und Eindrücken der Gruppe. Dramatische Situationen sind dabei nicht erlebt worden, jedoch:
"Die Mobilmachungsbilder der ersten Tage schienen uns vertraut.

Das ist schon von daher zu erklären, dass Israel bekanntlich sein Mobilmachungssystem nach schweizerischem Vorbild gestaltet hat. In weniger als 40 Stunden war die gesamte Armee einsatzbereit!... Das Tenue war eher leger, die Ausrüstung sehr unterschiedlich, niemand trug einen Tornister und niemand marschierte. Der Stahlhelm dient offensichtlich nicht, wie in schweizerischen Mannövern, der Markierung des Kriegszustandes. Hinter der Front trägt ihn sozusagen niemand." Schliesslich hat die Gruppe Israel mit "Gefühlen der Dankbarkeit und schmerzlicher Teilnahme" verlassen. "Und immer wieder werden wir darüber nachdenken müssen, aus welchen Quellen dieses Volk seine grosse zukunftsgerichtete Lebenskraft schöpft." (BU 18.10.73: Als Touristen vom Nahostkrieg überrascht)

Auch die TV- und Radio-Kritik befasst sich am 21. Oktober mit dem Kriegsgeschehen. Dabei wird die Diskussion in Höfers Frühschoppen beschrieben: "Es war ein bedrückendes Gespräch mit Vorwürfen und Rechtfertigungen, und in der Erinnerung an änliche Gespräche während des Sechstagekrieges wurde dem Zuhörer bewusst, wie sehr sich seit damals die Weltszene zugunsten (zuungunsten müsste es wohl heissen, J.S.) Israels gewandelt hat, das noch nach wie vor nur seinen Frieden und sein Lebensrecht verteidigt." Der Kommentator lobt die fundierte Berichterstattung von Radio und Fernsehen, fragt sich aber gleichzeitig, wie das Publikum auf diese Bemühungen reagiert:

"Schon hört man da und dort die Bemerkung, das Radio wisse über nichts anderes mehr zu berichten als über den Krieg! Der Vorwurf stimmt nicht - auch das Prisma fand noch Zeit für andere Themen - , doch er zeigt, dass die Information Grenzen findet an der Aufnahmewilligkeit des Publikums. In diesem Zusammenhang ist die gegenwärtig laufende, sehr hörenswerte Wiederholung der Sendereihe 'Im Chalte Chrieg' von E. Heimann und H.R. Hubler von Interesse: sie verdeutlicht eindrücklich, wie für viele Menschen das Geschehen 'hinten weit in der Türkei' beziehungsweise neben dem eigenen Alltag einherläuft." (BU 21.10.73: Gesehen und gehört)

Auf einen anderen "vergessenen Krieg" macht am 30. Oktober ein Photo im Bund aufmerksam. Die Legende dazu: "Ueber all den aufregenden Ereignissen im Nahen Osten ist ein anderer Krieg bereits in Vergangenheit geraten, der bisher nicht weniger Opfer gefordert hat - der sich aber 'weit hinten in der Türkei'abspielt: das Ringen um Kambodscha." (BU 30.10.73)

Tatsächlich scheint Israel (und der Nahe Osten) nicht "weit hinten in der Türkei" sich zu befinden. Der Bund weist auf die diesbezügliche Haltung des Bundesrates hin: "Einen langen Krieg im Mittelmeerraum bekäme unweigerlich auch unser Land zu spüren, ist doch von seiten unserer Behörden unterstrichen worden, dass auch wir im Bereich des Mittelmeerraumes liegen, auch wenn wir nicht direkter Meeranstösser sind." (BU 11.10.73: Bundesrat und Nahostkrieg) Das Interesse der Behörden (und damit auch der Zeitungen) am Geschehen um Israel ist demzufolge auf die <u>relativ geringe geographische Distanz</u> zurückzuführen.

Am 22. Oktober wird ein Waffenstillstand angenommen. In einem Leitartikel spricht der Bund von der "Kernfrage der bevorstehenden Gespräche", wo Israel "die militärisch sicheren Grenzen seines Staates sieht." Nach Ansicht des Bundes sollte im Süden mit Aegypten ein Kompromiss gefunden werden. "Im Norden und Osten kann indessen ein israelischer Rückzug nicht in Betracht gezogen werden; eine Rückgabe Cisjordaniens würde die 'Wespentaillen'-Situation Israels wiederherstellen - das Land war vor 1967 an seiner schmalsten Stelle 14 Kilometer breit - und mit der Preisgabe des Golans wäre Galiläa einem tödlichen Angriff von den Höhen herab schutzlos preisgegeben." (BU 23.10.73: Waffenruhe)

Auch nach Abschluss des zweiten Waffenstillstandes ist für den Bund noch nicht der Zeitpunkt gekommen, "über die Auswirkungen des vierten Nahostkrieges meditieren zu wollen". Ist zu Beginn des Monates noch die Rede von einer nicht "wünschbaren Utopie" bezüglich der Gründung eines laizistischen Palästinas gewesen, spricht der Bund jetzt von "immerhin nicht ganz unberechtigten Anliegen" der Palästinenser. (BU 26.10.73: <u>Y</u>o<u>m</u> <u>K</u>ip<u>pur</u> in Nahost)

Am 25. Oktober finden wir erneut eine ganze Reihe von Leserbriefen zum Thema Israel und Nahost. Auch diese setzten sich nicht direkt mit der Berichterstattung des Bundes auseinander. Vielmehr äussern sie allgemeine Gedanken, Repliken auf frühere Leserbriefe sowie eine Kritik an einem Inserat (Erklärung der Weltkonferenz der Christen für Palästina, BU 18.10.73) und eine Reaktion auf die israelfreundliche Stellungnahme des Schriftstellers Friedrich Dürrenmatt.

Ein weiteres Mal setzt sich das "Wort zum Sonntag" mit dem Krieg auseinander. Nach Ansicht des Kommentators liegen die Ursachen der Feindschaft nicht nur im wirtschaftlichen und politischen Bereich, sondern vielleicht in einem Hass, der sich aus einer jahrtausendealter Vergangenheit ererbt hat. Dieser Hass ist auf die Geschichte von Abraham und seinen Söhnen Isaak und Ismael zurückzuführen. Der Kommentator verurteilt die aufgepeitschte "religiöse Leidenschaft" der Muslims und "den fanatischen Nationalismus" der anderen Seite. Die christliche Religion hat dies überwunden: "Seitdem einst Jesus seinen Kampf geführt hat gegen jene fanatische Religiosität, die man auch den 'Rassismus' des alten Judentums nennen kann, seitdem er ihren Nationaldünkel und ihrer Verachtung allesNichtjüdischen das Beispiel reiner Menschlichkeit in der Nächstenliebe des fremdstämmigen Samariters entgegengestellt hat, bricht sich ein neuer Geist in der Menschheit Bahn." (BU 28.10.73: Das Wort zum Sonntag; Für immer Feinde?)

Wie schon im Juni 1967 ist auch diesmal im Oktober 1973 die Spalte "A propos.." dem Nahost-Konflikt gewidmet. Dabei wird von einem "Mordechai aus Haifa und einem Mustafa aus Alexandrien, zwei Schiffli-Fischer, beide alles andere als Kriegsgurgeln, beide der Devise huldigend, leben und leben lassen, innerhalb sicherer, aber offener Grenzen" berichtet. Ihre Vettern "Nahum, aus einem Moschaw bei Beersheba im Negev, und Mahmoud aus einem Fellachendorf im Nildelta" sind ebenfalls "an die Front gerufen worden, dieser, um mitzuhelfen, die nationale Ehre wieder herzustellen, jener, um die zionistische Idee zu verteidigen." Der Bund versucht darzustellen, wie unsinnig der Krieg von den beteiligten Menschen aufgefasst werden musste. In Tat und Wahrheit sei der Krieg nicht mehr und nicht weniger als ein Stellvertreterkrieg für die Grossmächte gewesen. Diesen beiden Grossmächten "geht es dabei im Grund weder um Araber noch um Israelis, weder um Mustafa noch um Mordechai, den beiden Fischern aus Alexandrien und Haifa. Zum Verzweifeln, dass man dies in Kairo und Jerusalem nicht merken will uns sich auf 'Stellvertreterkriege' einlässt." (BU 31.10.73: A propos..)

Neun Tage nach dem zweiten Waffenstillstand setzt sich der Bund im ersten November-Leitartikel mit den Folgen des abgelaufenen Krieges auseinander. Der Kommentator betont die Sinnlosigkeit dieses Krieges und die Ergebnislosigkeit, die die Fronten noch erhärtet hat. "Die Araber haben die besetzten Gebiete nicht gewonnen, und Israel nicht seine friedliche Existenz. Die grosse Frage scheint also leider bloss zu sein: Drohen die Araber wieder einige Zeit mit Krieg, bis sie wieder in der Lage sind, ihn auch zu führen?" (BU 2.11.73: Viel verloren - nichts gewonnen)

Auch im November 1973 finden wir wie im Oktober eine grosse Zahl (verglichen mit den anderen Zeitungen) veröffentlichter Leserbriefe. Eine erste Serie erscheint am 8. November. Von den sieben Leserbriefen sind fünf pro-israelisch und zwei neutral verfasst. Wiederum wird mit Ausnahme der Stellungnahme von Dürrenmatt nicht auf die Berichterstattung des Bundes eingegangen; vielmehr werden die Geschehnisse direkt kommentiert.

M.K. ist der Meinung, dass wir Israel unsere Solidarität bekunden können:

"Freilich fehlt uns die Sprachgewandtheit von Dürrenmatt, jedoch sollten wir uns ihm innerlich anschliessen und uns seine klare Stellungnahme zu den grossen Problemen, welche dieser jüngste Nahostkrieg wieder grell beleuchtet hat, endlich beherzigen. Wenn schon der Bundesrat keine tapferen Worte für jenes Volk findet, das unsere äussersten Vorposten ganz allein gegen eine feindliche Uebermacht verteidigt, sollten wir ganz hellhörig werden für die Stimmen, die sich noch zu unseren geistigen Werten und zu unserer Kultur bekennen." (BU 8.11.73: Solidarität mit Israel)

Man beachte hier, wie Israel als westlicher Staat, als Vorposten bezeichnet wird. Die Israelis bekennen sich nach Ansicht dieses Lesers zu einer Kultur, zu einer westlich-abendländischen, die der schweizerischen nicht unähnlich ist. Dies im Gegensatz zu der morgenländisch-arabischen Kultur, die in der Schweiz sozusagen unbekannt ist. Tatsächlich übersieht dieser Leser (und mit ihm wohl noch viele andere), dass Israel, dessen Bevölkerung zu gut fünfzig Prozent aus Einwanderern aus den arabischen Staaten besteht, dazu tendiert, neben den westlichen auch östliche Elemente miteinzubeziehen.

Interessant ist festzustellen, dass Sympathie zu Israel meist mit Antipathie der Sowjetunion gegenüber verbunden ist. Dieser wird nämlich die Unterstützung der arabischen Seite angekreidet: "Wer bestimmt heute, wo und wann ein Krieg beginnen soll?

Die Sowjetunion, indem sie Aegypter, Syrer und Iraker derart intensiv aufrüstet und von der ersten Kriegsstunde an unterstützt, dass diese losschlagen können. Wer bestimmt, wann ein Krieg enden soll? Die Sowjetunion, indem sie die Israelis und die USA mit den massivsten Drohungen erpresst. Wem ist noch nicht klar, wer gegenwärtig die Welt beherrscht?" (BU 8.11.73: Wer beherrscht die Welt? A.B.)

"Der Nahostkonflikt ist nur ein kleiner Teil einer weltweiten Aggression, die seit dem Zweiten Weltkrieg auf raffinierte Art durchgeführt wird. Der wirkliche Aggressor war und ist seit Hitler die Sowjetunion, d.h. deren Regierung bzw. Parteiführung. Sie allein erstrebt die Eroberung ganz Europas an, wenn nicht mehr. - Herr Breschnjew versteht es meisterhaft, den Wolf im Schafspelz zu spielen und den Weltkommunismus weltweit voran zu treiben.." (BU 8.11.73: Der wahre Aggressor, J.V.R.)

V.K. empört sich über einen Radio-Moderator, der seine Erlebnisse aus dem Wiederholungskurs der Schweizer Armee erzählt: "Zur Sendung Auto-Radio-Schweiz am 23. Oktober 1973: Sehr geehrter Herr Schnetzler, fanden Sie es tatsächlich angebracht, am Tag nach dem Versuch eines Waffenstillstandes im Nahen Osten, wo Tausende von Soldaten kämpften, sich in Selbstmitleid über kalten Spatz, Strohhalme im Haar und schmutzige Fingernägel im kürzlichen WK zu ergehen? Begreiflich, dass Sie heute schon jammern über die nächstes Jahr zu bestehende Inspektion. Dass Niveau Ihrer Jeremiade haben Sie trefflich abgerundet mit der abschliessenden Schallplatte ('Oh läck du mir..'). Wie würde wohl der Kleinstaat Israel dastehen mit Soldaten solchen Formats?" (BU 8.11.73: Armer, bemitleidenswerter WK-Soldat! V.K.)

Der erste Wochenend-Leitartikel befasst sich mit der Nahost-Erklärung der Europäischen Gemeinschaft. Der Bund kritisiert das Vorgehen der EG-Staaten: "Es liegt auf der Hand, dass mit der Nahost-Resolution der Europäischen Gemeinschaften genau dieser Fall eingetreten ist: Die Tatsache dieser Stellungnahme und vor allem deren Inhalt legen den Verdacht nahe, dass sie höchst einseitig von europäischen Oelinteressen diktiert worden ist. Oder wie es der israelische Botschafter in Bern überspitzt, aber von seinem Standpunkt aus richtig formuliert hat: 'Den Europäern scheint der warme Ofen näher zu liegen, als die Solidarität zwischen den westlichen Demokratien und dem Sicherheitsbedürfnis des demokratischen, ja sozial-demokratischen Israels.'.. Die heutige Frage an das demokratische Gewissen hiess ja bloss 'Frieren (und weniger autofahren) für Israel?' Wer die Nahost-Resolution der EG aufmerksam liest, weiss, wie die verantwortlichen Politiker der 'Neun' diese Gretchenfrage beantwortet haben." (BU 9.11.73: Frieren für Israel?)

Skeptisch wird vom Bund das israelisch-ägyptische Waffenstillstandsabkommen am berühmten Kilometerstein 101 beurteilt: "Ob der Stein dereinst mehr berüchtigt oder berühmt bleiben wird, ist im Moment nicht abzusehen. Es wäre heute zu früh, sich auf die eine oder andere Version festlegen zu wollen. Seit über 25 Jahren sind die Optimisten - jene, die den Glauben an ein mögliches friedliches Nebeneinander von Arabern und Israelis nie preisgegeben haben - in ihren Erwartungen immer wieder bitter enttäuscht worden; man wird deshalb gut beraten sein, den weiteren Dingen nach wie vor die gebührende Skepsis entgegenzubringen." Des weiteren wird auf die Rolle der Supermächte und das "klägliche Schauspiel" der Westeuropäer eingegangen. Nach Meinung des Bundes lässt sich ein Friede jedoch auch nicht von den Supermächten dekretieren: "Dazu ist die Einsicht aller Beteiligten, Israelis und Araber, notwendig, an der es bisher beiderseits gefehlt hat. 'Araber' - d.h. also nicht nur der Aegypter, sondern auch der Syrer, Iraker, Libyer und nicht zuletzt der bisher militanten Palästinenser. Der Weg zum nächsten Kilometerstein, zum Kilometerstein 'Frieden', ist noch weit und beschwerlich.." (BU 12.11.73: Noch weit)

Einen fundamentalen Beitrag zum Verständnis des Nahostkonfliktes aus Schweizer Sicht liefert ein Leitartikel des Bundes am 16. November. Dieser Schlüsselbeitrag wird vollständig wiedergegeben:

"Das deutschschweizerische Fernsehen, das sich ansonsten einiges auf seine Ausgewogenheit zugute hält, hat sich wenige Tage nach Ausbruch des jüngsten Nahostkrieges bei seinen Zuschauern dafür entschuldigt, dass es Bildmaterial und Reportagen beinahe ausschliesslich nur von der israelischen Seite anbieten könne. Es sei eben für Berichterstatter und Kameraleute unendlich leichter, sich in Israel zu betätigen und mit der israelischen Armee gegen die vordersten Linien vorzurücken.
Eben - in diesem kleinen Wort liegt eigentlich der ganze Konflikt begründet, der eine objektive Betrachtung des Nahostproblems derart erschwert und auch hierzulande die Geister verwirrt. Trotz militärischer Pressezensur, trotz notwendigerweise harten Staatsschutzmassnahmen liegt uns Israel seinem ganzen Wesen, seiner Staatsstruktur und der Mentalität seiner Bewohner nach eben unendlich näher als die Araber, für deren islamischen Untergrund alle Leistungen und auch alle Auswüchse unserer technischen Zivilisation im Grunde nur ein notwendiger Firnis geblieben sind. Da hilft vorläufig kein noch so intensivierter Tourismus in die arabische Welt - und auch keine noch so einfühlende Studie, die es im Westen durchaus gibt: Auch wenige Flugstunden entfernt, haben die Araber für uns einiges vom geheimnisvollen orientalischen Schleier bewahrt

der immer noch das Abendland vom Morgenland scheidet - bis hinunter zum kleinen, aber bezeichnenden Detail der Arbeitsmöglichkeiten für ein Kamerateam eines neutralen Landes. Im Gegensatz zu den Israelis, deren westlich-rationales Verhalten mit allen Licht- und mit allen Schattenseiten weitgehend mit unserer Zivilisation übereinstimmt, sind die Araber in ihrer ganzen Verhaltensweise für uns in erster Linie einmal 'anders'.

Hier liegt denn auch die ganze, tiefere Tragik - nicht nur des Nahostkonfliktes, sondern auch seiner oft fehlerhaften Beurteilung. Das westlich-demokratisch parlamentarische System Israels, das abendländische Arbeitsethos seiner Bewohner, der Glaube an die rationale Kraft der Technik, das jüdisch-christliche 'Gehet hin und macht euch die Erde untertan' - das alles empfindet der Mann auf der Strasse hierzulande ganz natürlich als seine Welt, als Welt, die er versteht und die er beurteilen kann. Demgegenüber ist ihm die Gedankenwelt des Arabers mit dem passiven Fatalismus, dem konservativen Ehrbegriff und den vielfach emotionalen Vorstellungen und Handlungsweisen für erste einmal fremd; der Zugang dazu ist nicht einfach und natürlich, sondern nur auf Grund intellektueller Anstrengung möglich.

Das wahre Verhängnis besteht nun darin, dass diese nicht zu leugnenden Unterschiede zumeist nicht als das Ergebnis unterschiedlicher Traditionen und einer ganz andersartigen geschichtlichen Entwicklung, sondern bereits als Werturteile ausgelegt werden. Paradoxerweise schon von den Arabern selbst, die in dieser natürlichen Verwandtschaft zwischen Israel und dem Westen einen Gradmesser für ihr eigenes Ungenügen in modernistischer Hinsicht sehen und deshalb den Judenstaat als westlich-kolonialistischen Eindringling in ihre Welt ablehnen. Noch viel mehr allerdings im Westen selbst, wo man durch diese Gedankengänge so oder so Beurteilungskriterien in den Nahostkonflikt hineinträgt, die für ein derart komplex-weltpolitisches Problem keineswegs brauchbar sind. Es ist dies der alte Beurteilungsfehler, der beispielsweise seinerzeit schon eine klare Sicht auf die Geschehnisse in Indochina trübte. Die eigene politische, zumeist innenpolitische Gedankenwelt wird ohne weiteres auf die Aussenpolitik übertragen. Wer hierzulande mit der Industriegesellschaft, mit den politischen Strukturen und den gesellschaftlichen Erscheinungsformen nicht zufrieden ist und auf Veränderung drängt, schwärmt für das revolutionäre Pathos des Vietcong. Wer die sogenannte bürgerliche Leistungsgesellschaft ablehnt, nimmt auch gegen den Staat Israel, 'der etwas leistet', Stellung. Und umgekehrt: Wer in diesem Staate eher zu den Kräften der Beharrung hin neigt, der glaubte, auch aussenpolitisch das amerikanische Indochina-Engagement unterstützen zu müssen, der sieht in Israel die Ueberlegenheit der technischen Zivilisation verkörpert.

Es liegt auf der Hand, dass diese schematische Uebertragung innenpolitischer Anschauungen auf weltpolitische Probleme oftmals zu Verzerrungen führt, werden doch hier Ellen angelegt, die für die Weltpolitik nicht oder nur sehr beschränkt taugen. Besonders deutlich wird diese seltsame 'Umwertung der Werte' in der Haltung der sogenannten Neuen Linken zum Nahostproblem. Es war schon reichlich seltsam, dass sich während des Vietnamkonfliktes all diejenigen Leute, die sich ausdrücklich zu Nicht-Kommunisten erklärten und lautstark für die ganze Welt die parlamentarische Demokratie forderten, derart einseitig gegen die USA engagierten, die als einzige Konfliktspartei diesen demokratischen Anforderungen einigermassen entsprachen. Doch mit Blick auf den Nahen Osten erreicht diese innenpolitisch getrübte Optik auf weltpolitischen Fragen ihren Höhepunkt, denn dort fällt ja auch das Argument der Intervention ausserhalb der eigenen Regionen weg.

Sicher ist es töricht, blind an Israel zu glauben und alle seine Handlungen zum vornherein zu rechtfertigen, nur weil die ganze israelische Mentalität uns auf Grund der Geschichte näher liegt. Doch noch viel törichter ist es, sich als angeblicher Verfechter der Demokratie in allen Bereichen, Staat, Wirtschaft, Schule, gegen das demokratische Israel zu stemmen, nur weil man sich in der westlichen Industrie- und Wohlstandsgesellschaft unbehaglich fühlt, nur weil man das puritanische Leistungsethos ablehnt, nur weil man die eigene militärische Bereitschaft als nutzlos empfindet. Israel hat nämlich wegen der Besonderheiten seiner Gründung und seines Staatszieles, den Juden eine Heimstatt zu bieten, wo aus der Minderheit eine Mehrheit wird, keine andere Wahl: In einer für Menschen mit westlicher Tradition klimatisch und landwirtschaftlich wenig geeigneten Region ist technische Leistung und Vervollkommnung der einzig gangbare Weg: in einer politisch feindlichen Umgebung, militärische Anstrengung, nackter Existenzkampf. Leistungsgesellschaft, auch dort mit ihren wie hier unangenehmen Folgeerscheinungen, ist deshalb für Israel ein Muss. Wer sie dort verurteilt, weil er hier mit ihr nicht zurecht kommt, der beschneidet nicht nur Israels Existenzrecht. Wegen der Machtgruppierung um den Nahen Osten gerät er durch seine innenpolitische Wertung eines weltpolitischen Problems in gefährliche Nähe jener Weltmacht, die ausgerechnet jene Demokratie bedroht, die er weltweit fordert. (BU 16.11.73: Nahost und wir)

Dieser umfangreiche Beitrag des Bundes geht noch wesentlich weiter als der Leserbrief vom 8.11.73, in welchem Israel als äusserster Vorposten des Westens bezeichnet wird. Man kann sich fragen, ob in den Zeilen des erwähnten Leserbriefes und auch in obigem Beitrag möglicherweise eine gewisse Angst vor der arabisch-islamischen Welt, vor dem Orient, ausgedrückt wird. Israel wird den Arabern vor allem wegen seiner demokratischen Staatsstruktur, die auch eine freie Berichterstattung der Medien über innenpolitische Vorgänge auch zulässt, vorgezogen. Das Demokratieverständnis des Schweizers kann nicht in Einklang mit den feudalistisch-patriarchalischen oder absolutistischen arabischen Staatswesen in Einklang gebracht werden. Aber auch in obigem Beitrage übersieht der Kommentator die Tatsache, dass von e i n e r israelischen Mentalität, die der schweizerischen nahesteht, keine Rede sein kann.
Die Heterogenität des Schmelztiegels Israel drückt sich vor allem in den Spannungen zwischen den europäisch-amerikanischen Juden, die sich in Israel niedergelassen haben und denjenigen, die aus

dem arabischen Raum geflüchtet waren, aus.

Der Kommentator des Bundes verurteilt im weiteren die Israelfeindlichkeit gewisser Linkskreise auch in der Schweiz. Gleichzeitig wird die Leistungsgesellschaft, sowohl in der Schweiz als auch in Israel grundsätzlich begrüsst. Immerhin vertritt der Bund auch die Auffassung, dass Kritik an Israel durchaus auch denkbar ist, solange sie konstruktiv ist und sich an konkreten Handlungen der israelischen Regierung orientiert.

Am 15. Oktober finden wir eine zweite Serie von 15 Leserbriefen, wovon ein einziger Israel-kritisch ist. Alle anderen verurteilen in erster Linie den von den arabischen Staaten angedrohten Erdölboykott. Zu diesem Zeitpunkt wirkt sich die Erdölwaffe zugunsten Israels aus; zumindest, was die öffentliche Meinung Israel gegenüber betrifft. Wie wird Israel in diesem Leserbriefen charakterisiert? (alle Leserbriefe im Bund am 15.11.73)

B.K.: ".. ein kleines Volk, dass sich durch Fleiss und Arbeit ein Recht auf den Boden nach sozialistischen Grundsätzen erkämpft hat,.."

R.R.: " .. das tapfere kleine Israel..."

Dr. O.H.: ".. Darum ist auch das kleinste Nachgeben für Israel schwer und unverantwortlich.."

B.K.: "Man hat bei uns das Aufbauwerk der Israelis vielfach bewundert, kirchliche Kreise haben Reisen dorthin organisiert und Jugendliche haben begeistert in Kibbuzim mitgearbeitet.. Heute, wo Israel sich gegen eine Uebermacht heldenhaft geschlagen hat und einen schweren Blutzoll für die Verteidigung seiner Lebensrechte zahlen musste, geniesst es wohl die Sympathie seiner Bewunderer,..."

F.L.: "Für Israel, welches auf brutale Weise angegriffen worden ist mit dem offensichtlichen Ziel, Land und Volk zu vernichten, hat der Bundesrat nicht nur kein Geld, sondern nicht einmal ein teilnehmendes Wort. Es scheint sich also zu bewahrheiten, was Bundesrat Graber anlässlich seiner Kairoreise (nach ägyptischen Zeitungsberichten) versprochen habe, nämlich, dass die Schweiz ihre Neutralität aufgeben werde.. Israel hat bewiesen, dass auch eine Wüste bebaut werden kann - aber eben mit harter Arbeit, nicht mit Waffengewalt."

Nimmt man Leserbriefe als einen Indikator für die öffentliche Meinung, dann können wir an dieser Stelle festhalten, dass obige Zeilen ebensogut im Juni 1967 hätten verfasst werden können, zu einem Zeitpunkt also, an dem die öffentliche Meinung zugunsten Israels ihren Höhepunkt erreichte.

Ein Leserbrief von M.L. verursacht eine heftige Kontroverse. M.L. bemängelt das israelische Engagement im humanitären Bereich zugunsten der eingeschlossenen dritten ägyptischen Armee: "Sehr viele Schweizer machen aus ihrer uneingeschränkten Solidarität für Israel keinen Hehl und beurteilen das Nahostproblem aus der traditionellen 'Schwarz-weiss-Perspektive': Die tapferen, existenzbedrohten Israelis gegen eine Uebermacht von blutrünstigen, unterentwickelten Arabern. Die Denkweise ist leider bezeichnend für einen gewissen Ueberheblichkeitswahn seitens der Eidgenossen. Man pflegt sich dann auch meistens an solchen Informationen zu orientieren, die das bestehende Weltbild bestätigen - was bei den schweizerischen Massenmedien ja auch nicht besonders schwierig ist."

Erst nach dieser Einleitung kommt M.L. zur eigentlichen Beschreibung des aus zweiter Hand (Darstellung eines Newsweek-Korrespondenten) erfahrenen Tatbestandes. (BU 15.11.73: Unzulässiges israelisches Druckmittel, M.L.)

In der letzten Serie von sieben Leserbriefen zum Thema Nahost eine Woche später, wird M.L. ihrerseits angegriffen. (BU 22.11.73)

O.Sch.: "..Die Israelis werden ihre Gründe gehabt haben, dass sie einen Lastwagenkonvoi an einem Tag nicht nach Suez durchgelassen haben. Ein solch menschlich eingestelltes Volk, auch gegenüber den feindlichen Gefangenen zu verunglimpfen, ist im höchsten Grade verwerflich. Warum fragt .. nicht nach den verschwundenen israelischen Kriegsgefangenen in Aegypten, warum nicht nach den Grausamkeiten der Syrer an Gefangenen und Verwundeten aus Israel?"

Von einem anderen Leser erhält M.L. aber auch Unterstützung, wobei auch die Berichterstattung des Bundes angegriffen wird:

E.Sch.: " .. Sie haben ganz recht, den traurigen Beweis der psychologischen Grausamkeit der Israelis gebührend anzuprangern, da wir normalen Schweizer, in unserem Ueberheblichkeitswahn befangen, sonst nur aus der traditionellen Schwarz-Weiss-Perspektive über die Araber urteilen. Unsere Zeitungen, eingeschlossen der 'Bund', fördern ja in geradezu sträflicher Weise diese traurig-einseitige Denkweise."

Diese Kontroverse von Lesern des Bundes zeigt deutlich auf, dass die Meinungen zum Thema Israel und Nahost sehr emotional geprägt sind und die tatsächlichen Meinungen der Leser wiedergeben. Die eigentliche meinungsbildende Berichterstattung des Bundes fällt dagegen wesentlich sachlicher aus.

Der letzte Beitrag des Bundes im November 1973 stammt aus der Feder eines "Dritten". Dr. J. Imfeld, ein Arzt aus Biel, mahnt die Leser des Bundes, keine Angst vor der Kälte zu haben. Hier ein Ausschnitt seiner israelfreundlichen Zeilen:

"Unser Volk hat in den letzten Wochen einen Anschauungsunterricht erhalten, der ihm tief unter die Haut gefahren ist: Es hat mit Schrecken zugesehen, wie ein kleines Land von den Grossen Europas im Stich gelassen und verraten wird, es hat die bittere Wahrheit entdeckt, dass, wer sich nicht selber seiner Haut wehren kann, hoffnungslos unter die Räder kommt, unter die Räder seiner Feinde - und seiner Freunde.

Das kleine sozial-demokratische Land Israel wurde an seinem höchsten Feiertag von einer x-fachen Uebermacht an zwei Fronten zugleich überfallen. Folgende Tatsachen konnten im Lauf der darauffolgenen Zeit beobachtet werden:
In den ersten Tagen reagierte niemand, und jedermann beobachtete, wie sich der überfallene Kleinstaat wohl verhalten würde. Hätte er schlecht gekämpft, so hätte man in Europa mit grosser Wahrscheinlichkeit einfach zugesehen, wie er umgekommen und von der Landkarte liquidiert worden wäre.
....

In einem windigen Dokument kündigten sie (die Aussenminister der Europäischen Gemeinschaft, J.S.) ihre Unterwerfung an, bestätigten ihre Angst vor einem kalten Winter und verrieten damit Israel, den östlichen Eckpfeiler der westlichen Welt...

Doch auch die kleinen Neutralen, die es am meisten hätte betreffen sollen, verhielten sich nicht besser: sie hielten und halten Augen, Ohren und Mund verschlossen, und verkriechen sich, genau wie die Schweiz, im Unterholz. So schweigt auch die Schweiz beharrlich; sie ist neutral und will disponibel bleiben, und diese holde Fiktion gibt ihr scheinbar die Legitimation, an allem Unrecht vorbeizusehen und so zu tun, als ob es nicht existiere.
....

Darwin sprach vom 'Survival of the fittest'; werden wir fit statt fett, bauen wir unsere Armee aus, statt sie zu schwächen, geben wir ihr die dringlich benötigten Flugzeuge und schweren Waffen. Seien wir uns völlig im klaren darüber, dass in den ersten Tages eines Ueberfall-Krieges nur die Qualität der Armee - und nur diese - über das weitere Schicksal des Landes entscheidet. Und seien wir uns ebenso im klaren darüber, dass ein ähnlicher Ueberfall, wie ihn Israel erlebte, jederzeit auch über uns herabbrausen kann. Wird unsere heute Armee standhalten können?..."
(BU 25.11.73: Keine Angst vor Kälte, Dr. Justus Imfeld)

Die Schlussfolgerung, die Dr. Imfeld zieht, kann in einer ähnlichen Form mit Ausnahme des Tages-Anzeigers in allen Zeitungen immer wieder angetroffen werden. Tatsächlich ist der Vergleich der strategischen Positionen Israels und der Schweiz völlig aus der Luft gegriffen und unberechtigt.

Teilbild Oktober und November 1973

Die meinungsbildende Berichterstattung des Bundes in der Periode des Yom-Kippur-Krieges zeichnet sich durch Vielfalt aus. Wir finden Leitartikel, Kommentare, Worte zum Sonntag und zahlreiche Leserbriefe. Die Berichterstattung des Bundes setzt sich, wie schon 1967, aus vielen interpretativen Elementen zusammen. Dies drückt sich auch im grossen Anteil an Leserbriefen und Beiträgen "Dritter" aus.

Noch wird vereinzelt das David-Goliath-Bild gebraucht, wenn auch weit weniger als 1967. Die Tatsache, dass Israel am Yom-Kippur (Versöhnungstag), dem höchsten jüdischen Feiertage, angegriffen wird, findet öfters Erwähnung.

Zum positiven Israel-Bild trägt sicherlich die erwähnte umfangreiche Dokumentation zur Geschichte des Zionismus bei. Jeweilen auf der dritten Seite erscheint diese Dokumentation zusätzlich zu der Kriegsberichterstattung der ersten drei Tage des Kriegs (vom 8. - 10. Oktober 1973). Dem Leser wird dadurch die Möglichkeit geboten, die Kriegsgeschehnisse in einem grösseren historischen Zusammenhang zu sehen. Es spricht für die israelfreundliche Einstellung der damaligen Redaktion des Bundes, dass sie diese Dokumentation trotz der überraschenden kriegerischen Ereignisse im Nahen Osten termingerecht veröffentlichte, und sie nicht auf einen späteren Zeitpunkt verschob.

Der Bund vertritt die Ansicht, dass der Wille der Israelis, ihren Staat zu verteidigen, von der ganzen westlichen Welt bewundert werde. Explicit schreibt der Bund, dass die Sympathie der westlichen Welt eindeutig Israel zukomme. Andererseits sei auch Israel nicht ganz unschuldig, dass die Zahl seiner Freunde immer kleiner werde. Dieser Vorwurf des Bundes wird allerdings nicht konkretisiert. Immerhin wird darauf hingewiesen, dass für Millionen von Nichtjuden Auschwitz (d.h. der Holocaust) der Geschichte angehöre.

Die überaus grosse Zahl von Leserbriefen und Beiträgen "Dritter" wirkt sich auf das Israel-Bild stark aus. Mehrheitlich sind diese Beiträge israelfreundlich und bedienen sich schon zum Teil 1967 verwendeter Bilder:

- Kleinstaat Israel
- Israel ist untrennbar mit der Verfolgung durch Hitler verbunden
- Israel bekennt sich noch zu unseren geistigen Werten und unserer Kultur
- Bewunderung für die israelischen Soldaten
- kleines,tapferes Volk; durch Fleiss und Arbeit ein Anrecht auf das Land
- das Aufbauwerk der Israelis wird bei uns bewundert
- Israel hat bewiesen, dass eine Wüste bebaut werden kann
- das kleine, sozial-demokratische Land
- Israel ist der äusserste Vorposten des Westens

Auch die Redaktion spricht von Israel, dem östlichen Eckpfeiler der westlichen Welt. Zudem sei Israel den Schweizern unendlich viel näher als die arabischen Staaten. Besonders das westlich-rationale Verhalten der Israelis stimme mit der schweizerischen Zivilisation überein. In diesem Zusammenhang verweist der Bund auch darauf, dass sowohl die Schweiz als auch Israel Demokratien seien. Trotzdem ist es nach Ansicht des Bundes falsch, blind an Israel zu glauben und alle seine Handlungen zum vornherein zu rechtfertigen, nur weil die israelische Mentalität der schweizerischen verwandt sei.

Schliesslich sollen noch die Elemente erwähnt werden, die für das Israel-Bild aus Schweizer Sicht von grosser Bedeutung sind:

- das westlich-demokratische parlamentarische System Israels
- das abendländische Arbeitsethos
- der Glaube an die rationale Kraft der Technik
- das jüdisch-christliche "Gehet hin und machet euch die Erde untertan"

Januar bis März 1977

Der Bund befasst sich in einem ersten Leitartikel mit dem angeblichen Zusammentreffen von palästinensischen und israelischen Politikern in Paris. Zudem wird der Vorschlag des ägyptischen Präsidenten Sadats gelobt, der eine Verbindung zwischen Jordanien und einem palästinensischen Rumpfstaat befürwortet. Der Bund hofft auf einen Durchbruch im Nahen Osten im Jahre 1977: "Jedenfalls scheint die Voraussage nicht durchwegs abwegig zu sein, 1977 könnte ein Jahr zumindest der Vorentscheidung im Nahostkonflikt werden." (BU 4.1.77: Einer Vorentscheidung entgegen?) Tatsächlich hat sich diese Voraussage schliesslich bewahrheitet.

Im Rahmen einer ausführlichen Reportage über die dreissigjährige UNESCO kommt der Bund auch auf den "Fall Israel" zu sprechen. Die "Verpolitisierung" der UNESCO wird bedauert: "Dass sich die UNESCO in den beiden anderen Streitpunkten, der Schul- und Kulturpolitik in den besetzten Gebieten einerseits und der Frage der Ausgrabungen andererseits, einer Verurteilung Israels nicht entziehen konnte, mag ebenfalls als Verpolitisierung bedauert werden, an der die *Regierung in Jerusalem allerdings selber nicht ganz unschuldig ist.*" (BU 7.1.77: Maulkorb für Israel und die Medien)

Ein Redaktor des Bundes hatte die Gelegenheit, eine Aegypten-Reise zu machen. Eine Stelle seines ausführlichen Reiseberichtes verdient wegen seiner kritischen Bemerkungen unsere Beachtung, auch wenn sie direkt keinen Beitrag zum Israel-Bild leistet:

"Die Reiseverantsalter haben für den Aegypten-Touristen auch eine Busfahrt durch die Wüste zum Suez-Kanal und den Kampfstätten der beiden jüngsten Nahostkriege in ihr Standardprogramm aufgenommen. Man kann sich fragen, ob eine triste weltpolitische Realität wie die Ueberreste der Materialschlachten am Suez-Kanal zu einer Touristenattraktion werden sollte, wie dies beispielsweise bei der Berliner Mauer geschehen ist. Besonders, wenn man, wie ich, nach dem Sechstagekrieg einst auf der anderen Seite des Kanals die toten ägyptischen Soldaten zu Hauf' hat liegen gesehen. Und besonders, wenn die hier staatlich organisierten ägyptischen Fremdenführer ihr Plansoll an politischer Propaganda zu erfüllen haben." (BU 10.1.77: In acht Tagen durch "fünf Aegypten")

Der Bund berichtet von der Reaktion des Westens auf die überstürzte Freilassung des mutmasslichen Mit-Attentäters auf die israelische Olympiade-Mannschaft in München im Jahre 1972: "Die *öffent-*

liche Meinung des Westens ist darob erbost und vermutet dahinter die Hand der bekanntlich 'zu ausgewogenen' Nahostpolitik Frankreichs. Israel, aber auch die Mehrheit der freien Presse werfen Frankreich vor, die Oelinteressen..., die Politik über die Moral gestellt zu haben -.." Man beachte an dieser Stelle die Gleichsetzung der öffentlichen Meinung mit der veröffentlichten!

Den Fall Abu Dauds nimmt der Bund aber auch zum Anlass, sich grundsätzliche Gedanken zu machen. Es sei für einen Rechtsstaat enorm schwierig, seine Rechtsstaatlichkeit nicht aufzugeben; vor allem zur Abwehr und Bekämpfung des Terrorismus aus Selbstschutz:

"Der Fall Daud führt in dieser Konsequenz hinein in das Problem des tatsächlich oder angeblich politisch motivierten Verbrechertums, in die Fragen, wie sie vor allem in den Nürnberger Prozessen oder im israelischen Verfahren gegen Eichmann immer wieder aufgetaucht sind. Gerade weil Leute vom Schlage Eichmanns und Dauds sich in der Regel davor hüten, selbst direkt physisch zum Mörder zu werden, sondern den politischen Mord am Schreibtisch organisieren, zeigt die Diskussion um Daud auf, wie sehr unsere rechtsstaatlichen Normen, denen bis zum Beweis des Gegenteils auch Frankreich verpflichtet bleibt, die verbrecherische Realität des Terrors nicht zu erfassen vermögen." (BU 13.1.77: Heisse Fragen)

Ein"Dritter", der Berner Nationalrat Gerhart Schürch, stellt die Frage, wie sich wohl der Bundesrat in einem solchen Falle verhalten würde:

"Nehmen wir an, Abu Daud wäre nach einem Empfang im Bundeshaus von der bernischen Polizei dingfest gemacht worden, wozu sie auf Grund einer Interpol-Ausschreibung verpflichtet gewesen wäre. Hättenwir ihn in Haft behalten, die angekündigten Auslieferungsbegehren abgewartet, sie (natürlich unter Gewährung rechtlichen Gehörs) geprüft und dann, frei von politischen Erwägungen und ohne Rücksicht auf Terroristendrohungen, die Auslieferung vollzogen - oder abgelehnt und den Verhafteten freigelassen?"

Schürch weist auf eine ähnliche Schwierigkeit bei der Behandlung des holländischen Kriegsverbrechers Menten hin. Dieser wurde in der Schweiz verhaftet und nach Holland ausgeliefert. Nur mit Mühe konnte damals der Bundesrat die Auslieferung rechtlich begründen. So folgert Schürch: "Der Palästinenserführer war als Organisator eines Massenmordes an israelischen Olympia-Athleten 1972 in München bezichtigt. Wäre für uns wohl weniger Anlass gewesen, geltendes Auslieferungsrecht zu ritzen?" (BU 22.1.77: Rechststaat im Zwielicht)

Im Februar 1977 finden wir im Bund zwei Kommentare. Der eine befasst sich mit der innenpolitischen Lage in Israel. Der Bund bedauert, dass die israelische Arbeiterpartei in zwei gleich grosse Hälften geteilt ist. Nur sehr knapp hat Rabin seinen Gegner Peres im parteiinternen Ausscheidungsverfahren besiegt. Diese Uneinigkeit könnte der Arbeiterpartei bei den bevorstehenden Parlamentswahlen zum Verhängnis werden und dies zu einem Zeitpunkt, wo die schwerwiegendsten Entscheidungen seit der Staatsgründung zu treffen sind: "Es wird darum gehen, das in jedem Fall nicht völlig kalkulierbare Risiko eines Abkommens mit den arabischen Nachbarn einzugehen oder zu verwerfen, mit der Alternative des ebenfalls - nicht mehr - völlig kalkulierbaren Risikos eines fünften Waffengangs." (BU 25.2.77: Rabin, aber..)

Einmal mehr schneidet der Bund die Frage der schweizerischen Neutralität im Nahostkonflikt an:

"Die Liebe geht bekanntlich durch den Magen, die Sympathie für die Araber - zumindest nach Auffassung einiger nahöstlicher Regierungen - offenbar durch den Benzin- und Heizöltank: Wer seine warme Stube und das zufriedene Schnurren seines Sechszylinders dem arabischen Erdöl verdankt, von dem wird erwartet, dass er den Lieferanten des schwarzen Goldes auch seine Zuneigung schenkt. Wo sich diese Zuneigung nicht von selbst einstellt, da wird dann eben ein bisschen nachgeholfen... Aber nicht nur die EG-Staaten, auch die kleinen Neutralen wie Oesterreich und die Schweiz, erhalten von der Arabischen Liga ihre Zensuren: <u>Man wirft einmal mehr der schweizerischen Oeffentlichkeit - und nicht etwa der schweizerischen Regierung! - ihre angeblich einseitige proisraelische Haltung vor, die sich mit unserer Neutralität nicht vereinbaren lasse.</u> Der diesem Vorwurf zugrunde liegende Irrtum ist so alt wie die Neutralität selbst und muss deshalb immer wieder einmal betrachtet werden: Rational und damit neutral kann zwar die Aussenpolitik der Regierung eines Staates sein, nicht aber die Gesinnung der einzelnen Staatsbürger. <u>Das Recht auf eine eigene Meinung - und sie mag gewissen Beobachtern sogar einseitig erscheinen - lassen wir uns auch für ein paar Schiffsladungen Erdöl nicht abkaufen.</u>" (BU 23.2.77: Nicht zu kaufen)

Teilbild Januar bis März 1977

War schon 1973 öfters die Rede davon, dass Israel bzw. seine Regierung nicht immer unschuldig daran sei, dass es auch von seinen Freunden kritisiert wird, so wiederholt sich dies auch in der Periode von Januar bis März 1977. Explicite Hinweise auf das Israel-Bild finden sich in dieser Periode aber nicht.

Wo die Sympathien der Schweizer Bevölkerung im Nahost-Konflikt stehen, wird vom Bund jedoch explicit ausgesprochen. Einmal mehr (vgl. auch 1967) weist der Bund daraufhin, dass die Schweiz keine Gesinnungsneutralität kenne. Auch von ein paar Schiffsladungen Erdöl lasse sich die Schweizer Bevölkerung ihre Sympathie zu Israel nicht abkaufen!

Der Bund kommt in seiner Berichterstattung immer wieder auf das Problem der Neutralität zu sprechen. So zeigt er 1967 ein gewisses Verständnis für den Bundesrat, der seine Sympathien für Israel nur sehr vage auszudrücken bereit ist. Die Gesinnungsneutralität, in diesem Falle also der Einsatz für Israel wird im Bund in allen untersuchten Perioden sowohl von der Redaktion als auch von Lesern unmissverständlich bejaht.

Das Thema der Neutralität existiert in den anderen untersuchten Zeitungen sozusagen nicht. Es zeigt sich, dass der Bund als führende politische Tageszeitung der schweizerischen Hauptstadt starkes Interesse an den Aeusserungen der Landesregierung bekundet.

Oktober bis Dezember 1977

Im Oktober 1977 gehört das Interesse der meinungsbildenden Beiträge in Bezug auf Israel und den Nahen Osten in erster Linie der gemeinsamen amerikanisch-sowjetischen Nahosterklärung. Besondere Beachtung verdient dabei nach Meinung des Bundes die Tatsache, dass auch die USA das Recht der Palästinenser nach einem Homeland grundsätzlich befürworten. Israel sollte daraus eine Lehre ziehen:

"Undiskutabel ist und bleibt Israels Existenzrecht. Ebenso undiskutabel muss indessen, und dies ist der Kernpunkt des gesamten Nahostproblems, das Recht der Palästinenser auf eine Heimat zur Kenntnis genommen werden. Hier muss Israel umdenken und sich auch zu Entgegenkommen durchringen - es sei denn, es entschliesse sich, dem gemeinsamen Druck der beiden Supermächte zu trotzen. Bereits ertönt der Ruf nach dem 'Notstand' - was gleichbedeutend wäre mit Selbstisolierung. Jeder unvoreingenommene Betrachter versteht die aus der Geschichte, der geographischen Verhältnisse und der aktuellen Lage heraus geborene Skepsis des schwer geprüften und sympathischen israelischen Volkes. Und dennoch: eine übersteigerte 'Igelmentalität' wäre im jetzigen Zeitpunkt weder Israel, noch den Beziehungen zu seinen Freunden, noch der Entwicklung im Vorderen Orient, noch dem Weltfrieden dienlich. Das Bewusstsein der enormen militärischen Stärke sollte es der israelischen Regierung ermöglichen, eine wagemutige Geste der Bereitschaft zu tun." (BU 3.10.77: "Notstand")

Eine vom Vorstand des Schweizerischen Evangelischen Kirchenbundes veröffentlichte Schrift zum Problem Kirche und Israel wird im Bund Ende Oktober ganzseitig besprochen. Dabei nimmt auch Roland Gradwohl, Rabbiner der Israelitischen Kultusgemeinde Bern, als "Dritter" Stellung. Auch Gradwohl würdigt die veröffentlichte Schrift als mutiges und eindeutiges Eintreten für den christlich-jüdischen Dialog:

"Sehr schön ist die Wechselwirkung von Volk und Land Israel herausgearbeitet. Der alt-neue Judenstaat hat in der Tat die Heimatlosigkeit des jüdischen Volkes beendet und damit die Zionssehnsucht erfüllt. Noch mehr: er schafft den Raum, in dem sich jüdischer Glaube ungebrochen entfalten kann. Es gibt kein anderes Land auf der Erde, in dem das Judentum Staatsreligion ist und der einzelne Jude ohne Kompromisse mit der Umwelt seine Ueberzeugungen lebt. Für mich bedeutet der Staat Israel mehr als ein Asyl für verfolgte Menschen; er bedeutet die Verwirklichung messianischer Verheissungen. Gewiss nicht aller, aber doch eines Teiles. Die Vertriebenen Israels sind von den Vier Enden heimgekehrt, Jerusalem ist aufgebaut. Der Weltfriede - Endpunkt der messianischen Hoffnung - steht noch aus, doch seine Vorboten kündigen sich an. Mögen die Erwartungen nicht enttäuscht werden!
Jedenfalls bin ich überzeugt - und dies kommt in der Schrift viel-

leicht nicht genügend zum Vorschein -, dass die faszinierende israelische Pionierleistung ohne das Vertrauen in die heilsgeschichtliche Trageweite des Werks kaum in diesem Umfang hätte geschehen können." (BU 31.10.77: Kirche und Israel)

Am 14. November ist es dann soweit: Der Bund veröffentlicht den ersten Leitartikel zum sich ankündigenden Sadat-Besuch. Erstaunen mischt sich dabei mit Skepsis: "Erstaunliches tut sich momentan beidseits der Sinai-Pässe. Da ist Israels Ministerpräsident Begin, ein 'Superfalke', bereit nach Kairo zu reisen, und umgekehrt will sich Aegyptens Staatschef Sadat in Jerusalem der Knesset, dem israelischen Parlament, zu einer Debatte stellen,.. Auch wenn man den Anteil propagandistischer Rhetorik an den Beteuerungen Sadats und an der offiziellen Einladung Begins gebührend in Rechnung stellt, so verbleibt immer noch ein gutes Stück Ernsthaftigkeit zurück. Zwar ist kaum anzunehmen, dass sich Präsident Sadat nun tatsächlich zu einem 'Staatsbesuch' nach Israel begeben werde.." Welches sind nun die vermuteten Gründe der beiden Kontrahenten:

"Sadat drängt nach Genf, denn er braucht Frieden, um endlich die gigantischen Probleme des Nildeltas richtig anpacken zu können; ausserdem hat er erkannt, dass auf lange Sicht gegen Israel militärisch nichts zu erreichen ist. Was erhältlich ist, auch territorial, kann nur am Verhandlungstisch zustande kommen. Begin seinerseits drängt zwar keineswegs nach Genf. Denn er scheut die grossen Opfer, die er dort wird erbringen müssen, ausgerechnet er, der doch als Oppositionspolitiker überhaupt jegliches Opfer verwarf. Zweiseitige Abkommen, allen voran ein solches mit Aegypten, wären ihm nach wie vor lieber. Und deshalb dasprompte Auffangen des Besuchsballs aus Kairo. Doch dazu würde sich Sadat - momentan muss er auch nur den Gedanken noch weit von sich weisen - wohl erst bereitfinden, wenn Genf an den Forderungen der Palästinenser scheitern sollte." (BU 14.11.77: "Freundlich eingeladen")

Im November 1977 wird ausserdem der Erzbischof Capucci von Israel freigelassen und des Landes verwiesen. Dieses Ereignis wird nach Ansicht eines Lesers des Bundes verzerrt wiedergegeben:

".. dass ich in der Ausgabe .. einen <u>ausgesprochen tendenziös gehaltenen Artikel</u> über die Freilassung des Terroristen-Freunds Capucci aus dem Gefängnis in Israel finde. Im Gegensatz zu den Tatsachen und zu früheren Berichten über den 'Fall' Capucci schreiben Sie, Capucci sei seinerzeit in Israel zu zwölf Jahren Gefängnis verurteilt worden, weil er 'angeblich' für die Palästinenser Bomben schmuggelte und dass dies ein Tatbestand war, den der Erzbischof immer bestritt! Finden Sie nicht, dass eine solche <u>Art verfälschter Berichterstattung den israelischen Behörden gegenüber unfair ist, und dass sich damit Ihr Blatt sozusagen zum Sprachrohr des Bundesgenossen der Terroristen macht?</u>.. Ihr Beitrag war bestimmt kein guter Beitrag zur Terroristenabwehr.." (BU 15.11.77: Kein guter Beitrag, A.L.)

Dies ist der erste und einzige Leserbrief, der sich direkt auf einen Beitrag des Bundes bezieht. Bei näherer Betrachtung stellt es sich allerdings heraus, dass Bezug genommen wird auf zwei kurze Agenturmeldungen, die vom Bund wohl tel quel übernommen wurden. (BU 5.11.77: Keine Gefahr mehr für das Land; Erzbischof Capucci vor seiner Entlassung, upi; BU 7.11.77: Capucci frei, dpa)

Erstmals findet am 16. November ein Leitartikel eines Auslandskorrespondenten einen Platz auf der vordersten Seite. Der Afrika-Korrespondent des Bundes gibt eine Beschreibung und Charakterisierung des ägyptischen Staatspräsidenten Anwar el Sadat:
"Auch als Staatsmann ist Sadat im Grunde genommen jener spröde Berufsoffizier geblieben, dem die Kaserne lieber ist als die kalte Pracht der Präsidentensuite und die pompösen Salons der diplomatischen Szene. Er ist ein Einzelgänger, der Grosses wagt und offensichtlich auch die Isolierung nicht scheut."

Nach Ansicht des Bundes liegt nun der Ball bei den Israelis (Begin wird an dieser Stelle nicht genannt):

"Es wird in erster Linie darauf ankommen, die verantwortlichen israelischen Politiker und die hinter ihnen stehenden Parteien, die immer wieder ihre Bereitschaft zu Direktverhandlungen mit den Arabern als Prüfstein für eine gewaltlose Nahost-Resolution bezeichnet haben, beim Wort zu nehmen. Sadat hat eine grosse Vorleistung erbracht und das bisher heiligste arabische Prinzip aufgegeben, die Existenz Israels zu ignorieren." (BU 19.11.77: Gelingt ein Brückenschlag?)

Den Leitartikel nach dem Besuche Sadats in Jerusalem liefert der Chef der Auslandredaktion des Bundes. Dieser streicht hervor, welches das eigentliche Grundproblem des Nahost-Konfliktes ist; ein Problem, welches trotz des freundschaftlichen Händeschüttelns Begins und Sadats nicht übersehen werden dürfe: "Nachdem sie beide zuvor in aller Offenheit ihre (noch immer) divergierenden Standpunkte dargelegt hatten, die einmal mehr das Hauptproblem des Nahost-Konflikts deutlich machten: <u>dass da nämlich nicht irgendein Recht gegen ein Unrecht, sondern dass ein Recht gegen ein anderes Recht steht, dass im Ringen um diese beiden Rechte gegenseitig Unrecht mit Unrecht abgegolten worden ist.</u>"

Noch einmal wird am selben Orte auf Sadat persönlich eingegangen und diesmal auch Begin erwähnt:
"Das Hauptverdienst, dass man wieder hoffen darf, vielleicht auf Münster und Osnabrück, kommt Sadat und Begin zu: Sadat, dem es seit Jahren ernst war, wenn er vom Ausgleich mit Israel sprach und der Mut zur Tat fand, nicht nur den unter einigen arabischen 'Brüdern' wohlbekannten Mut zum Hassgerede; und Begin, der über seinen

Schatten der Intransigenz sprang und schliesslich möglich machte, was der früheren Koalition, was der Arbeiterpartei des dauernden Seilziehens wegen kaum gelungen wäre. Sadats Besuch in Jerusalem ist beispielhaft - ein historischer Wendepunkt vielleicht." (BU 21.11.77: Sadats Rede vor der Knesset: Ein Wendepunkt)

Bewunderung wird Sadat auch eine Woche später noch im Bund gezollt: "Sadats Unerschrockenheit, unbequeme und gefahrvolle Alleingänge zu wagen, und sein taktisches Geschick erheischen Bewunderung." (BU 28.11.77: Gratwanderung)

In einer mehrseitigen weltpolitischen Umschau ist auch dem Nahost-Konflikt im Jahre 1977 Raum gewidmet. Verständlicherweise steht dabei der erfolgreiche Sadat-Besuch im Mittelpunkt der Ausführungen. Es wird versucht, Fazit zu ziehen:

"Auch wenn damit der Rais, den seine Landsleute mit dem Friedensfürsten Saladin verglichen und ihn dadurch erstmals in seiner Geltung über Abdel Nasser stellten, von den arabischen Maximalforderungen (die längstens nicht mehr identisch sind mit den Maximalzielen der 'Verweigerungsfront' palästinensischer Radikalinskis) kaum abwich, so leitete er einen psychologischen Wandel ein, einen Abbau des gegenseitigen Misstrauens, der sich schliesslich doch als entscheidend herausstellen könnte."

Ein Abkommen zwischen Israel und Aegypten allein ist nach Ansicht des Bundes auch nicht mehr ganz auszuschliessen; eine Voraussicht des Bundes, die sich anderthalb Jahre später bewahrheiten sollte: "Nicht mehr ganz ausgeschlossen ist immerhin, dass sich Aegypten mit Israel allein arrangieren wird (mit dem Sinai-Abkommen hat man ja bereits gegenseitige Erfahrungen gesammelt), falls es von der arabischen Liga im Stich gelassen werden sollte." (BU 14.12.77: Vorbereitungen und Entscheidungen (I); Nahost: Trotz Bewegung noch keine Entscheidung)

Der israelische Ministerpräsident Begin wird am 15. Dezember noch einmal der Instransigenz beschuldigt (vgl. BU 21.11.77): ".. gewann im Mai überraschend Likud-Chef Menachem Begin die Knessetwahlen und wurde neuer Ministerpräsident - Begin, der sich bisher in der Palästinafrage durch besondere Intransigenz hervorgetan hatte." Andererseits wird Begin bei der Suche nach Frieden besser eingeschätzt als die bisherigen Regierungschefs der Arbeiterpartei: "Es ist durchaus denkbar, dass es einem Begin besser gelänge als einem Rabin, in dessen Arbeiterpartei fast jeder seine eigenen'Friedenspläne' schmiedete, das israelische Volk von der Notwendigkeit zu überzeugen, hier und dort Positionen zurückzunehmen. Ein Volk, an dem Sadats Mut nicht spurlos vorbeigangen ist." (BU 15.12.77: Vorbereitungen und Entscheidungen (II); Nahost: Trotz Bewegung noch keine Entscheidung)

Im Rahmen der kritischen Würdigung der Nahost-Politik des ehemaligen amerikanischen Aussenministers Kissinger wird auch das Verdienst Sadats nochmals herausgestrichen. Die Politik der kleinen Schritte ist auch von Sadat übernommen worden: "Damit war man eigentlich wieder zu den Konzeptionen Kissingers zurückgekehrt - es ist Sadats historisches Verdienst, diesen Sachverhalt nicht nur durchgedacht, sondern - mit seiner Reise nach Jerusalem - ihn bis zur letzten Konsequenz anerkannt zu haben. Wer ehrlich Frieden will (und Sadat muss ihn wollen), der hat bereit zu sein, jenen vielleicht beschwerlichen, mit heimtückischen Hindernissen verstellten Weg zu gehen, an dessen Ende anstelle endlosen Parlavers konkrete Verständigung möglich ist." Eine Friedensfindung ohne die Hilfe der USA ist jedoch nicht denkbar: "Um ehrlich zu sein, die Fahrgäste hatten den Amerikanern noch schnell die Waggontüre geöffnet und ihnen das Aufspringen erleichtert, den Sowjets nicht. Denn ganz ohne Amerikaner, ohne jene Supermacht, die es weder mit den Israelis noch mit Arabern verdorben hat, bleibt das Reiseziel unerreichbar." (BU 16.12.77: Kissingers Schatten)

Der letzte Leitartikel im Jahre 1977 ist dem Gegenbesuch Begins bei Sadat am Weihnachtstag in Ismailia reserviert. Der Bund warnt vor Illusionen auf eine rasche Einigung zwischen Israel und Aegypten, die über Grundsätzliches hinausgeht: "Man weiss es, der Teufel steckt bekanntlich im Detail. Das erfahren nun Aegypter und Israelis, währenddem sie sich daran machen, eine Nahost-Regelung in den Einzelheiten festzulegen."

Aller guten Dinge sind drei; zumindest in der Einschätzung Begins durch den Bund: "Und der israelische Ministerpräsident hatte durchblicken lassen, dass er bereit sein könnte, von seiner Intransigenz abzurücken und seinerseits Vertrauen mit Vertrauen zu vergelten, dass er aber die arabischen Forderungen in ihrer Gesamtheit nicht erfüllen werde." (BU 27.12.77: "Kilometerstein" Ismailia)

Immerhin werden Sadat und Begin in der abschliessenden Betrachtung als ebenbürtig dargestellt: "Bleibt die Tatsache, dass sich im nahöstlichen Friedensgespräch zwei Männer gegenüberstehen, die an ihrer Mission gewachsen sind und eine Statur gewonnen haben, die letztlich notwendig ist, um den 'Dreissigjährigen Krieg' zwischen Arabern und Israelis zu begraben." (BU 27.12.77: "Kilometerstein")

Teilbild Oktober bis Dezember 1977

Bei aller Sympathie für Israel - und diese Sympathie wird im Bund explicit zum Ausdruck gebracht - wünscht sich der Bund eine flexiblere Haltung Israels vor allem gegenüber den Palästinensern. Sind in den Jahren 1967 und 1973 in erster Linie die humanitären Aspekte des Palästinenser-Problems berücksichtigt worden, wird jetzt der Ruf nach der Schaffung eines eigenen Staates laut.

Im weiteren steht die Berichterstattung ganz im Zeichen der beiden Kontrahenten Menachem Begin und Anwar el-Sadat. Das Israel-Bild reduziert sich somit auf die Charakterisierung des israelischen Ministerpräsidenten. Dessen besonderes Merkmal ist seine - dreifach erwähnte - Intransigenz. Nach einer eher neutralen Einschätzung (scheint bereit zu sein, von seiner Intransigenz abzuweichen) wird Begin nur noch Kritik zuteil: - "Superfalke", - scheut Opfer zu bringen, - in der Palästinafrage besonders intransigent.

Sein Gegenspieler Sadat erfährt hingegen nur Lob: - Einzelgänger, der Grosses wagt, - erbrachte Vorleistungen; Vorauszahlung geleistet, - leitet einen psychologischen Wandel ein, - betreibt psychologische Offensive, - löst Misstrauen auf, - hat Mut; mannhafte, mutige und tapfere Tat. Dass Sadat derjenige war, der den Yom-Kippur-Krieg 1973 auslöste, bleibt im Bund unerwähnt.

Als einziger Beitrag, der das Israel-Bild prägt, kann derjenige des Berner Rabbiners Roland Gradwohl bezeichnet werden. So erwähnt er die faszinierende israelische Pionierleistung und die Verwirklichung eines Teiles der messianischen Verheissungen im Staates Israel.

DAS ISRAEL-BILD DES BUNDES

Die Berichterstattung des Bundes im Jahre 1967 zeichnet sich durch Kritiklosigkeit und Freundlichkeit Israel gegenüber aus. Israel ist der kleine David, der sich mit Tapferkeit dem grossen Goliath entgegenstellt und durch Mut diesen auch bezwingt. Auch 1973 ist Israel zum Teil noch der David, der am höchsten jüdischen Feiertage von den Arabern angegriffen wird. Leise Kritik wird 1973 an Israel schon hörbar, doch wird sie nicht explicit erläutert. Die 1977 geäusserte Kritik richtet sich in erster Linie an eine flexiblere Haltung Israels gegenüber den Palästinensern. Zudem wird ein eher negatives Bild des israelischen Ministerpräsidenten Begins gezeichnet.

Zum doch grundsätzlichen positiven Israel-Bild tragen - neben der Redaktion - vor allem auch die Beiträge "Dritter" und 1973 die grosse Zahl israelfreundlicher Leserbriefe bei. Ebenfalls 1973 veröffentlicht der Bund einen Beitrag aus der Feder eines Redaktors, der grundsätzliche Bemerkungen zum Verhältnis Schweiz-Israel macht. Israel wird dabei als Vorposten des Westens bezeichnet, dessen Mentalität und westlicher Arbeitswille der Schweiz und deren Bewohnern nicht unähnlich sei.

Als Zeitung der Bundeshauptstadt der Schweiz setzt sich der Bund als einzige Zeitung immer wieder mit dem Problem der Neutralität inbezugauf den Nahost-Konflikt und damit auf das Verhältnis Schweiz-Israel auseinander.

NEUE ZUERCHER ZEITUNG

Mai und Juni 1967

Die Neue Zürcher Zeitung nimmt an, dass der Truppenaufmarsch in der Sinaihalbinsel in erster Linie dem Zwecke dient, "dem syrischen Bündnispartner jene moralische und politische Unterstützung zu gewähren, deren er heute bedarf, um seine gefährliche Politik der unentwegten Provokation der Israeli ohne unmittelbare Gefährdung seiner Existenz weiterzuführen zu können,.." Eine solche Demonstration birgt aber Gefahren in sich: "Denn es ruft zwangsläufig israelische Gegenaktionen und leitet damit über zu einem Emporschaukeln der Spannung bis zu jenem Punkt, an dem, wie man zu sagen pflegt, die Gewehre von selbst losgehen können." (NZZ 19.5.67: Mittelöstlicher Nervenkrieg)

Immerhin erkennt die Neue Zürcher Zeitung die Fähigkeit Israels, "die Integrität seines Staatsgebietes" verteidigen zu können. Wie sich herausstellte, war die Einschätzung der Neuen Zürcher Zeitung richtig. (NZZ 23.5.67: U Thant und Israels Lebensader)

Einer Aufzählung des ägyptischen und israelischen Waffenpotentials folgt auch sogleich eine erläuternde Bemerkung: "Blosse Vergleiche von Zahlenangaben über die beiden Heere genügen indessen zum Abschätzen der gegenseitigen Stärke nicht. Der Sinaifeldzug von 1956 hat gezeigt, dass in bezug auf Mobilmachungszeit, Rückwärtige Dienste, operationale Führung usw. Unterschiede bestehen, die mehr als das augenfällige quantitative Gewicht der Parteien zu einer Entscheidung beitragen könnten. Auch wenn genauere Zahlen verfügbar wären, wäre es gerade bei nahöstlichen Heeren kaum möglich, ihre Schlagkraft zuverlässig abzuschätzen." (NZZ 26.5.67: Das israelisch-ägyptische Kräfteverhältnis)

Im ersten Leitartikel im Juni 1967 behandelt die Neue Zürcher Zeitung die Hintergründe der Auseinandersetzung um die Schifffahrt durch die Meerenge von Tiran und deckt die Verantwortung der USA auf, die Garantie der freien Durchfahrt zu gewährleisten. (NZZ 2.6.67: Washington und der Golf von Akaba)

Am Vorabend des Kriegsausbruches äussert die Neue Zürcher Zeitung Besorgnis über die Folgen eines möglichen Krieges für den

Staate Israel: "Die bedrückende Aussicht bei all dem ist das Schicksal des Betroffenen selber, des Kleinstaates Israel. Ihm würde Schlimmstes von einer Auseinandersetzung mit den Waffen drohen. Schlimmes könnte für ihn aber auch aus dem Mahlwerk der Vermittlungen, Kompromisse und Arrangements resultieren, wenn dabei seine ohnehin prekäre Existenzbasis noch weiter geschmälert würde." (NZZ 4.6.67: Bewaffnete Diplomatie im Nahen Osten)

Einen Tag nach Kriegsausbruch bespricht die Neue Zürcher Zeitung die moralische Stellung Israels (vgl. auch beim Tages-Anzeiger): "Die politische und moralische Stellung Israels vor dem Forum der Weltöffentlichkeit ist heute ebenso stark wie 1948 und nicht zu vergleichen etwa mit derjenigen zur Zeit des Sinaifeldzuges. Wie im Jahre 1948 sieht sich der als vollwertiges Mitglied der Völkergemeinschaft anerkannte israelische Staat von Feinden umringt, die ihren Willen offen proklamieren, ihn wieder von der Landkarte zu tilgen. Israel kann sich in seinem Kampf auf sein unabdingbares Recht berufen, sich als unabhängiger Kleinstaat selbst mit den Waffen zu schützen." (NZZ 6.6.67: Israels Existenzkampf)

Als das bedeutendste Ereignis im Verlaufe des kurzen Kriegsgeschehens betrachtet die Neue Zürcher Zeitung die Besetzung der Altstadt Jerusalems: "Damit haben sich die Israeli nach 19 Jahren den Zugang zu ihrem höchsten religiösen Symbol wiedereröffnet: den Zugang zur Klagemauer. Für das religiöse Judentum ist sie die eigentliche Stätte ihrer religiösen Hingabe. Während der Zeit der Absperrung haben sich die orthodoxen Juden damit begnügen müssen, aus der Ferne diesen Ort ihrer Sehnsucht mit der Seele zu suchen. Nun können sie zu Füssen der Mauer ihre rituellen Klagelieder anstimmen - und die Klage wird für sie wie ein Triumph klingen." (NZZ 8.6.67: Sinai 1967)

Weniger pathetisch als in obigem Beitrag präsentiert die Neue Zürcher Zeitung die Probleme, die sich aus der israelischen Besetzung Jerusalems ergeben werden: "Ob sich aus den - noch nicht in Sicht gekommenen - direkten Verhandlungen über einen neuen Modus vivendi im israelisch-jordanischen Verhältnis diese Position im ganzen Umfang halten lassen wird, ist ungewiss; dass aber die Israeli sich den Zugang zur Klagemauer nicht noch einmal werden sperren lassen, hat die Bedeutung eines Axioms." "..da die Heiligtümer der Juden und der Muslime - Omarmoschee und Klagemauer - baulich eine unauflösbare Einheit bilden, ist ein freier Zugang zu diesen beiden Orten der Sammlung nur möglich, wenn die undurchdringliche Mauer von Hass und Todfeindschaft niedergelegt wird, die bisher das gegenseitige Verhältnis kennzeichnete." (NZZ 9.6. 67: Der erste Waffenstillstand)

Die Neue Zürcher Zeitung vergleicht die Position Israels nach dem Sinai-Feldzug und nach dem Sechstage-Krieg: "Zwar befindet sich die israelische Regierung heute in einer wesentlich stärkeren Position als 1956. Denn damals hängte sich das Bleigewicht der missglückten, gegen Washingtons Willen unternommenen britisch-französischen Intervention an seinen Waffensieg gegen Nasser, während es nun von seinem Recht auf Selbstverteidigung Gebrauch machte und nicht nur mit triumphierenden Waffen, sondern auch mit einem unerhörten Zuwachs an politischem und moralischem Prestige die Kampfbühne verlässt." (NZZ 9.6.67: Abdel Nassers Niederlage)

Im Wochenend-Leitartikel nach dem Kriege gebraucht die Neue Zürcher Zeitung das <u>"David-Goliath-Bild"</u> und den auch schon mehrmals verwendeten Vergleich der Kleinstaaten Israel (und Schweiz): "Die Veränderung des Bildes .. ist in erster Linie das Werk des <u>Kleinstaates Israel</u>, eines David unter den Goliathen. Er hat sich im Existenzkampf, den die Grossen in Palästina bisher sporadisch zugelassen und offen zu halten beliebten, in einer bemerkenswerten Weise geschlagen - bewundernswert nicht nur wegen des Erfolges, sondern vor allem wegen des entschlossenen Mutes, mit dem er ihn auf sich genommen hat. <u>Israels Beispiel</u> ist eine <u>Quelle der Zuversicht für andere Kleinstaaten</u>; es zeigt, dass ihr Schicksal nicht eine Funktion von Machtkalkulation sein muss, sondern dass Raum bleibt, es selber zu bestimmen, wenn Entschlossenheit ihn ausfüllt." (NZZ 11.6.67: Entlarvter Bluff)

Die Neue Zürcher Zeitung forscht nach den tieferen Ursachen des israelischen Erfolges. Dabei muss "man in erster Linie die <u>hohe Kampfmoral</u> nennen , von der die israelische Armee beseelt ist. Nur eine Streitmacht, in der sich militärische Disziplin mit individueller Initiative verband, vermochte die Durchschlagskraft aufzubringen, die notwendig war, um die numerische Unterlegenheit gegenüber ihren Gegnern auszugleichen."

Am gleichen Ort charakterisiert die Neue Zürcher Zeitung den Verantwortlichen für den israelischen Sieg, den Verteidigungsminister Moshe Dayan. "Dayan ist ein Mann voll Brillanz, der Prototyp des kühnen, draufgängerischen Soldaten, der es liebt, sich an der Front zu exponieren, der aber gleicherweise die öffentliche Gunst sucht." Dayan spricht dabei "mit einer ungeheuren Redseligkeit alle jene Wünsche offen aus, die heute - wie könnte es anders sein - in den Seelen des israelischen Volkes schlummern." (NZZ 14.6.67: Israel nach dem Sieg)

Der humanitäre Aspekt findet bei der Neuen Zürcher Zeitung in folgenden Zeilen seinen Niederschlag: "Auf dem Rücken des Volkes ist dieser Krieg vorbereitet und durchgeführt worden. Das Volk hat die Opfer gebracht und das Kanonenfutter geliefert, das sinnlos auf den Kampfplätzen und Rückzugsstrassen im Sinai, in Westjordanien und in Syrien geopfert wurde. Das grauenhafte Schicksal, dem Tausende von ägyptischen Soldaten ausgeliefert sind, die noch immer durch die Wüste Sinai irren, so weit sie nicht schon verdurstet sind, dient wieder nur den Drahtziehern der antiisraelischen Sache zur weiteren Schürung des Hasses gegen den Staat, der auf dem Schlachtfeld seine militärische und moralische Ueberlegenheit so überzeugend bewiesen hat." (NZZ 15.6.67: Nach der arabischen Katastrophe)

In ihrem Bericht über die UNO-Vollversammlung empört sich die Neue Zürcher Zeitung über "einen eigentlichen <u>Hexensabbat der Hypokrisie</u>". Damit meint sie die Forderung auch vieler westeuropäischer Staaten und auch des Vatikans nach einem Rückzug der israelischen Streitkräfte aus den im Krieg besetzten Gebiete und betont, wie Israel "seit zwanzig Jahren <u>nahezu unmögliche Grenzen</u> zu verteidigen" hat. "An seiner Wespentaille reicht jordanisches Gebiet bis auf zwölf Kilometer ans Mittelmeer heran. Der Zipfel von Latrun beherrscht den direkten Zugang zu Jerusalem. Die dominierenden Höhen am Westrand des oberen Jordantals sind syrisch, und im Süden wirkt der Gaza-Streifen wie ein Sprungbrett für Infiltratoren. In diese Grenzen ist Israel nach dem Suezabenteuer von den Mächten zurückgedrängt worden." (NZZ 25.6.67: Vom Wortlärm zum Zweiertreffen) Es wäre wohl angebracht, bei der heutigen Diskussion um einen israelischen Truppenabzug diese Zeilen wieder in Erinnerung zu rufen.

Im letzten Leitartikel im Monat Juni befasst sich die Neue Zürcher Zeitung noch einmal ausführlich mit dem Thema Jerusalem. Sie beanstandet die rasche Wiedervereinigung der seit 1948 getrennten Teile: "Damit hat das siegreiche Israel in einer vitalen Frage von sich aus eine Regelung getroffen, ohne sich mit dem unterlegenen Gegner in Verbindung zu setzen und ohne auf die Ratschläge zu hören, die ihm von aussen erteilt wurden." Im Jahre 1947 war für Jerusalem seitens der UNO die Internationalisierung vorgesehen, die von jüdischer Seite damals akzeptiert wurde, von den Arabern jedoch verworfen wurde. Die Neue Zürcher Zeitung zeigt jedoch für den israelischen Schritt der Wiedervereinigung auch Verständnis: "Dass sich Israel mit dem Zustand der geteilten Stadt niemals abfinden werde, war jedoch kein Geheimnis. Denn die jordanische Regierung verwehrte den Juden den Zutritt zu ihrem zentralen Heiligtum, der Klagemauer, und sorgte damit selbst dafür, dass auf israelischer Seite der Wunsch nach einer Ausweitung der Regelung von 1948 bestehen blieb." (NZZ 29.6.67: Der Status von Jerusalem)

Teilbild Mai und Juni 1967

Die Neue Zürcher Zeitung verwendet oft das Bild des Kleinstaates, um Aehnlichkeiten zwischen der Schweiz und Israel darzustellen. Besonderes Interesse wird den militärischen Ueberlegungen beigemessen. Das furchtlose Auftreten wird als Quelle der Zuversicht für andere Kleinstaaten bezeichnet.

Ende Mai 1967 ist die Neue Zürcher Zeitung überzeugt, dass Israel einen allfälligen Krieg zu seinen Gunsten entscheiden kann. Allerdings werden am Vorabend des Krieges doch gewisse Bedenken geäussert, ob Israel den Arabern militärisch und vor allem auch politisch widerstehen könne. Eine Woche nach Kriegsende wird der israelische Erfolg analysiert:

- hohe Kampfmoral der Israelis
- militärische Disziplin mit individueller Initiative verbunden
- Verteidigungsminister Moshe Dayan als Prototyp des kühnen, draufgängerischen Soldaten

Das Thema Jerusalem wird bei der Neuen Zürcher Zeitung mehrmals abgehandelt. Zuerst wird Freude darüber geäussert, dass die orthodoxen Juden wieder ihre "rituellen Klagelieder" an der Klagemauer anstimmen können; dann wird festgestellt, dass die jüdischen und moslemischen Heiligtümer eine unauflösbare Einheit bilden und schliesslich wird Israel kritisiert, da es die Wiedervereinigung Jerusalems zu rasch vorangetrieben hat.

Die Neue Zürcher Zeitung verwendet mehrmals den Ausdruck Palästina anstelle von Israel. Heute wäre eine solche Verwechslung, ob zufällig oder beabsichtigt, nicht mehr denkbar, da die BezeichnungPalästina (als allfälliger Staat der Palästinenser) zu stark wertbeladen ist. Prinzipiell war die Bezeichnung Palästina für das englische Mandatsgebiet bis zur Gründung des israelischen Staates im Jahre 1948 richtig.

Oktober und November 1973

Die Ereignisse um Schönau Anfangs Oktober werden in der Neuen Zürcher Zeitung nicht kommentiert. Der erste Leitartikel befasst sich am Tag nach Kriegsausbruch mit dem israelisch-arabischen Konflikt. Warum der Krieg gerade zu diesem Zeitpunkt ausgebrochen ist, vermag auch der Chefredaktor der Neuen Zürcher Zeitung nicht zu klären; er versucht aber, Antworten zu geben:

"Wie aber passt in diesen politischen Prozess eine scharfe kriegerische Eskalation, die die Gefahr eines neuen militärischen Rückschlages, eines Solidaritätsverlustes in der Uno, eines Auftriebs für die Radikalen, einer in Kairo keineswegs erwünschten Gewichtszunahme ihrer neuen Symbolfigur Ghadhafi mit sich bringt? Müssen da andere, innenpolitische Gefahren aufgefangen werden, die gerade in diesem nachrevolutionären Emanzipationsvorgang liegen könnten, obwohl sie noch nicht deutlich sichtbar sind?... Oder ist da eine Logik im Spiel, die den Nichtarabern unzugänglich ist und die eine friedliche Lösung des Nahostkonfliks so schwer vorstellbar macht, weil sie sich mit der Logik der anderen Seite nicht zur Deckung bringen lässt? Eine Logik, die in tieferen Schichten, in einem islamisch-arabischen Trauma, in der Unfähigkeit begründet liegt, sich mit dem Fremdkörper des modernistischen Israel in dieser arabischen Welt und seinen kriegerischen und zivilisatorischen Erfolgen abzufinden?" (NZZ 8.10.73: Arabischer Sprung in die Aktion)

Am 10. Oktober finden wir einen Korrespondentenbericht, der den Charakter (formell und materiell) eines Leitartikels aufweist. Die Rede ist von der sowjetischen und chinesischen Reaktion auf den Kriegsausbruch. Es zeigt sich, dass die Neue Zürcher Zeitung den Nahost-Konflikt immer im weltweiten politischen Zusammenhang analysiert. So finden wir auch Korrespondentenberichte aus Rom, Tokio, Lateinamerika und Afrika, die den jeweiligen Standpunkt zum Nahost-Konflikt erläutern. Die globale Dimension beschliesst auch den erwähnten Korrespondentenbericht (bzw. Leitartikel): "Wenn allem Anschein nach die Sowjetunion, China und Amerika vorsichtig um den neuen Kriegsherd schleichen und sich nicht selbst die Finger verbrennen wollen, so hat sein Aufflammen doch Spannungen und neue Probleme in den Beziehungen der Grossen gebracht. Die weitere Entwicklung im Nahen Osten dürfte nicht ohne Einfluss auf das globale Gleichgewicht bleiben." (NZZ 10.10.73: Moskau und Peking zum Nahostkrieg)

Der Korrespondent der Neuen Zürcher Zeitung in Beirut zeigt Verständnis für die Sicherheitsbedürfnisse Israels: "Die besetzten

Gebiete sind den Israeli als Sicherheitszonen wichtig. Heute und in der Zukunft wohl noch mehr als bisher, denn der arabische Ueberraschungsangriff hat gezeigt, dass in der Tat auf der arabischen Seite die Absicht und die Fähigkeit vorliegt, überraschende Angriffe auszulösen. 'Was wäre geschehen, wenn wir die besetzten Gebiete nicht gehabt hätten?' können heute die israelischen Falken fragen und mit dieser bangen Frage die Notwendigkeit verteidigen, jedenfalls die bisherigen Gebiete im Besitz zu behalten oder gar, falls sich die Möglichkeit ergäbe, noch neue hinzuzufügen." Des weiteren spricht die Neue Zürcher Zeitung von einer "These vom Mittelweg", die einer Gleichgewichtsbildung Vorschub leisten könnte: "Die Araber müssten einen 'mässigenden' Sieg davontragen und die Israeli die Weisheit zeigen oder von den Kriegsereignissen zu der Weisheit gezwungen werden, sich ihrerseits mit einer Teilniederlage und Teilkriegserfolgen abzufinden." Bedauert wird vom Korrespondenten der Neuen Zürcher Zeitung, dass eine solche "Weisheit der Selbstbeschränkung" nicht in Sichtweite liegt. (NZZ 12.10.73: Entgegengesetzte Kriegsziele)

Am ersten Kriegswochenende gibt die Neue Zürcher Zeitung einen umfassenden Ueberblick über das Geschehen auf dem Kriegsfeld und das sich abzeichnende Eingreifen der Grossmächte. Die Lage wird sehr pessimistisch beurteilt: "Unerschütterliche Optimisten wollen im neuen Israelkrieg bereits eine Art gewaltsamen Heilvorgangs sehen, der einen Weg zu einer haltbaren Lösung der nahöstlichen Problematik endlich freilegen werde. Man wünschte, sie bekämen Recht. Aber solange der Kriegsausgang nicht abzusehen ist, sind das Projektionen ins Leere. Und auch wenn man die diesbezüglichen Hypothesen durchgeht, wird man die Skepsis nicht los. Das Erlebnis dieses Krieges wird in den Israeli die Vorstellung noch mehr verhärten, dass sie nur hinter vorgeschobenen Grenzen ihrer Existenz sicher seien.." (NZZ 14.10.73: Das Schwert am gordischen Knoten)

Erst eine Woche später finden wir wieder einen meinungsbildenden Beitrag der Neuen Zürcher Zeitung. Zu Beginn dieses Leitartikels will die Neue Zürcher Zeitung eine Bemerkung zur "Grosswetterlage" machen. "Manche Leute haben sich in den letzten Jahren einzureden begonnen, sie (die Grosswetterlage, J.S.) sei stabil und in dieser Eigenschaft durch die Entspannung zwischen den Grossen - wie gegensätzlich die beiden sie auch immer interpretieren -

sozusagen garantiert. Das hat die Schleusen für alle Narreteien geöffnet, die sich unter der Einbildung eines gesicherten Friedens üblicherweise einstellen: Tendenzen zum einseitigen Abbau kriegsverhindernder Massnahmen, naiver Pazifismus, Antimilitarismus, Papier- und Deklamationsgläubigkeit." Ein solcher Satz belegt das Interesse der Neuen Zürcher Zeitung an den militärisch-strategischen Problemen des Nahost-Konflikts und dem Vergleich zwischen der israelischen und der Schweizer Armee, bzw. der Sicherheitspolitik beider Länder. (NZZ 21.10.73: Die Grossmächte am Ball)

Gleichentags bespricht die Neue Zürcher Zeitung die Voraussetzungen der kriegsführenden Parteien zur Annahme eines Waffenstillstandes. Ausgangspunkt für beide Seiten ist die Resolution 242 der UNO aus dem Jahre 1967. Doch die Auslegung fällt bei Arabern und Israeli verschieden aus. Für die Neue Zürcher Zeitung ist dieser Disput jedoch nur vordergründig, "die erste Hindernislinie sozusagen". Die Forderungen der Aegypter gehen immer weiter: "Die ägyptische Argumentation zum Nahostproblem ist wie das Spielzeug der Puppen in der Puppe. Macht man die erste auf, liegt eine zweite drin, in ihr die dritte und so fort. Hinter der Grenzfrage steigt unter dem Etikett des Flüchtlingsproblems, die Frage der staatlichen Ordnung für ganz Palästina auf, mit ihr die der zionistischen Nabelschnur Israels, mit ihr die der jüdischen Einwanderung, die als Indiz expansionistischer, wenn nicht imperialistischer israelischer Absichten im Nahen Osten gedeutet wird, mit ihr die gefürchtete Wirtschaftsdynamik des Gegners; alles zusammen ist ein Komplex." (NZZ 21.10.73: Die Grossmächte am Ball)

Die "Problematik des neuen Waffenstillstandes" wird in der Neuen Zürcher Zeitung am 23. Oktober wiederum vom Korrespondenten aus Beirut kommentiert. An dieser Stelle sollte vielleicht erwähnt werden, dass die Neue Zürcher Zeitung einen full-time Korrespondenten in Beirut, einen Korrespondenten in Kairo (der auch für andere Zeitungen schreibt, so z.B. für das Vaterland) und einen Korrespondenten in Tel Aviv beschäftigt. Die kommentierenden Korrespondentenberichte sind nur aus der Feder des Korrespondenten in Beirut, der als anerkannter Fachmann für die arabischen Belange gilt. Dessen Berichte sind im allgemeinen aber durchaus sachlich-ausgewogen, d.h. sie beinhalten immer auch einen Ueberblick über die Hintergründe der politischen Situation.

Der Westschweizer Korrespondent berichtet von einer Umfrage, welche die Einstellungen der Jugendlichen zur Schweizer Armee zum Gegenstand hat (NZZ 22.10.73: Die jungen Romands und die Armee). Der Krieg im Nahen Osten scheint auch auf die Jugendlichen seinen Eindruck nicht verfehlt zu haben, u.a. auch deswegen, weil "an einem neuralgischen Punkt, der geographisch nicht allzuweit von unseren Grenzen entfernt ist, erneut ein militärischer Konflikt .. ausbrach.."

Auch auf die Reaktion der Romands auf den Krieg wird an dieser Stelle eingegangen: "Die von sowjetischen Lieferungen gespeiste 'Materialwalze', die sich von Aegypten und Syrien her gegen den Staat Israel in Bewegung setzte..., hat im französischen Sprachgebiet unseres Landes eher gedämpfte und höchst indifferenzierte Reaktionen hervorgerufen. War schon im Juni 1967 das Echo im Welschland etwas milder als im grösseren Landesteil.." (vgl. auch die Umfragen der KONSO)

Unser Interesse hat auch eine Mitteilung der FDP (Freisinnig-Demokratische Partei) gefunden, die den militärischen Aspekt des jüngsten Nahostkrieges hervorhebt:"Sie stellt einmal mehr die lebenswichtige Bedeutung der geistigen und materiellen Wehrbereitschaft für den unabhängigen Kleinstaat fest" (Sie, d.h. die Geschäftsleitung der FDP des Kanton Zürichs, J.S.). (NZZ 26.10.73: Mtg. Militärische Lehren aus dem Nahostkonflikt) Erinnern wir uns an dieser Stelle der Tatsache, dass die Neue Zürcher Zeitung der Freisinnig-Demokratischen Partei sehr nahe steht.

Im Gegensatz zu anderen Zeitungen, die den angeschlagenen Nimbus der Unbesiegbarkeit der Israelis betonen, besteht für die Neue Zürcher Zeitung kein Anlass zur Behauptung, dass der neue Nahostkrieg den "Mythos der israelischen Ueberlegenheit" erschüttert habe. "Für die arabische Seite mag es nach der Demütigung im Sechstagekrieg ein Trost gewesen sein, dass die syrischen und vor allem die ägyptischen Truppen dieses Mal weitaus härter kämpften als 1967 und wenigstens in der Anfangsphase offensiv operierten. Aber im Krieg zählen, wie die Geschichte schon oft bewiesen hat, nicht die zu Beginn erzielten Erfolge, sondern die Positionen, welche die Parteien sich am Schluss erkämpft haben. Die von der israelischen Armee nach drei Kriegswochen erreichten Stellungen sind ein Beweis dafür, dass Israel militärisch nach wie vor das Gesetz des Handelns behalten hat. Daran wird auch die zu erwartende, von innenpolitischen Motiven diktierte Kontroverse über angebliche Unterlassungen nicht rütteln können, deren Umrisse sich jetzt schon in Israel abzuzeichnen beginnen." Nach Ansicht der Neuen Zürcher Zeitung dürfte es Israel jedoch schwer fallen, seinen militärischen Erfolg politisch auszunützen. (NZZ 28.10.73: Vom Frieden weit entfernt)

Ein Kommentar des Beiruter Korrespondenten beschliesst die Berichterstattung der Neuen Zürcher Zeitung im Oktober 1973. Der Korrespondent versucht Lösungsansätze aufzuzeigen. Dabei wird auch nochmals das Problem der Palästinenser angesprochen. Wenn heute (im Jahre 1981) die PLO (Palästinensische Befreiungsorganisation) als einzige legitime Vertreterin der Palästinenser von verschiedenen Zeitungen bezeichnet wird (so auch von der Neuen Zürcher Zeitung) oder doch zumindest als eine Organisation, an der man bei der Lösung des Problems nicht vorbeikommt, dann soll daran erinnert werden, wie die Bezeichnung 1973 lautete: "Was wollen diese Palästinenser? Es kommt sehr darauf an, wen man als ihre Sprecher betrachtet. Die Freischärler wollen so lange weiterkämpfen, bis Israel seine Staatsphilosophie revidiere und eine nicht nur-jüdische 'Demokratie' werde, wo Araber und Juden gemeinsam leben können; aber die Freischärler sind natürlich die Maximalisten unter den Palästinensern. Man kann wohl auch palästinensische Kreise finden, die sich mit einem 'Kleinpalästina' begnügen würden, möglicherweise mit Jordanien föderiert, in dem die Palästinenser ein eigenes Staatswesen aufbauen könnten." (NZZ 30.10.73: Prekäre Friedenssuche im Nahen Osten)

Welches sind die Kriegsfolgen für die Parteien? Diese Frage wird im ersten November-Leitartikel aufgeworfen: "Die Araber suggerieren sich, sie hätten einen militärischen Anfangserfolg errungen, der sich mit politischen Mitteln zu etwas Substantiellem ummünzen lasse. Hat nicht praktisch ganz Schwarzafrika mit Israel gebrochen und sich an die arabische Seite gestellt! Ueberdies ist mit einiger Wirkung die 'Erdölwaffe' eingesetzt worden. Aber dem grossmächtlichen Spruch haben sich Aegypten und Syrien in noch höherem Grade als Israel fügen müssen, dessen überlegene militärische Fähigkeiten erneut unter Beweis gestellt worden sind.

... Eindeutig schlecht haben im vierten Krieg um Israel die Westeuropäer abgeschnitten. Weder die Nato noch die Neun protestierten gegen die Angreifer und die Helfer der Angreifer. Das Minimum dessen, was in dieser Beziehung gesagt werden musste, sagte Luns mehr oder weniger persönlich. Von gemeinsamem Handeln keine Spur, und darum fehlte auch jede positive Auswirkung." Eine Ausnahme allerdings machen die "kleinen, tapferen Niederlande" und "stehen dementsprechend jetzt unter besonderem Boykott." (NZZ 4.11.73: Variationen zum Thema "Krisenmanagement")

Nach Ansicht der Neuen Zürcher Zeitung hat der Erdölboykott den Arabern einiges gebracht: "Sie können in der Tat für sich beanspruchen, einen Keil zwischen die europäischen Staaten und ihre amerikanischen Verbündeten getrieben zu haben, und es dürfte ihnen wohl auch scheinen, dass die Unterstützung der Israeli durch die Europäer diesmal sehr viel weniger entschlossen und enthusiastisch ausfiel, als es im Sechstagekrieg der Fall gewesen war. Wie schwer bei diesen kaum abstreitbaren politischen Verhaltensänderungen allerdings in der Tat die Angst vor einem möglichen Erdölboykott gewogen hat, ist nicht leicht abzuschätzen." (NZZ 6.11.73: Die neue Drohung der arabischen Erdölschraube)

Grossangelegte Mannöver der Schweizer Armee auch im Monat November nimmt die Neue Zürcher Zeitung zum Anlass, einmal mehr sich Gedanken über den Vergleich der Armeen zu machen: "Die jüngsten Ereignisse im Nahen Osten haben wieder einmal drastisch vor Augen geführt, wie wichtig die rasche Kriegsmobilmachung für einen Kleinstaat werden kann ... Die Schweizerart der Mobilmachung hat lange Zeit als einzigartig und vorbildlich gegolten, bis Israel ein mindestens so sinnreiches System entwickelte, dass sich seither in drei Kriegen bewährt hat." (NZZ 13.11.73: Kriegsmobilmachung nach Schweizerart)

Nicht nur zieht die Neue Zürcher Zeitung Vergleiche, sondern auch die Lehren aus dem Krieg. Sie fordert für die Schweizer Armee den Ersatz von Kanonen durch Lenkwaffen, deren Wirksamkeit sich im jüngsten Krieg gezeigt habe. (NZZ 25.11.73: Lehren eines Krieges)

In der Sonntags-Ausgabe vom 18. November analysiert die Neue Zürcher Zeitung auf einer vollen Seite das gestörte Raketengleichgewicht im Nahen Osten. Immerhin wird auf Schlussfolgerungen für die Schweizer Armee verzichtet. An welchen Leserkreis sich ein solcher Artikel wendet, bleibt zumindest unklar. Da werden die verschiedensten Waffensysteme, Strategien etc. sehr detailliert erläutert. Verstanden werden kann ein solcher Artikel wohl nur von Militärfachleuten; in diesem Falle von hohen militärischen Stellen. Von diesen kann dann angenommen werden, dass sie ihre Schlüsse ziehen werden. (NZZ 18.11.73: Gestörtes Raketengleichgewicht im Nahen osten?)

Die Korrespondentin der Neuen Zürcher Zeitung in Jerusalem berichtet von der Diskussion in Israel über den Wert der seit 1967 besetzten Gebiete: "Der überraschende arabische Angriff von Jom Kippur hat eine heftige Diskussion um den 'Cordon sanitaire' auf der Sinaihalbinsel und den Golanhöhen ausgelöst. Bereits hörte man die Ansicht, die besetzten Gebiete hätten ihren strategischen Wert verloren. Demgegenüber halten zahlreiche Militärfachleute an der Auffassung fest, dass Israel die umstrittenen Gebiete vor einer vertraglichen Friedensregelung nicht zurückgeben dürfe." (NZZ 22.11.73: Israels umstrittener "Cordon sanitaire")

Am letzten November-Wochenende beschäftigt sich die Neue Zürcher Zeitung mit den Auswirkungen der Oelwaffe. Dabei ist auch von der Anpassung Europas an die neuen Gegebenheiten die Rede: "Es hat nicht radikal Kurs wechseln und in aller Form abschwören müssen; seine 'freiwillige' Anpassung ist vorderhand von den Scheichs als ausreichend erachtet worden. Aber es hätte auf der schiefen Ebene, auf die es sich damit begeben hat, wenig Halt, wenn sich der Druck noch einmal verstärken sollte - es sei denn, die öffentliche Meinung bremse wirksam das Abrutschen der Regierungen. Sie hat auf das erste Nachgeben deutlich reagiert, und ihre Stimme ist immerhin bis ins europäische Parlament durchgedrungen. Ob sie bei ihrer Haltung bleiben wird, wenn die Energierestriktionen einschneidend werden sollten, steht dahin. Fürs erste hat sie jedoch Opferbereitschaft und Solidarität gezeigt und damit einen Stand geschaffen, auf dem weiterem Druck zu widerstehen wäre." (NZZ 25.11.73: Das Spiel mit dem Oel) Die Neue Zürcher Zeitung geht davon aus, dass die öffentliche Meinung die Regierungspolitik beeinflusst und nicht umgekehrt; eine Annahme, die hier auch nicht weiter überprüft werden kann.

Noch einmal greift die Neue Zürcher Zeitung das Thema der militärischen Kriegslehren auf: "Die Wirklichkeit des Krieges übersteigt nicht selten die Gebilde unserer Vorstellungskraft, nicht nur, was die Kriegsführenden selbst anbetrifft, sondern auch mit Bezug auf Dritte und Neutrale. In solchen Situationen liegen Zumutungen in der Luft, auf die ohne Verzug reagiert werden muss, auch wenn die Reaktion schwerste Folgen nach sich ziehen kann. Vor diesem Hintergrund gewann der Bericht des Bundesrates über die Sicherheitspolitik der Schweiz eine unerwartete Aktualität, aber auch, dank der sich darin bekundeten Umsicht, eine objektive Bekräftigung..

Haben die Lenkwaffen nunmehr die Kampfflugzeuge endgültig überflügelt, und könnte man sich nicht die hohen Kosten für eine moderne Flugwaffe ersparen, wenn man konsequent auf eine Raketen- und Kanonenabwehr überginge? Diese Fragen liegen nach den Erfahrungen der Israeli in Syrien und am Suezkanal in der Luft, auch in der Schweiz, wo man erst kürzlich die Beschaffung von Raumschutzjägern in die Wege geleitet hat." (NZZ 25.11.73: Lehren eines Krieges)

Teilbild Oktober und November 1973

Im Mittelpunkt der Nahost-Berichterstattung der Neuen Zürcher Zeitung steht, neben der ausführlichen Beschreibung der Lage auf dem Schlachtfeld, der weltpolitische Aspekt der israelisch-arabischen Konfrontation. Ein Grossteil der meinungsbildenden Berichterstattung stammt aus der Feder des Beiruter Korrespondenten, der aber für die israelischen Belange auch Verständnis zeigt. Einerseits wird Verständnis für die israelischen Sicherheitsbedürfnisse gezeigt, andererseits wird Israel weise Zurückhaltung empfohlen. Relevante Stellen für ein Israel-Bild finden sich weniger als in den anderen untersuchten Zeitungen.

Die Neue Zürcher Zeitung kommentiert weder die Ereignisse um Schönau noch den arabischen Ueberfall auf Israel am jüdischen Versöhnungstag. Immerhin schreibt sie den Angriff ganz eindeutig den arabischen Staaten zu.

Die zahlreichen Korrespondentenberichte nehmen über zwei Drittel der gesamten Berichterstattung der Neuen Zürcher Zeitung zum Thema Nahost ein. Die Zahl der Leitartikel und Kommentare ist nämlich beinahe identisch mit derjenigen der anderen untersuchten Zeitungen, was im allgemeinen sonst nicht zutrifft.

Die Neue Zürcher Zeitung fordert, wie bereits 1967, dass die Schweiz aus den Ereignissen die militärischen Lehren ziehe. Inbezug auf Israel verwehrt sich die Neue Zürcher Zeitung gegen die Behauptung, dass der "Mythos der israelischen Ueberlegenheit" erschüttert sei. Im Gegenteil, Israel habemilitärich das Gesetz des Handelns behalten und seine überlegenen militärischen Fähigkeiten erneut unter Beweis gestellt.

Januar bis März 1977

Ganz unmissverständlich äussert sich die Neue Zürcher Zeitung zum Fall Abu Daud: "Man hat in den letzten Tagen ein klägliches Schauspiel erlebt. Für jeden unvergessen geblieben ist das Massaker von Fürstenfeldbruck, als 1972 die ganze israelische Olympia-Mannschaft hingemordet wurde. Nun wird ein Mann, welcher der massgeblichen Teilnahme an dieser grauenvollen Bluttat dringend verdächtig ist, in Frankreich dingfest gemacht.. Wer sich besonders zynisch geben will, mag argumentieren, dass durch die Reise Abu Dauds per Schub in ein arabisches Land nur einige Phasen in der voraussehbaren weiteren Entwicklung der Affäre übersprungen worden seien. Hätte man, so ginge diese Ueberlegung, den üblichen Weg beschritten und den Verhafteten zur Aburteilung an jenes Land ausgeliefert, in welchem er die ihm zugeschriebenen Verbrechen begangen haben soll, so wäre er - nach zahlreichen vergangenen Erfahrungen - früher oder später ohnehin durch eine Aktion seiner Gesinnungsgenossen wieder frei geworden.. Solche kaltschnäuzigen Hypothesen übersehen freilich einen wesentlichen Punkt. Erneut ist der Sinn für Gerechtigkeit und Recht erschüttert worden.." (NZZ 13.1.77: Kapitulation vor dem Terror)

Im Februar 1977 findet sich in der Neuen Zürcher Zeitung nur ein Leitartikel, der sich mit dem Nahen Osten befasst. Die signalisierte Verhandlungsbereitschaft verschiedener arabischer Staaten scheint den Israelis nach Ansicht der Neuen Zürcher Zeitung gewisse Sorgen zu bereiten: "Für die Israeli hingegen scheint sich das Ende einer Situation anzukündigen, in der sie bis jetzt ziemlich ungestört versuchen konnten, ihre Präsenz im Golan, in Cisjordanien und im Osten der Sinaihalbinsel durch die Schaffung von Faits accomplis dauerhaft zu machen. Was für andere Motive ('nationalistische' und religiöse) bei diesem israelischen Streben nach endgültig erweiterten Grenzen auch mitspielen mögen: es stiess (einmal abgesehen von der Ostjerusalem-Frage) in Amerika und auch sonst weitherum im Westen namentlich daher auf Verständnis und relativ wenig scharfen Tadel, weil es mit Gründen der strategischen Sicherheit gerechtfertigt wurde." Auch im Februar 1977 setzt sich die Neue Zürcher Zeitung noch nicht mit Begeisterung mit der Idee eines palästinensischen Staates auseinander:

"Was hingegen das <u>palästinensische Gebilde</u> im seit 1967 israelisch besetzten Gebiet betrifft: Wäre es da nicht eigentlich Sache der souveränen arabischen Staaten (in erster Linie Jordanien), dieses Territorium, falls es zurückgewonnen wird, den Palästinensern einzuräumen? In Kairo, Damaskus und Amman ist ohnehin immer mehr davon die Rede, dass der Palästinenserstaat in irgeneine arabische Föderation einbezogen werden solle." (NZZ 19.2.77: "Moment der Wahrheit" im Nahen Osten?)

Teilbild Januar bis März 1977

Die Neue Zürcher Zeitung kommentiert den Fall Abu Daud und erinnert dabei an den Tatbestand der Ermordung der israelischen Olympia-Mannschaft im Jahre 1972 in München.

Erste leise Kritik wird an der israelischen Besetzung der arabischen Gebiete geäussert. Aber auch in dieser Periode zeigt die Neue Zürcher Zeitung noch kein besonderes Interesse an der Errichtung eines palästinensischen Staates. Dies im Gegensatz zum Tages-Anzeiger und zum Vaterland.

Oktober bis Dezember 1977

Bei der Kommentierung der amerikanisch-sowjetischen Nahosterklärung steht einmal mehr der global-politische Aspekt im Vordergrund. Die Neue Zürcher Zeitung versucht die Beweggründe der beiden Supermächte zu verstehen. Vor allem bekundet die Neue Zürcher Zeitung Mühe, das sowjetische Engagement zu verstehen: "Die sowjetisch-amerikanische Deklaration deutet nun insofern eine gewisse Distanznahme der Russen von der PLO an, als diese darin nicht erwähnt ist... Ihrem Wortlaut nach enthält die gemeinsame Erklärung nichts, was über frühere Zusagen und Avancen Präsident Carters und Staatssekretär Vances an die Araber (etwa bezüglich der 'Rechte der Palästinenser') hinausginge - ja eher etwas weniger." Von den Israeli erwartet die Neue Zürcher Zeitung nicht, dass sie für das sowjetisch-amerikanische Abkommen Verständnis und Interesse aufbringen können: "Wohl vor allem der Umstand, dass sich Washington jetzt ganz 'offiziell' darauf festgelegt hat, ruft die scharf ablehnenden israelischen Reaktionen hervor. Dass diese Festlegung nicht nur mit dem offiziellen Segen der Sowjetunion erfolgt, sondern das Dokument zudem eine künftige amerikanisch-sowjetische Sicherheitsgarantie in Aussicht stellt, ist alles andere als geeignet, in Israel beruhigend zu wirken: denn wenn es überhaupt eine äussere Macht gibt, in welche die Israeli Vertrauen setzen wollen, ist es jedenfalls nicht die Sowjetunion." (NZZ 4.10.77: Oeffnung für die Sowjets im Nahen Osten?)

Das Ereignis des Monates November wird selbstverständlich auch von der Neuen Zürcher Zeitung entsprechend gewürdigt. In einem sehr umfangreichen Leitartikel kommentiert der Nahostspezialist der NZZ-Auslandredaktion die angekündigte Sadat-Reise. Weder Sadat noch Begin werden dabei als Präsidenten und entscheidende Persönlichkeiten hervorgehoben. Die Neue Zürcher Zeitung glaubt vielmehr an einen Stimmungswandel in der ägyptischen Bevölkerung in den letzten Jahren:

"Dass das bis vor wenigen Tagen noch fast Unvorstellbare eintritt, dass der ägyptische Staatschef diesen Schritt, der fast auf eine De-facto-Anerkennung Jerusalems, freilich nicht Ostjerusalems, als Hauptstadt des jüdischen Staates hinausläuft, überhaupt wagen zu können glaubt, ist nur vor dem Hintergrund eines seit Jahren wenigstens im weitaus volksreichsten arabischen Land sich abzeichnenden, immer mehr ausgeprägten Stimmungswandels zugunsten eines Ausgleichs möglich. Während man etwa in Bagdad und Tripolis wie auch in gewissen Palästinenserkreisen die Vorgänge mit Abscheu betrachten wird, dürften sie in den direkt am Konflikt beteiligten Staaten manche Leute (offen oder heimlich) aufatmen lassen oder dazu anregen, das Verhältnis zu den Israeli etwas mehr auch als ein zwischenmenschliches statt nur, abstrakt, als ein solches zwischen lange verfeindeten Nationen zu sehen."

Als praktisches Resultat von Sadats Besuch erwartet die Neue Zürcher Zeitung in der Folge die Aufnahme von Verhandlungen. Dabei ergibt sich aber das schwierige Problem der Vertretung der Palästinenser. Die Verhandlungen "sind bis jetzt vor allem daher hinausgezögert worden, weil sich alle Partner (auch die Amerikaner) mit der Frage der Palästinenservertretung herumschlugen."

"Ohne Zweifel gehört die Zukunft der Palästinenser mit zum Kern des Nahostproblems. Kein arabischer Staat wurde durch die Gründung Israels direkt tangiert. Direkt betroffen waren nur Palästinenser. Nur sie können als 'Volk' so etwas wie einen Rechtsanspruch auf Land zwischen Jordan und Mittelmeer erheben; und dies ist eigentlich der plausibelste Grund für die israelischen Bedenken gegen ihre Verhandlungsbeteiligung." (NZZ 19.11.77: Präsidents Sadats grosse Geste)

Der Leitartikel in der Wochenend-Ausgabe vom 26. November steht im Zeichen einer Rückschau auf den erfolgten Sadat-Besuch. Vor allem ins Gewicht fallen könnte die von Sadat geleistete "Vorauszahlung":

"Sadat hat guten Willen gezeigt; er hat in Israel möglicherweise eine Bewegung ausgelöst, die dazu führen könnte, dass man dort endlich ein Eingehen auf die arabischen Forderungen ernstlich ins Auge fasst. Voraussetzung dazu wären weitere Zeichen der Friedensbereitschaft und der Vertrauenswürdigkeit von arabischer Seite, ein Fortgang des Stimmungswandels in arabischen Ländern im für Israel positiven Sinne - eine Entwicklung auf einer Art der 'Anerkennung' hin, die von den Israeli nicht mehr als blosse Aeusserlichkeit abgetan werden könnte, sondern ihrerseits als wirkliche Gegenleistung und Vorleistung anzuerkennen wäre. Dahin wird es aber freilich kaum kommen, wenn nicht in Jerusalem zum mindesten Andeutungen betreffend Modifikation des bisherigen israelischen Standpunktes gemacht werden." (NZZ 26.11.77: Nach Sadats Besuch)

Das Deutschschweizer Fernsehen wird von der Neuen Zürcher Zeitung für seine mangelhafte Berichterstattung über den Sadat-Besuch heftig gerügt. Interessant ist dieser Beitrag vor allem deshalb, weil ein Vertreter des Mediums Presse seine Kollegen vom Medium Fernsehen angreift:

"Am letzten Sonntag nachmittag hat das Deutschschweizer Fernsehen nur kurz den Anfang der Knesset-Sitzung in Jerusalem mit Präsident Sadat übertragen und sich dann dritt- bis sechstrangigen Sportveranstaltungen zugewandt. Es hat eine Gelegenheit verpasst. Eine der Stärken (wenn nicht die Stärke) dieses Mediums liegt gerade darin, dass es, ohne allzuviel geistigen Aufwand, Ereignisse integral, sozusagen ohne Abstraktion und ohne die damit eo ipso verbundene, immer mehr oder weniger willkürliche Auswahl und Verstellung vermitteln kann. .... Am Donnerstag abend nun, in der 'Rundschau', versuchte man nachzuholen. J.-P.Rüttimann präsentierte eine Sendung unter dem Titel 'Sadat bei Begin', der auch eine Bilanz des, wie er in seinem Vorspruch sagte, 'historischen Ereignisses' (man hat also inzwischen immerhin gemerkt, dass es wichtig war) gezogen werden sollte... Eine Gutmachung der Unterlassungssünde vom vergangenen Sonntag war das nicht - dafür aber war's für den armen Schreibe-Journalisten, der sich diese 'Rundschau' ansehen musste, eine Bussübung." (NZZ 26.11.77: "Sadat bei Begin", Blick auf den Bildschirm)

Mit Ausnahme des Bundes behandeln alle Zeitungen auch die Anti-Sadat-Konferenz von Tripolis. Als wichtigstes "Ergebnis" taxiert die Neue Zürcher Zeitung das Nicht-Einschwenken Syriens in die Reihe derjeniger Staaten, die jegliche friedliche Regelungen mit Israel strikte ablehnen. Der Streit zwischen dem syrischen Präsidenten Assad und Sadat beschränkt sich im wesentlichen auf die Methode und nicht auf die Ziele. "Was aber die Methode, den Weg betrifft, so dürfte der von Sadat mit seinem Jerusalem-Besuch eingeschlagene am ehesten zum Ziel führen können (sofern man nicht meint, das Problem lasse sich mit Gewalt lösen). .. Letztlich kann aber nur der Abbau des Misstrauens, wachsende Ueberzeugung, dass die Nachbarn wirklich bereit sind, den jüdischen Staat in Palästina hinzunehmen, die Israeli veranlassen, auf die arabischen Forderungen in deren vollem Umfang einzugehen. Es lässt sich denken, dass dies auch Präsident Sadat sieht. Nur ist es für ihn bedeutend schwieriger, die entsprechenden Schritte zu wagen. Mit der Zeit wird sich bei den Arabern klären müssen, wer gewillt ist, mit Israel zusammenzuleben, und wer nicht. Präsident Sadats Initiativen haben unter anderem auch einen Anstoss hiezu gegeben." (NZZ 7.12.77: Das Papier von Tripolis)

Den Vorwurf der Intransigenz an die Adresse Begins wird auch von der Neuen Zürcher Zeitung erhoben:

"Kann Begin nicht über den eigenen nationalen Schatten springen? Oder haben sich die Israeli an die teils von ihrer Regierung bewusst geschaffenen, teils durch Gewährenlassen entstandenen faits accomplis schon so sehr gewöhnt, dass er ihnen die Aussicht auf deren Preisgabe nicht von einem Tag auf den anderen zumuten kann? Oder wird da einfach eine Position markiert, für deren Zurückstekken man dies oder jenes einhandeln zu können hofft? Begin sagte vor der Knesset, dass Israel beim Treffen mit Sadat in Ismailia alles getan habe, was man von ihm verlangen könne. Soll das tatsächlich heissen, dass seine Vorschläge das Aeusserste enthalten..?" (NZZ 30.12.77: Für die Araber kaum annehmbar)

Teilbild Oktober bis Dezember 1977

Die Neue Zürcher Zeitung hat Verständnis für die ablehnende Haltung Israels gegenüber der sowjetisch-amerikanischen Nahost-Erklärung. Man kann von Israel nicht erwarten, dass es in die Sowjetunion Vertrauen setzen will.

Im Gegensatz zu den anderen Zeitungen verzichtet die Neue Zürcher Zeitung darauf, ihre Kommentare auf die beiden Kontrahenten Begin und Sadat zu beschränken. Es finden sich deshalb nur wenige Stellen zu Begin und Sadat:

Begin:
- fähig, über den eigenen Schatten zu springen?
- enthalten seine Vorschläge das Auesserste?

Sadat:
- erbrachte grosse Vorleistungen, "Vorauszahlung" geleistet
- betreibt eine psychologische Offensive; baut Misstrauen ab

Einige Elemente prägen das eigentliche Israel-Bild:

- Israel muss Andeutungen betr. Modifikation seines Standpunktes machen
- Israel muss die Erwartungen der Aegypter erfüllen
- Haben sich die Israelis an die von ihrer Regierung geschaffenen faits accomplis schon zu sehr gewöhnt?

Als letzte der untersuchten Zeitungen kommt die Neue Zürcher Zeitung zur Ansicht, dass die Palästinenser als "Volk" zu bezeichnen sind. Diese wurden durch die Errichtung des Staates Israel auch direkt betroffen.

DAS ISRAEL-BILD DER NEUEN ZUERCHER ZEITUNG

Wie bei der quantitativen Analyse festgestellt worden ist, weist die Neue Zürcher Zeitung den grössten Anteil an nicht politisch-militärischer Berichterstattung über Israel aus. Diese Tatsache muss an dieser Stelle in Erinnerung gerufen werden, wenn es darum geht, das gesamte Israel-Bild der Neuen Zürcher Zeitung darzustellen. Der Leser der Neuen Zürcher Zeitung erfährt wesentlich mehr über Israel als die Leser der anderen untersuchten Zeitungen. Israel ist dabei weit mehr als ein Kontrahent im Nahost-Konflikt. Die wirtschaftlichen Probleme Israels erfahren besondere Beachtung.

Die politisch-militärische Berichterstattung scheint tendenziell israelfreundlich zu sein. Nicht zuletzt die Bezeichnung Israels als Kleinstaat bringt die Möglichkeit, Parallellen zum Kleinstaat Schweiz zu ziehen. Vor allem interessiert sich die Neue Zürcher Zeitung für die Entwicklung und den Ausrüstungsstand der israelischen Armee. Dabei wird versucht, Lehren für die Schweizer Armee zu ziehen.

Von einem Wandel des Israel-Bildes zwischen 1967 und 1977 kann kaum gesprochen werden. Dies ist nicht zuletzt darauf zurückzuführen, dass die Neue Zürcher Zeitung (im Gegensatz zu den anderen untersuchten Zeitungen) kein übermässiges Interesse am Problem der Palästinenser hat. Sie setzt sich insbesondere nicht für die Schaffung eines Palästinenserstaates ein.

TAGES-ANZEIGER

Mai und Juni 1967

Der Tages-Anzeiger erläutert die rechtliche Lage des Abzuges der UNO-Truppen aus dem Sinai und kommt dabei zum Schluss, dass U Thant zwar korrekt, aber nicht diplomatisch gehandelt hat: "Er hätte den ägyptischen Präsidenten Nasser darauf aufmerksam machen können, dass er mutwillig auf den international garantierten Schutzschild gegen einen eventuellen israelischen Angriff verzichte, dass die israelische Regierung bedeutend weniger Hemmungen haben könnte, Panzereinheiten in Richtung Suez-Kanal zu schicken, als wenn sich diese zuerst mit Einheiten der Uno-Truppen herumschlagen müssen." (TA 20.5.67: U Thant blitzschnelles Zögern)

Auch der Tages-Anzeiger hat eine hohe Meinung von der Qualität der israelischen Armee, der ein Angriff auf Aegypten zugetraut wird. Sowohl Aegypten als auch Israel hätten in ihren Reihen "kampfeslustige Subalternoffiziere", die durch den Uno-Puffer bewahrt worden seien, "auf eigene Faust Heldenstreiche zu verüben." (TA 20.5.67: U Thants blitzschnelles Zögern)

Am 26. Mai übernimmt der Tages-Anzeiger einen Leitartikel aus der New York Times (der Tages-Anzeiger war auf der NYT-Artikeldienst abonniert). Diese Beiträge sind eigentlich als Leistungen "Dritter" anzusehen. Da die Artikel auf deutsch übersetzt werden und an der gewohnten Plazierung der Leitartikel im Tages-Anzeiger anzutreffen sind, kann davon ausgegangen werden, dass der Leser auch diese Berichte als Tages-Anzeiger-Eigenleistung einstufen wird. (TA 26.5.67: Die Unrast des Gamal Abdel Nasser. Von James Reston, Washington)

Dass fehlende Vernunft die eigentlich tiefere Ursache der gegenwärtigen Krise sei, wird in einem Kommentar betont: "So einfach ist das nicht. Wenn Politik nur von Vernunft geleitet würde, dann hätten sich wahrscheinlich die Nachbarn des israelischen Staates längst mit dessen Existenz abgefunden, die Regierung in Tel Aviv wäre den arabisch-palästinensischen Minderheiten im eigenen Lande mit assimilierenden Massnahmen entgegengekommen, es gäbe die 'Palästinensische Befreiungsarmee' nicht." Der Tages-Anzeiger greift in diesem Zusammenhang auch die israelische Politik den arabischen

Einwohnern gegenüber an. Leider wird dieser Vorwurf nicht konkretisiert.

Der Tages-Anzeiger vergleicht wenige Tage vor Kriegsausbruch den Krieg in Vietnam mit der Bedrohung Israels: "Was Südvietnam anbetrifft, ist die Vermutung sicher nicht abwegig, die von den USA unterstützte Regierung von Saigon sei, vorsichtig formuliert, nur für eine gewisse Schicht der Bevölkerung repräsentativ. Die GI's kämpfen mit Vietnamesen gegen andere Vietnamesen. Dort ist der Krieg nicht zuletzt (vielleicht sogar vor allem) ein ideologischer Krieg. Ganz anders im Fall von Israel: Seine arabischen Nachbarn sagen geradeheraus, dass sie den 19 jährigen Staat vernichten wollen. Es geht um seine Existenz und nicht bloss darum, ob er eine dem 'American way of life' widersprechende Gesellschaftsordnung bekommen soll oder nicht." (TA 3.6.67: Vietnam gegen Israel?)

Gleichentags erwähnt der Tages-Anzeiger die Aufnahme von "kämpferischen Naturen" ins israelische Kabinett. Ueber den nachmaligen israelischen Ministerpräsidenten, Menahem Begin, schreibt der Tages-Anzeiger: "Begin war vor der Gründung des Staates Israel und während der späteren Kämpfe gegen die arabischen Staaten Kommandant der zionistischen, paramilitärischen, ja terroristischen Untergrundbewegung Irgun Zwai Leumi." (TA 3.6.67) Auch heute klingt dieses "terroristische Bild" bei der Berichterstattung über Begin und seine Politik immer wieder durch.

Im ersten Kommentar nach Kriegsausbruch bespricht der Tages-Anzeiger (wie auch die Neue Zürcher Zeitung) die Stellung Israels: "Israels <u>strategische Lage</u> hat sich in der jüngsten Zeit verschlechtert. Seine <u>moralische Stellung</u> in der Welt ist aber ebenso gut wie 1948 und 1956." (vgl. den Unterschied bezüglich 1956 in der Neuen Zürcher Zeitung) (TA 6.6.67: Ging Israel wirklich in die Falle?)

Den Kriegsausbruch nimmt der Tages-Anzeiger zum Anlass, sich Gedanken über den Leidensweg des jüdischen Volkes zu machen: "Nach der längsten Verbannung, nach Jahrhunderten von Pogromen, Gaskammern und KZ-Krematorien, hat das Volk Israel sein Gelobtes Land wiedergefunden oder besser gesagt, <u>im Schweisse seines Angesichts aus dem Wüstensand gestampft</u>. Aber die Panzer und Kampfflugzeuge der modernen Kanaaniter sind wiederum angetreten, Israel in eine Wüste zu verwandeln. Ein Fluch. Wirklich ein Fluch? Dieses

Wort ist eine Ausrede. Ein Alibi für die Ohnmacht der Menschen, für ihren Aggressionstrieb, für ihre Intoleranz. Es gibt keinen Fluch." (TA 6.6.67: Israel)

Auch am 6. Juni findet man im Tages-Anzeiger eine ganzseitige, informative Chronologie der Ereignisse seit der israelischen Staatsgründung im Jahre 1948.

Der Tages-Anzeiger interessiert sich am Tag nach Kriegsausbruch auch für die Frage, wer den ersten Schuss abgegeben hat: "Ob nun aber der erste Schuss aus einem israelischen oder einem ägyptischen Panzerwagen fiel, ist zur Beurteilung der Schuldfrage gar nicht so ausschlaggebend, denn die eigentlichen Entscheidung ist in dem Augenblick gefallen, als Nasser die Blockade der Strasse von Tiran proklamierte und die Provokation gegen Israel damit auf die Spitze trieb." (TA 6.6.67: Ging Israel wirklich in die Falle?)

In einem Kommentar (im Inlandteil) teilt der Tages-Anzeiger einen Seitenhieb gegen die arabische Sprache und damit die arabische Kultur aus: "Der Titel hätte arabisch sein müssen, und diese Sprache ist mir völlig fremd. Leider. Denn aus verlässlicher Quelle weiss ich, dass das Arabische sich wie kein anderes Idiom zum Fluchen und Schimpfen eignet. Und seit ich wieder, wie in den paar Jahren des Tausendjährigen Reiches, keinen Nachrichtendienst verpasse, läuft mir der Mund über. Aber leider nicht arabisch, sondern schweizerdeutsch."

An derselben Stelle erzählt der Kommentator die Satire des Israeli Kishon, in der dieser auf die Folgen einer israelischen Niederlage im Krieg aufmerksam macht. So wäre nach Kishon auch die Schweiz in einem solchen Falle bereit, sofort 2000 Durchreisevisa zur Verfügung zu stellen. Der Tages-Anzeiger folgert daraus, auch in Erinnerung an die verfehlte schweizerische Flüchtlingspolitik während des Zweiten Weltkrieges: "So Kishon. Mit ihm hoffen wir, dass seine Satire von der verscherzten Sympathie sich niemals in allen Teilen bewahrheiten möge. Auch nicht inbezug auf die 2000 Durchreisevisa." (TA 7.6.67: Ohne Titel)

Am 8.6.67 hat die arabische Niederlage klare Formen angenommen. Der Tages-Anzeiger bewundert das "militärische Bravourstück" Israels, stellt aber auch gleichzeitig die Frage, wie verhindert werden kann, "dass sich nach weiteren elf Jahren die Junitage 1967 wiederholen?" Als vernünftigste Lösung wäre die Bereitschaft der arabischen Länder zu betrachten, "ihren heiligen Krieg zu begraben und Israel als feste, wenn auch leidige Tatsache hinzunehmen." Diese Lösung wird aber sogleich wieder verworfen: "Aber wer wagt ernstlich, im fanatisierten Nahen Osten heute schon auf einen Sieg der Vernunft zu hoffen?"

Der Tages-Anzeiger äussert sich auch zur Frage der Rückgabe der besetzten Gebiete. Man zeigt Verständnis, wenn Israel zu diesem Zeitpunkt noch misstrauisch ist, "..nachdem es in den Tagen vor dem 5. Juni erfahren musste, dass Versprechungen der Westmächte aus dem Jahre 1956 nicht halfen, die Sperre des Golfes von Akaba wieder aufzuheben." Die Folgerung: "Diese Hinweise zeigen, dass zwar der militärische Sieg den Israeli leicht gefallen ist, dass es aber beträchtlich schwerer fallen dürfte, das Angemessene zu tun, um auf diesem Sieg eine Zukunft aufzubauen, die friedlicher und gesicherter ist als die Vergangenheit." (TA 9.6.67: Israel nach dem Sieg)

Sehr differenziert beurteilt der Tages-Anzeiger die Lage in Nahost am ersten Wochenende nach Kriegsausbruch. Zwar wird das Existenzrecht Israels uneingeschränkt anerkannt, die Entstehung des Staates Israel aber als "Schuldbegleichung auf Kosten der Araber" bezeichnet. "Israel, so darf man zugespitzt sagen, ist Teil unseres schlechten Gewissens, und die Araber, wie sehr auch sie in der Folge mitschuldig sind, sind nicht für alles haftbar zu machen... Der jüdische Staat in Palästina ist zuletzt und vor allem das Ergebnis europäischer Schuld, von der wir uns nicht ausnehmen dürfen." Der Tages-Anzeiger wehrt sich gegen eine Demütigung der Araber: "Wem, so ist zu fragen, wäre geholfen, wenn der Antisemitismus, der in der Begeisterung für das tapfere Israel überwunden (oder überdeckt) wurde, sich jetzt, antiarabisch gebärden sollte? Wem ist überhaupt gedient mit 'Anti-Gefühlen', seien sie nun gegen die Juden, die Araber, die Kommunisten, die Italiener oder die Neger gerichtet?"

In den folgenden Zeilen finden wir einen Hinweis auf die Gleichsetzung der Schweiz und Israel, die aber sogleich wieder relativiert wird: "Die Freude über die siegreiche Selbstbehauptung Israels - begreiflich zumal in einem ebenfalls kleinen Lande wie die Schweiz - sollte nicht kurzfristig sein und nach Verdammung der Araber rufen, die nun ohnehin, gewiss selbstverschuldet, schweren Zeiten entgegengehen... Man darf hoffen, dass die Israeli jenes Mass bewahren, das eine friedliche Koexistenz mit den neuerdings gedemütigten Nachbarn auf lange Sicht erleichtert." Von seinen Lesern erwartet der Tages-Anzeiger, dass sie sich überlegen sollten, dass "höher noch als die verwirklichte Utopie Theodor Herzls die leider keineswegs verwirklichte Utopie Lessings zu werten ist: die Vision eines Jerusalem, in dem Christ, Jude und Muselmann um der gemeinsamen Menschlichkeit willen sich versöhnlich die Hand reichen. Dies ist die Stunde Nathans." (TA 10. 6.67: Nahost: Israeli, Araber, der Friede und wir) Der vom Tages-Anzeiger gewählte Aphorimus darf jedoch nicht darüber hinweg täuschen, dass der Kommentator eine Idee, bzw. eine Ideologie (Toleranz und Zionismus) miteinander in Beziehung setzt, bzw. sie gegeneinander ausspielt, die auf ganz verschiedenen Ebenen beheimatet sind.

Am 14. Juni skizziert der Tages-Anzeiger eine Schweizerkarte, in die hinein er eine israelische Landkarte setzt (mit den alten Grenzen). Dem Leser wird damit die schwierige strategische Lage Israels deutlich gemacht.

Der Antrag des Zürcher Stadtrates an das Gemeindeparlament, einen namhaften Betrag (Fr. 100'000.-) für humanitäre Hilfe in Israel zu bewilligen, stösst beim Tages-Anzeiger auf Kritik. Die humanitäre Geste sollte nicht nur auf Israel beschränkt sein: "Es ist zwar durchaus verständlich, dass unsere politischen Sympathien den Israeli gehören. Das darf uns aber nicht verleiten, jetzt leidende arabische Menschen, die zumeist durch jahrelange Propaganda irregeführt wurden, für die politischen Sünden ihrer Führer büssen zu lassen. Humanitäre Hilfe muss allen bedürftigen Menschen zuteil werden, ohne Rücksicht auf Herkunft, Ansehen, Rasse oder Religion... Der Antrag des Stadtrats ist nicht vereinbar mit der Gesinnung, die das Werk Henri Dunants eine Wohltat für die ganze Menschheit werden liess." (TA 14.6.67: Hilfe für Israel oder den Nahen Osten?)

Auch der letzte Kommentar im Juni 1967 ist Jerusalem gewidmet. Wieder wird kritisiert und doch Verständnis gezeigt (vgl. auch die Neue Zürcher Zeitung): "Es hat bewusst den Verlust an Goodwill in Kauf genommen, den diese einseitige Massnahme sowohl bei den Neutralen wie bei den Freunden Israels zur Folge haben muss. Durch die verwaltungsmässige Angliederung der bisher jordanischen Altstadt von Jerusalem an die israelische Neustadt ist ein fait acoompli geschaffen worden, das die umstrittene Frage des künftigen Status der bisher zweigeteilten Stadt in entscheidender Weise präjudiziert... Für die Israeli war die Altstadt von Jerusalem mit der Klagemauer nie einfach ein Faustpfand wie Sinai, Sharm el-Sheikh oder der Gaza-Streifen. Mit ihrer Eroberung war ein zweitausendJahre alter Traum des jüdischen Volkes in Erfüllung gegangen: die Rückgewinnung seiner mythischen Hauptstadt... Aber so sehr man dieses religiös-emotionelle Moment würdigen muss - die Lösung des Nahostkonflikts wird durch das fait accompli der israelischen Regierung zusätzlich erschwert. Und die Israeli sollten vielleicht bedenken, dass es schwer ist, im Kampf allein zu sein, dass es aber noch schwerer ist, als Sieger sehr allein zu sein.." (TA 30.6.67: Jerusalem)

Am 10. Juni veröffentlicht der Tages-Anzeiger auf der Wirtschaftsseite einen Aufruf der Basler National-Zeitung zugunsten israelischer Anleihen (Israel-Bonds): ".. In diesen Tagen flossen bekanntlich Hunderte von Millionen Dollar Fluchtkapital in die Schweiz. Sorgen wir dafür, dass umgekehrt Schweizer Kapital dorthin fliesst, wo es am dringensten benötigt wird." (TA 10.6.67: Israel braucht Kapital)

Den wohl wichtigsten Beitrag im Juni 1967, nicht nur des Tages-Anzeigers, sondern aller untersuchten Zeitungen überhaupt, soll hier wiedergegeben werden. Im Beitrag vom 17. Juni 1967 finden wir Antworten auf Fragen, die uns grundsätzlich interessieren.

"'Die Juden', heisst es (hiess es?),seien raffiniert, raffgierig, geizig und verschlagen. 'Die Araber', heisst es, seien faul, feige, dumm und verschlagen. Israel dagegen, obzwar von Juden bewohnt, ist tapfer, opferbereit und heldenhaft; klein, aber stark und unbeugsam (wie die Schweiz). Etwas, so scheint es, kann da nicht stimmen.

Seit Ungarn 1956 hat uns kein Ereignis mehr so sehr bewegt und aufgewühlt, wie der Ausbruch des Krieges im Nahen Osten.

Am ersten Tag, vielleicht noch am zweiten, waren wir erfüllt von tiefer Sorge um den Weltfrieden, nicht anders als auf dem Höhepunkt der Kuba-Krise im Herbst 1962. Dann jedoch, sehr bald, wich die Sorge dem Stolz und der Freude über die siegreiche Selbstbehauptung Israels. Die Freude war begreiflich; die Sympathie mit dem bedrohten kleinen Land der Juden, das sich aus tödlicher Umklammerung vehemennt befreite, ist verständlich. Der Stolz indessen, von Gefühlen des Triumphs und der Abscheu durchsetzt, muss zu denken geben. 'Haben wir Nasser geschlagen?' fragte ein Leser, und er meinte, es stehe Zaungästen schlecht an, Hetzrufe auszustossen.

In der Tat: die Berichterstattung des grössten Teils der Schweizer Presse über den Krieg im Nahen Osten, die Einstellung der grossen Mehrheit unserer Bevölkerung gegenüber Israelis und Arabern war (und ist) in einem Masse einseitig, dass der Verdacht sich einstellt, hier gehe nicht mehr alles mit rechten Dingen zu. Studenten, um abwägende Betrachtungsweise bemüht, sollte man meinen, verfielen im Eifer der Demonstrationen auf ein Transparent 'Heute Israel - morgen wir?': ein Vergleich und eine Frage, die bei Licht besehen durchaus keinen vernünftigen Sinn ergeben. So einfach sollten wir es uns mit der Identifizierung von Tell und David nicht machen.

Im Nahen Osten wurde geschossen und getötet, und leicht hätte der regionale Krieg zum dritten Weltbrand sich ausweiten können. Da ist, so meine ich, für kaum verholene Begeisterung und offene Schadenfreude kein Platz. Was sich vielmehr aufdrängt, angesichts des ungeheuer komplexen israelisch-arabischen Verhältnisses, ist Nachdenklichkeit und Mitgefühl, und zwar Mitgefühl für alle Opfer der blutigen Auseinandersetzung. Die allzu einseitige Parteinahme für Israel - eine Ueberkompensation ohne wirkliche innere Wandlung? - mag sonst leicht umschlagen in die alte Aversion gegen die Juden - die endlich, wenn wir den grauenhaften Antisemitismus loswerden wollen, zu behandeln wären wie andere Menschen auch.

Mitgefühl für alle Opfer: es kommt nicht darauf an, den israelischen Sieg (der denn doch, wahrhaftig nicht unser Sieg ist) über Gebühr zu feiern. Es kommt darauf an, die Wunden zu heilen, die dieser schreckliche Krieg offenbart und geschlagen hat. Es kommt also vor allem darauf an, tätiges Erbarmen auch mit den Arabern zu beweisen - weil der Konfliktherd im Nahen Osten sich nur entschärfen lässt, wenn dort die gewaltigen wirtschaftlich-sozialen Gegensätze abgebaut werden. Jeder arme, hungernde, unwissende, verhetzte, vertriebene, gedemütigte Araber ist ein Hindernis auf dem Weg zum Frieden. Christlicher Gesinnung sollten solche Zusammenhänge eigentlich nicht verborgen bleiben.

Der Schluss scheint schockierend und ist doch so naheliegend: Indem wir, von antiarabischen Gefühlen gleich weit entfernt wie von antisemitischen, den Arabern auf die richtige Weise beistehen, helfen wir auf die beste Weise auch den Israelis - und uns selbst."

(TA 17.6.67: - und uns selbst)

Teilbild Mai und Juni 1967

Die Geschehnisse im Nahen Osten werden distanziert, aber doch stark wertend betrachtet. Ueberwiegen zu Beginn des Monates Juni bis nach dem Kriegsende die emotionalen, israelfreundlichen Beiträge, ändert sich das Bild, nachdem feststeht, wie umfassend und leicht errungen der israelische Sieg ist. Der Tages-Anzeiger erinnert einerseits daran, wie die Israelis ihr Land aus der Wüste gestampft haben und welches militärische Bravourstück vollbracht wurde, erwartet aber andererseits, dass Israel das Angemessene ergreife und bereit sei, Mass zu bewahren.

Vom Kleinstaat-Bild, welches zwar verwendet wird, distanzieren sich die (verschiedenen) Kommentatoren explicit oder implicit. Auch der Vergleich von "Tell und David" (Analogie zum David-Goliath-Bild) wird als unzulässig erklärt.

Grosse Beachtung wird beim Tages-Anzeiger, wie auch beim Bund und beim Vaterland, dem humanitären Aspekt geschenkt. So fordert der Tages-Anzeigers mehrmals, dass die humanitäre Hilfe an beide Seiten verteilt werden müsse.

Nach Ansicht des Tages-Anzeigers ist die Existenz des Staates Israel, die zwar uneingeschränkt anerkannt wird, nicht zuletzt das Ergebnis europäischer Schuld. Auch die Schweiz könnesich von dieser Schuld nicht ausnehmen. So wird indirekt auch die unrühmliche Flüchtlingspolitik der Schweiz während des Zweiten Weltkrieges in Erinnerung gerufen.

Der Tages-Anzeiger kritisiert die seiner Ansicht nach einseitige Berichterstattung eines grossen Teiles der Schweizer Presse. Aus dieser Behauptung kann wohl geschlossen werden, dass der Tages-Anzeiger seinerseits bemüht ist, die Vorgänge im Nahen Osten sehr differenziert zu kommentieren.

Richtig bemerkt der Tages-Anzeiger, dass die Sympathie der Schweizer Bevölkerung zu Israel nicht identisch sei mit dem Verhältnis den Juden gegenüber. Deshalb warnt er davor, dass eine übersteigerte Anteilnahme an Israel leicht wieder in die alte Aversion den Juden gegenüber umschlagen könnte.

Oktober und November 1973

Der Tages-Anzeiger widmet der Schliessung des Transitlagers in Schönau einen Kommentar. Der Kommentator verwehrt sich gegen einen Vergleich der Schliessung von Schönau mit dem Antisemitismus in Oesterreich: "Oberflächlich liesse sich sagen, die Anklage sei absurd: die Lagerschliessung kam, ohne Mittun der Oeffentlichkeit, innerhalb der Regierung zustande, und für diese steht Bundeskanzler Kreisky - selber Jude. Also." Die Frage wird auch gestellt, ob jedesmal von Antisemitismus gesprochen werden darf, wenn der Staat Israel als solcher kritisiert wird. "Hier von Antisemitismus zu sprechen, ist der schlechteste Dienst, den man Israel und den Juden in aller Welt erweist. Man leistet damit nur dem Entstehen eines neuen anti-jüdischen Rassismus Vorschub. Dieser ist umso primitiver, als immer mehr Juden sich *wirklich nur rassisch* und nicht mehr religiös oder politisch-weltanschaulich unterscheiden lassen. Noch und wohl für die absehbare Zukunft lebt aber ein Mehrfaches an jüdischen Menschen ausserhalb Israels. Diese alle sollen selber entscheiden können, welchem Land ihre Loyalität zuerst oder einzig gehört. Auch wer in guter Meinung glaubt, vor Antisemitismus warnen zu müssen, stempelt all jene Juden zu 'Semiten', die weder für Auslandbürger Israels noch für eine besondere Gattung zwischen den Völkern gehalten werden wollen." (TA 1.10.73: Vorsicht mit "Antisemitismus")

Die Frage nach dem ersten Schuss in dem soeben ausgebrochenen vierten Krieg zwischen Israel und den Arabern ist nach Ansicht des Tages-Anzeigers wieder einmal zweitrangig, da die Situation an sich schon derart explosiv war, "dass gewissermassen Selbstentzündung jeden Tag erfolgen konnte." Auch die "*palästinischen Attentatsbrüderschaften*" heizten mit ihrem Erfolg von Wien (Schliessung des Transitlagers) die Situation an. (Man beachte, diese zu diesem Zeitpunkt nicht sehr schmeichelhafte Beschreibung der Palästinenser, bzw. Palästiner)

Der Tages-Anzeiger stellt die Frage nach einem möglichen Gleichgewicht: "Je nachdem, wie das Kriegsgeschehen sich entwikkelt, würde sich rasch die Frage stellen, ob die Israelis Hand zu einem solchen Gleichgewicht von Prestige und 'Gesicht' böten.

Dass heisst, ob sie in ein 'Ende Feuer' einwilligen würden, bevor ihre Gegenoffensive voll zum Tragen gekommen wäre." (TA 8.10.73: Letzter Nahostkrieg?)

Auch das Verhalten der Weltmächte wird unter die Lupe genommen. Der Tages-Anzeiger rechnet mit einer koordinierten Aktion der USA und der UdSSR: "Das wäre für Nahost die einmalige und echte Chance: dass die beiden Grossen nicht länger Israelis und Araber gegeneinander stellen, sondern dass sie am gleichen Strick ziehen und die semitischen Brüder zum Zusammenleben zwingen."

Einen Tag nach obigem ersten Kommentar zum ausgebrochenen Krieg lässt der Tages-Anzeiger zwei "Dritte" zu Worte kommen. Willy Guggenheim ist der Meinung, dass noch nichts Endgültiges über Israels Kriegsziele ausgesagt werden kann. Um aber die israelischen Kriegsziele verstehen zu wollen, müsse man auch einige Konstanten der israelischen Aussen- und Militärpolitik kennen und in die Analyse miteinbeziehen: "Erklärtes Ziel der Aussenpolitik Jerusalems ist es, in möglichst direkten Verhandlungen mit den arabischen Staaten einen Modus vivendi auszuhandeln. Nach den nicht sehr ermutigenden Erfahrungen mit der Uno und mehr oder weniger 'ehrlichen Maklern' (die ja in erster Linie ihre eigenen politischen Schäfchen im Nahen Osten ins trockene bringen wollen) kann man dies den Israelis kaum verübeln." Die Ansicht, dass man von einem arabischen Verzweiflungsakt sprechen muss, will Guggenheim nicht gelten lassen:

"Nun ist es jedoch mit der so vielzitierten arabischen 'Frustration' so, dass sie nicht im Verhältnis zu vermeintlichem oder echtem erlittenen Unrecht steht, sondern aus der Diskrepanz zwischen irrationalen Wunschträumen (Vernichtung Israels, zumindest als Judenstaat) und der harten Realität erwachsen ist. Zudem - Kriege sind keine Fussballspiele, wo sich die beiden Parteien nach Abpfiff (durch den 'Schiedsrichter' Uno) wieder brav auf die Ausgangslinien zurückziehen. Auch das haben die Araber nach 1967 nicht eingesehen." (TA 9.10.73: Israel: Eine neue Situation vor Augen)

Für Ahmed Huber ist der militärische Aspekt der Auseinandersetzung im Nahen Osten der "am wenigsten bedeutsame". Hingegen spielen sich die "Auseinandersetzung der arabischen Welt mit dem von ihr als weiss-westlicher Fremdkörper empfundenen Staat Israel - genau wie der Kampf der Afrikaner gegen Südafrika und Rhodesien - auf einer psychologisch-kulturellen, einer politischen und ökonomischen" Ebene ab. Mehrmals vergleicht Huber den Kampf der Araber gegen Israel mit dem Aufstand der "Afrikaner gegen die Herrschaft des weissen Mannes". Dass der jüngste Nahostkrieg ausgebrochen ist, scheint für Huber die "logische Folge gewisser Tatsachen seit 1967: der Missachtung sämtlicher Uno-Resolutionen durch Israel, der zunehmenden Isolierung Israels in der Welt und der Reorganisation Arabiens unter 'konservativem' Vorzeichen. Wie auch immer der Krieg ausgeht - drei positive Ergebnisse hat er nach arabischer Ansicht bereits gezeitigt: Erstmals haben arabische Soldaten militärisch gewisse Erfolge erzielt und den Militärmythos Israels lädiert. Erstmals ist eine westliche Solidaritätswelle für Israel ausgeblieben. Erstmals hat die arabische Welt über eine blosse Rhetorik hinausgehende Solidarität bekundet..." (TA 9.10.73: Araber: Siegen trotz Niederlagen)

Im Wochenend-Leitartikel spricht der Tages-Anzeiger von einer "darwinistischen Komponente des Nahostkonflikts", wie sie in diesem Krieg besonders deutlich zum Vorschein kommt, ".. so etwa, wenn man sich in Kairo beglückwünscht, das rassistisch-pauschalierende Vorurteil vom feigen arabischen Soldaten widerlegt und den Mythos der Unbesiegbarkeit der Israelis gebrochen zu haben. Dies zeugt so gut wie bestimmte Aeusserungen aus Jerusalem (Generalstabschef Elazar: 'Wir werden ihnen die Knochen brechen') vom viel grundsätzlicheren Charakter der Auseinandersetzung." An dieser Stelle wird zum ersten Mal der "jüngste Ueberfall" der Araber erwähnt, wenn auch nicht vom Yom-Kippur gesprochen wird. Auch der hohe Preis, den Israel zahlen muss, wird erwähnt: "Auf längere Sicht jedoch wird man sich in Jerusalem angesichts der gewachsenen Kampfkraft arabischer Armeen Gedanken machen über Aufwand und Ertrag: Kann der Staat der Juden einen derart hohen (und bestimmt periodisch wiederkehrenden) Blutzoll sowie die massiven Verluste an teurem Kriegsgerät verkraften? Die Antwort dürfte Israels Neigung zu Präventivschlägen (wie 1967) eher fördern, was den nahöstlichen Krisenherd kaum beruhigen wird." (TA 13.10.73: Die vierte Runde)

Im Inlandteil dieser Ausgabe finden wir einen Kommentar zu einer ad-hoc Umfrage, die von einigen jüdischen Studenten in Zürich durchgeführt wurde. Erfreulich und beruhigend ist nach Ansicht des Kommentators die Feststellung, dass "rund 95 Prozent das Existenzrecht eines israelischen Staates bejahen" in dem Sinne nämlich, "als nicht jede Kritik an israelischer Politik mit Antisemitismus gleichgesetzt werden kann". Dass etwa jeder Dritte eine Spende sowohl an Araber als auch an Juden ausschliessen möchte, lässt auf ein grundsätzliches Nein schliessen, "etwa im Sinne: Genug des

Krieges in Nahost - es sollen endlich beide Seiten zum Verhandlungstisch finden." Der Tages-Anzeiger bedauert, dass bei der Umfrage nicht auch gefragt wurde, "welche Zukunft den altvertriebenen und den sich seit 1967 in den besetzten Gebieten aufhaltenden arabischen Palästinern zugedacht wird."
"Aufhorchen lässt eine offenbar einseitige, engagierte proarabische Haltung von Leuten der jungen Generation. Das mag Einfluss der 'jungen Linken' sein. Es sind aber jene Nachkriegsjahrgänge, bei denen es das einmalig besondere, vom Schuldgefühl einer ganzen Nation geprägte Sympathieverhältnis zu den Juden nicht mehr gibt." (TA 13.10.73: Pro mit Nuancen)

Der USA-Korrespondent des Tages-Anzeigers schreibt am 16. Oktober einen Leitartikel zur Rolle der UNO im Nahostkonflikt: "Aber die Uno - wenigstens in der Generalversammlung und im Sicherheitsrat - ist heute nicht mehr als ein Debattierklub, eine Bühne für nationale Interessen. Gerade im heutigen Nahostkrieg hat sie ihre Hilflosigkeit erneut bewiesen. Sterile und gehässige Rhetorik beherrscht den Sicherheitsrat." Erstmals findet auch im Tages-Anzeiger die Tatsache, dass Israel überfallen wurde, die gebührende Beachtung (auch wenn der Yom-Kippur nicht erwähnt wird): "In der heutigen Debatte hat ausser den Vereinigten Staaten - und Israel natürlich - keine einzige Nation die Feststellung des Uno-Beobachterkorps im Nahen Osten erwähnt, wonach ägyptische und syrische Truppen die Waffenstillstandsgrenzen zuerst überschritten hätten und nicht die israelischen Truppen." (TA 16.10.73: Die Ohnmacht der Uno im Nahostkonflikt)

Das zweite Kriegswochenende steht beim Tages-Anzeiger ganz im Zeichen der sich abzeichnenden Oelkrise. Der Tages-Anzeiger ist die erste Zeitung, die sich damit befasst. Die anderen untersuchten Zeitungen beschäftigen sich mit dem eigentlichen Kriegsgeschehen und den globalpolitischen Folgen; wobei auch nach Ansicht des Tages-Anzeigers die sich anbahnende Erdölkrise globale Dimensionen aufweist: "Ueber dem nahöstlichen Kriegsschauplatz droht eine weitere Eskalation, die dem Konflikt zwischen Israel und seinen arabischen Nachbarn sehr schnell globalpolitische Dimensionen verleihen könnte: Die Erpressung mit der 'Erdölwaffe'." (TA 20.10.73: Erdöl als Waffe)

Der erste Waffenstillstand ist Anlass für den Tages-Anzeiger, eine erste ernüchternde Bilanz zu ziehen: "17 Tage Krieg in Nahost: Tausende von Toten, Materialverluste in der Grössenordnung von Milliarden von Franken, Geländegewinn beider Seiten im Rahmen einiger schäbiger Quadratkilometer, das ist, gemessen am Aufwand, eine makabre Bilanz - zumal der Waffengang keine Entscheidung gebracht hat, die sich nun schnell und eindeutig politisch auszahlen würde. Erwartungen, der Friede sei 'gleich um die Ecke' (wie man sie nach dem erschlagenden israelischen Blitzsieg im Juni 1967 gehegt hatte), werden diesmal kaum aufkommen." (TA 23.10.73: Nahöstliches Drehmoment)

Im Gegensatz zum USA-Korrespondent bricht ein Redaktor des Tages-Anzeigers eine Lanze für das Verhalten der UNO. Der rasche Entscheid, Truppen in den Nahen Osten zu senden, wird begrüsst. Der Kommentator bedauert das Abseitsstehen der Schweiz von der UNO. Während es in verschiedenen Ländern eine Ehre sei, Truppen für die UNO zu stellen, stehe die Schweiz abseits. Die Frage stellt sich jedoch auch, "ob es der Uno in Bälde möglich sei, auch zur sachlichen Lösung beizutragen, damit dieser Krieg wirklich 'der letzte' sei. Das Wort ist von Dayan. Im Schoss der Uno sind seit 1947 Ideen eines Zusammenlebens im palästinischen Raum entwickelt worden. Es geht nicht nur um strategische Grenzen zweier Staaten, sondern um den Platz auch der arabischen Palästiner. Solches meint, wer 'vom Problem an der Wurzel anpacken' spricht, wie dies Bundesrat Graber jüngst in Genf tat." (TA 30.10.73: Frustrierte Zuschauer?) (vgl. dazu auch den Leserbrief von F.L. vom 15.10.73 im Bund)

In einem ersten, von einem Mitglied der Chefredaktion, im November 1973 verfassten Leitartikel zeichnet der Tages-Anzeiger die politische Lage aus der Sicht der USA. Es wird festgehalten, wie erstaunlich handlungsfähig die USA trotz des Watergate-Skandals geblieben sei. (TA 3.11.73: Ehrliche Makler gesucht)

Am 6. November finden sich im Tages-Anzeiger zwei interessante Leserbriefe, die hier erwähnt werden sollen. C.Sch. verwehrt sich gegen die seiner Meinung nach bedenkliche Einseitigkeit der Zeitungen:

"Die von gewissen lautstarken Kreisen gezeigte Einstellung zum Nahost-Geschehen ist in ihrer Einseitigkeit bedenklich. Da werden ausgiebigst israelische Berichte abgedruckt, die arabischen haben sich mit weit weniger Raum zu begnügen. Das Bildmaterial zeigt lachende israelische Soldaten mit intaktem Kriegsmaterial und zerschossene arabische Panzer nebst zuerlumpten Gefangenen, umhegt von israelischen Soldaten. Mit dem Leben im israelischen Hinterland befasst man sich eingehend und teilnahmsvoll, um die arabische Bevölkerung kümmert sich kein Mensch. Die arabischen Erdölmassnahmen werden entweder wutschnaubend als 'Erpressung' gebrandmarkt oder kühl lächelnd als 'Schlag in Wasser' abgetan. In den Zeitungen erscheinen ausschliesslich Zuschriften engagierter Israel-Patrioten, für welche die Geschichte zum vornherein nur als Rechtfertigungsmaterial Bedeutung hat. Unter Beteiligung von Regierungsleuten werden Solidaritätskundgebungen und Fackelzüge veranstaltet. Die Reden, die dort gehalten werden, zeichnen sich durch eine in Anbetracht des Bildungsgrades geradezu empörende Simplifizierung, ja Missachtung von Tatsachen aus."

Tatsächlich stimmen diese Anschuldigungen - zumindest tendenziell - auch mit unseren Beobachtungen der untersuchten Zeitungen überein. Dass der Brief von C.Sch. abgedruckt wird, widerlegt jedoch das Argument der Einseitigkeit, zumindest im Hinblick auf die Veröffentlichung von Leserbriefen im Tages-Anzeiger.

C.Sch. fragt sich, was die seiner Meinung nach bestehende Einseitigkeit in der Berichterstattung eigentlich bezweckt:

"Sich selbst bespiegeln im sorglich aufgebauten Image des arbeitsamen und tapferen kleinen Volkes? (Ein Weltjudentum und eine Supermacht USA hatte David seinerzeit nicht im Rücken) Die Israelis und damit sich selber leuchtend von den finsteren, unwissenden, arbeitsscheuen, hinterhältigen und feigen Arabern abheben? Oder will man etwa Militärpropaganda treiben? Als ob die aussenpolitische Situation Israels in dieser Hinsicht mit der unseren vergleichbar wäre! Will man die Atomkraftwerke der Gunst des Publikums empfehlen? Oder gar den unerhörten chilenischen Skandal tunlichst mit grossem Israelgetöse zudecken?"

C.Sch. Aeusserungen enden in einer Betrachtung des Neutralitätsgedankens:

"Wir geniessen die Vorteile der politischen Neutralität, nicht ohne fein säuberlich den Unterschied zur Gesinnungsneutralität herausgearbeitet zu haben. Wenn aber politische Neutralität nicht nur eine profitable Farce sein soll, in deren Schatten man ungestraft unkontrollierten Emotionen oder gar zweckdienlicher politischer Hetze freien Lauf lassen darf, dann sollte wenigstens das Bemühen sichtbar werden, auch jener Partei, der man ablehnend gegenüberstehen zu müssen glaubt, ein Mindestmass an Gerechtigkeit widerfahren zu lassen. Der arabisch-israelische Konflikt ist wahrhaftig tragisch, weil es keine befriedigende Lösung gibt, nachdem man den in Palästina eingedrungenen Juden die Früchte ihrer Arbeit auch nicht einfach absprechen kann. Die Einstellung der hier anvisierten Kreise stellt indessen das Gegenteil eines Beitrages zu einer Lösung dar und ist für ein neutrales Land beschämend."
(TA 6.11.73: Bedenkliche Einseitigkeit, C.Sch.)

Der Tages-Anzeiger bemüht sich um Ausgewogenheit. Dies lässt sich an einem Nachsatz zu einem Leserbrief belegen. Einseitigkeit wird dem Tages-Anzeiger von M.K. vorgeworfen:

"Neutralismus und proarabische Haltung schliessen sich leider keineswegs aus, im Gegenteil: Neutralismus in der Art der seit 1967 verfolgten Linie Ihrer Zeitung ist proarabisch, genauso wie etwa das scheinheilige englische Embargo oder das De-Gaulle-Embargo unseligen Angedenkens, das nur Israel traf, aber perfekt 'neutral' war.
Sie werden einwenden: 'Ideologieverdacht'.Ich hab mal Soziologie etwas studiert, mir scheint der Terminus fehl am Platz. Sie verlangten und verlangen noch heute Rückzug auf die Grenzen von 1967, also eine Art Suizid Israels, militärisch gesehen..
Warum nur haben Europas Intellektuelle ein so beschämend kurzes Gedächtnis? Die Araber wollen nun einmal diesen Staat Israel vernichten. Es geht nicht um die Grenzen, sondern um dasselbe Land. Die Palästiner wollen zurück nicht nur nach Hebron, sondern nach Jerusalem, Tel Aviv bzw. Jaffa und Haifa. Und da ist für Neutralismus kein Platz mehr, da ist Neutralismus nur gefährlichste Verschleierung, gefährlicher noch als irgendein arabischer Schleiertanz. Bomben werden platzen, auch in Europa, auch in der Schweiz." (TA 10.11.73: Sie wollen Israel vernichten, M.K.)

Der Nachsatz der Redaktion: "Soweit die Ausland-Redaktion des TA in dieser Frage kommentierend Stellung bezog, bemühte sie sich um gerechte Abwägung aller verflochtenen Lokalinteressen. Diese schliessen sowohl die Rückgabe besetzter Gebiete als auch das garantierte Existenzrecht Israels ein. Red."

Erwähnenswert ist auch der Leserbrief von K.S., der seinen militärischen Grad (Korporal) seinem Namen voranstellt. K.S. wehrt sich entschieden gegen der Vergleich zwischen der israelischen und der Schweizer Armee:

"Als Unteroffizier verfolge ich immer mit Interesse die jeweiligen Mannöverberichte unserer Armee. Der letzte Bericht über 'Realistische Raumverteidigung am Rhein' zwingt mich, zur Feder zu greifen.
Wie sich die Herren Stabschef Oberstlt Däniker bzw. Rgt Kdt Gamper dazu äussern, spottet wohl jeder Beschreibung. Die Uebung mit dem Einsatz der Israelis am Suezkanal zu vergleichen, entbehrt jeglicher realistische Grundlage:

1. Hatte unsere Truppe je unter konzentriertem Artilleriefeuer eine Stellung zu errichten?
2. Musste je zuerst der Angreifer hinausgeworfen werden?
3. Hatte unsere Truppe schon je einmal unter Raketenangriffen zu arbeiten?
4. Welcher Unterschied der Bodenbeschaffenheit besteht wohl, in bezug auf abgestützte Keller, zwischen der Sinai-Sandwüste und den Irchelhöhen?
5. Konnten sich die Israelis wohl auch in gut eingerichteten Kantinen erfrischen?
6. Hatten die Israelis wohl auch Wald und Scheunen zur Verfügung, um ihre Fahrzeuge gegen Flieger zu decken?..." (TA 6.11.73: Ich sehe viele Unterschiede, Kpl K.S.)

Während die anderen untersuchten Zeitungen die EG-Resolution kritisieren, beglückwünscht der Tages-Anzeiger das Eintreten der EG für die Schaffung eines palästinensischen Staates: "Damit spricht Brüssel eine politische Sprache. Hinter ihr steht nicht die Armseligkeit der seit 25 Jahren aus Uno-Löffeln lebenden Vertriebenen, sondern die Vision eines palästinensisch-arabischen Staatsgebildes an Israels Seite. Es ist an eine Schöpfung auf dem Boden Cisjordaniens und des Gaza-Streifens zu denken. Solcherlei habe die Sowjetunion den palästinischen Widerstandsorganisationen (man beachte: Widerstandsorganisationen und nicht mehr Attentatsbrüderschaften! J.S.) mundgerecht zu machen vermocht, berichtet der Gewährsmann des 'Monde'.Ein ähnliches Konzept wird den USA zugeschrieben."

Immerhin haben die europäischen Staaten Israel gegenüber immer noch eine besondere Verantwortung: "Den Vorwurf, die westlichen Regierungen hätten sich den Oel-Pressionen der Araber gebeugt, wird man nicht leichtnehmen dürfen. Denn noch immer stehen wir unter dem Zeichen des ganz besonderen Verhältnisses zu Israel, in das man nach dem Bewusstwerden der Vernichtung von sechs Millionen jüdischer Menschen getreten ist. Jenes unfassbar Schreckliche war nicht nur des Adolf Hitler und seiner Leute persönliche Tat; in ihr kumulierten Jahrhunderte abendländischen Religionshasses. Wie sehr aber die moralische Israel-Garantie der Europäer mit dem Wechsel der Generationen abnimmt, war schon seit langem zu erspüren. Und dass es allzuoft ein Uebelwollen gegenüber den Arabern als Begleiterscheinung gab, war ebenso unnötig wie bedauerlich." (TA 7.11.73: Brüssel sprach von Palästina)

Wir sollten den Arabern dankbar sein - das ist der Grundtenor eines Kommentars am darauffolgenden Tag. Dankbar dafür, dass sie uns "heute handfest daran erinnern, dass wir dank billigem arabischem Oel während Jahren einem übertriebenen Wachstumsdenken gehuldigt haben.. dass sie - freilich unfreiwillig - jene 'Rufer in Westeuropas Wüste' tatkräftig unterstützten, die schon lange vor einer Energiekrise gewarnt haben, ... usw." Trotz dieser Dankbarkeit, und sie scheint nicht ironisch gemeint zu sein, gelte es einen Mittelweg in der Beurteilung der arabischen Erdölwaffe zu finden: "Nötig ist weder das eine noch das andere: Repressalien würden nur zu einer Verhärtung der Fronten führen und könnten auch für die westlichen Industrieländer wirtschaftlich verhängnisvoll sein; kriecherische Devotheit den Arabern gegenüber dagegen würde die Existenz Israels aufs schwerste gefährden." (TA 10.11.73: Dank an die Araber)

Der Wochenend-Leitartikel steht ganz im Zeichen der Oelkrise, die jetzt ihre Form anzunehmen beginnt. Der Tages-Anzeiger verwehrt sich gegen einen Vergleich der Anwendung der Oelwaffe mit einem "späten Sieg des Propheten und seiner Scharen über die 'Ungläubigen'". Aber auch einen Vergleich der Oelwaffe mit den Methoden der Nazis lehntder Tages-Anzeiger, sicher zu Recht, ab: "Doch ist derlei masslos überzogen wie die Parallele, die der frühere französische Minister Daniel Mayer zu Eichmann zieht. So wie damals 1944 der Judenschlächter kriegswichtige Lastwagen und Kaffee für die Bonzen gegen jüdische Menschenleben einzuhandeln gedachte, erkaufe Europa heute seine Oelsicherheit mit der Auslieferung des Staates der drei Millionen Juden an die arabische Uebermacht." (Europa untern Oelteppich, TA 10.11.73)

Im abschliessenden Leitartikel im Monat November kommt die Rede u.a. auch auf die geplante Genfer Friedenskonferenz. In diesem Zusammenhange vertritt der Tages-Anzeiger die Ansicht, dass die Araber von der Schweiz keine Lippenbekenntnisse erwarten: "Denn für den Gastgeber der geplanten Friedenskonferenz, der seine Neutralität bereits mit dem Austausch der Kriegsgefangenen (der die Eidgenossenschaft rund zwei Millionen Franken kostete) bewiesen hat, wäre dies nach allen internationalen Usanzen kaum angezeigt. An kritischem Ueberdenken unserer Ignoranz in Sachen Arabien sollte uns dies allerdings nicht hindern. Der Stillhaltebeschluss von Algier verschafft uns diese Denkpause." (TA 29.11.73: Denkpause im Oelkrieg)

Teilbild Oktober und November 1973

Der Tages-Anzeiger vertritt die Auffassung, dass Kritik an Israel legitim und nicht als antisemitische Aeusserungen aufzufassen sei. Auch bemüht sich der Tages-Anzeiger, die Anliegen der Palästinenser zu vertreten. DieseBemühungen werden vornehmlich von Redaktor Wild, der 1973 zum Tages-Anzeiger gestossen ist, vorgenommen und dauern bis heute an. Als erste untersuchte Zeitung setzt sich der Tages-Anzeiger im November 1973 für die Errichtung eines palästinensischen Staates ein. Von Israel hingegen wird Zurückhaltung und Masshalten erwartet, obwohl es von den Arabern überfallen wurde (vgl. Teilbild des Tages-Anzeigers 1967).

Als einzige Zeitung setzt sich der Tages-Anzeiger mit der sich abzeichnenden Oelkrise auseinander. Auch das Verhalten der UNO wird teils positiv, teils negativ, nur im Tages-Anzeiger ausführlich behandelt. Der Tages-Anzeiger versucht, die Beweggründe und den Sinn des Einsatzes der Oelwaffe durch die Araber zu verstehen oder zumindest Verständnis aufzubringen. Ein solches Verständnis hindert aber den Tages-Anzeiger nicht zu erkennen, dass eine "kriecherische Devotheit" vor den Arabern die Existenz Israels gefährden würde.

Verschiedene Leserbriefe nehmen zur Frage der Ausgewogenheit, bzw. Einseitigkeit Stellung. Ein Leser wirft dem Tages-Anzeiger seine (angebliche) Araber-Freundlichkeit vor. In einer redaktionellen Replik betont der Tages-Anzeiger seine Bemühungen um Ausgewogenheit. Ein Leser äussert sich zum Verhältnis der Schweiz und Israel und wirft genau die Fragen auf, die die Sinnlosigkeit gewisser Analogieschlüsse aufdeckt:

- Sich selbst bespiegeln im sorglich aufgebauten Image des arbeitsamen und tapferen kleinen Volkes?
- Will man Militärpropaganda treiben?
- Als ob die aussenpolitische Situation Israels in dieser Hinsicht irgendwie mit der unseren vergleichbar wäre!

Auch ist der Tages-Anzeiger die einzige Zeitung, die Vertretern der betroffenen Gruppen (Juden in der Schweiz, Sympathisanten der Araber) das Wort erteilt.

Januar bis März 1977

Der Tages-Anzeiger ist die einzige Zeitung, die den Fall Abu Daud nicht kommentiert. Immerhin finden wir einige Leserbriefe, die sich damit auseinandersetzen und ihrer Empörung über die Freilassung Luft geben. (TA 20.1.77: Ist die Freilassung Abu Dauds friedensfördernd?)

Kommentarwürdig ist jedoch die 75-Jahr-Feier des KKL, des Jüdischen Nationalfonds in Basel, ein Ereignis, welches sonst nirgends Erwähnung findet. Da der Anlass in Basel durchgeführt würde, erstaunt das Interesse umso mehr. Der Ausland-Redaktor schreibt einen Bericht, den er dann anschliessend auch kommentiert. Dieses Vorgehen finden wir nur beim Tages-Anzeiger. Immerhin ist das Postulat der Trennung von Nachricht und Meinung dadurch gewährleistet, dass der Kommentar im Kursiv-Druck geschrieben wird.

Nicht unkritisch lässt sich nach Meinung des Tages-Anzeigers der Landerwerb betrachten:

"In schweizerischem Wortgebrauch müsste man das alte Pionierphänomen des jüdischen Landerwerbs als 'Aufkauf der Heimat' bezeichnen. Die Ereignisse und Diskussionen des vergangenen Jahres um die gezielte Siedlungspolitik im besetzten Westjordanland und in Israel bisherigen arabischen Siedlungszentren lassen freilich die frühere Idylle von dem Erwerb Tausender Hektaren Einöde und Moor nicht unkritisch betrachten. Wenn es gewiss stimmt, dass das Land zumeist abwesenden Grossgrundbesitzern (z.B. in Beirut sitzenden Christen) abgekauft wurde, war doch vielfach arabische Pachtbevölkerung vorhanden. Doch dürfte ein kommender Nahostfriede das meiste, was die Israelis dem Boden und mit Geld den Arabern abgerungen haben, sanktionieren. Dann werden auch ihre bodenrechtliche Originalität und ihre Modelle systematischer Bewässerung, landwirtschaftlicher Erschliessung und Aufforstung mit unpolitischen Augen gesehen werden. Israel betrachtet sich selber als Modell für viele Entwicklungsländer. Man erinnert sich der Zeit, da auch in Europa Israels Image ein vorwiegend gesellschaftspolitisches, um nicht zu sagen sozialistisches war."(TA 10.1.77: Der KKL feierte 75 Jahre jüdischen Bodenerwerbs)

Den knappen Sieg Rabins über Peres im internen Ausscheidungsrennen der Arbeiterpartei nimmt der Tages-Anzeiger zum Anlass, dem Wunsche Ausdruck zu geben, dass Israel endlich eines überragenden Staatsmannes bedürfte (und dieser sei wohl nicht Rabin): "Trotzdem bedürfte der Judenstaat nun der überragenden moralischen Führergestalt, welche dem Volk klarmacht, dass es besetztes Land herzugeben habe - vieles, vielleicht alles seit 1967 verwaltete und praktisch einverleibte. Das verlangen nicht nur die Araber, sondern, auch die übrige Welt." (Tages-Anzeiger 25.2.77: Rabins halber Sieg)

Am Beispiel der Tages-Anzeiger-Berichterstattung lässt sich anschaulich aufzeigen, wie derselbe Auslandkorrespondent seine Meinung innerhalb kurzer Zeit ändern kann. Der Tages-Anzeiger berichtet am 28. Februar von der Annäherung zwischen dem jordanischen König Hussein und dem PLO-Chef Arafat. Aus dieser Annäherung sollte auch Israel seine Konsequenzen ziehen:

"Noch nie zuvor sind im Nahostkonflikt so vielen arabischen Worten soviel arabische politische Taten gefolgt. Noch nie zuvor fiel es Israel so schwer, die Welt von der arabischen 'Terror- und Vernichtungstherapie' zu überzeugen. Deutlicher denn je wird uns allen vor Augen geführt, dass der Nahe Osten nicht zur Ruhe kommen wird, wenn wir zuwarten, bis Israel sich 'sicher' fühlt. Bis dieser Staat seine historisch durchaus legitimen Verfolgungsängste und hitlerische Traumata endlich bewältigt hat." (TA 28.2.77: Warten, bis Israel sich sicher fühlt?)

Nach Abschluss des 13. Nationalkongresses der Palästinensischen Befreiungsorganisation muss der Tages-Anzeiger(-Korrespondent) seine Meinung revidieren:

"Was gut für Arafat ist, ist indes nicht gut für den Nahen Osten. Wer von der PLO den Durchbruch zum Nahostfrieden erhoffte, der hat auf eine Fata Morgana gewartet, der harrte vergebens. Politische Wunder auf dem Boden des schwergeprüften Heiligen Landes kann nur der auserwählte Amerikaner Jimmy Carter vollbringen." (TA 12.3.77: Nahosthoffnungen waren eine Fata Morgana)

Zum Abschluss sei noch auf einen Bericht vom 28. Februar hingewiesen. Darin wird von den israelischen Sicherheitsbeamten berichtet, die auf dem Flughafen Kloten (Zürich) für die Passagiere der israelischen Fluglinie El-Al besondere Sicherheitsvorkehrungen treffen. Dabei wird auch auf die besonderen rechtlichen Probleme dieser Tätigkeit von ausländischen Sicherheitskräften auf schweizerischem Territorium hingewiesen. In der Praxis scheint sich die Zusammenarbeit der kantonalen Polizei und der Israelis bewährt zu haben: "Den Israel-Agenten traut der Flugplatz-Polizeichef Kompetenz zu: 'Einige von ihnen haben im Gegensatz zu schweizerischen Beamten auch schon Ernstfallerfahrung; über solche Leute könnte man einmal froh sein.'" (TA 28.2.77: Flughafenwache - doppelt genäht"

Teilbild Januar bis März 1977

Ein Beitrag des Tages-Anzeigers in dieser Periode gibt Auskunft über das Israel-Bild in der Vergangenheit, Gegenwart und Zukunft.

Vergangenheit:

- Kritik am Erwerb arabischen Bodens durch die jüdischen Siedler vor der israelischen Staatsgründung. Der Erwerb war nach Ansicht des Tages-Anzeigers rechtlich einwandfrei, moralisch jedoch diskutabel.
- Betonung des gesellschaftspolitischen, bzw. sozialistischen Image Israels in Europa.

Gegenwart:

- Kritik an der israelischen Besiedelung der besetzten Gebiete (welche nach Ansicht des Tages-Anzeigers praktisch einverleibt worden sind)

Zukunft:

- mit unpolitischen Augen werden die landwirtschaftlichen Leistungen Israels (nach einem zukünftigen Frieden) wieder betrachtet werden können.

An anderer Stelle wird die Rückgabe der besetzten Gebiete an die Araber gefordert. Dazu bedarf es nach Ansicht des Tages-Anzeigers einer überragenden moralischen Führergestalt, die zu einem solchen Schritte bereit wäre. Der Tages-Anzeiger macht eine Anspielung auf den knappen Ausgang der Wahl eines Präsidentschaftskandidaten der israelischen Arbeiterpartei, die nur sehr knapp zugunsten Rabins ausfiel.

Oktober bis Dezember 1977

Der Tages-Anzeiger kritisiert die israelische Stellungnahme zur sowjetisch-amerikanischen Nahost-Erklärung:

"Die Doppelfrage, die nun jeder Beobachter für sich zu beantworten hat, lautet: Wollen die USA Israel wirklich eines faulen Friedens willen fallenlassen? Oder sind es die Israelis, die sich gegen eine Lösung stemmen, die auch den palästinischen Nachbarn ein Leben in Freiheit und Würde gäbe? Die Beantwortung ist auch hierzulande mit Emotionen beladen. Tatsache ist jedoch, dass Israel seit Begins Amtsantritt offen Kurs auf dauerndes Behalten des 1967 eroberten Gebiets (Westjordanland, Gaza, Golan) nimmt. Und dass es das Entstehen eines palästinischen Nebenstaats verhindern will. Die Palästiner ihrerseits haben sich noch nicht bereitgefunden, überzeugend zu erklären, dass sie die Fortdauer des Staates Israel in seiner nationalen, zionistischen Struktur auch in den 1967-er-Grenzen hinnehmen würden."

Die Erklärung an und für sich wird vom Tages-Anzeiger positiv bewertet:

"Was jetzt die amerikanisch-sowjetische Erklärung bringt, darf als Umriss einer solchen als rechtens und realisierbar zu bezeichnende Lösung gelten. Wenigstens in den grossen Zügen. Die Schwierigkeiten werden ohnehin im Detail beginnen. Man denke an Jerusalem, das im Text gar nicht vorkommt. Dabei nimmt sich die Frage der vormals getrennten Stadt wie die Quadratur des Konflikts im kleinen aus. Und doch zeigt sich gerade dort wenigstens im Alltäglichen, dass Juden und arabische Palästiner zusammenleben können." (TA 3.10.77: Ist es die Stunde des Diktats?)

Ein Leitartikel des Israel-Korrespondenten des Tages-Anzeigers geht auf die israelische Haltung zur Wiedereinberufung der Genfer Konferenz ein. Der Tages-Anzeiger zeigt dabei auf, dass Israel nicht bereit ist, eine palästinische Heimstatt zu akzeptieren; immerhin jedoch Vertreter aus dem Westjordanland im Rahmen einer gesamtarabischen Delegation zu den Verhandlungen zuzulassen. (TA 13.10.77: Israel kann auf arabische Antwort warten)

Mehr als zwei Wochen später untersucht der Tages-Anzeiger vor allem die Haltung der USA in den jüngsten Entwicklungen im Nahen Osten. Dabei wird besonders die Zickzackhaltung Jimmy Carters angeprangert: "...einerseits die amerikanisch-sowjetische Nahosterklärung vom 30. September, andererseits - bloss 72 Stunden später aber auch 7268 Protesttelegramme an den Präsidenten und Hunderte von Aufschreitelefonaten der jüdischen Lobby - das sogenannte amerikanisch-israelische Arbeitspapier.." Aber auch die Haltung Israels wird kritisiert: "Treten an Ort. Jede Seite schiebt das Nein der anderen vor, um nicht selber ja sagen zu müssen. Arabische PLO- und Palästinapostulate lassen sich mit israelischen Frieden- und territorial verkrampften Sicherheitsvorstellungen nicht in Einklang bringen. In Jerusalem schliesst sich das politische Establishment zu einer grossen Schutz- und Trutzkoalition zusammen." Gleichzeitig wird auch schon ein Rückblick auf das Jahr 1977 gezogen, zu einem Zeitpunkt, als der Besuch Sadats in Israel noch völlig unvoraussehbar war: "Es war ein 'Jahr der Diskussion', wie es Jimmy Carter für den Nahen Osten angekündigt hatte. Es war zugleich ein Jahr nahostpolitischer Konfusion. Kein heisses Nahosteisen blieb unberührt." (TA 29.10.77: Nahost: Verwirrung mit Mehtode)

Auch im Hinblick darauf, dass der Besuch Sadats völlig überraschend kam, gewinnt der erste Leitartikel des Tages-Anzeigers im November 1977 an Bedeutung. Dieser ist vom Tages-Anzeiger-Korrespondent in Kairo verfasst und behandelt die schwierige Situation, in der sich Sadat befindet. Vor allem die wirtschaftliche Misere des Landes bereitet grosse Schwierigkeiten. Aber auch die innenpolitische Opposition von rechts und links bildet eine Gefahr für Sadat. Einzig die Armee steht zurzeit noch geschlossen hinter Sadat. Der Tages-Anzeiger folgert aus diesen Tatsachen:

"Trotzdem hängt die wirtschaftliche und politische Zukunft Aegyptens und damit die Zukunft Sadats heute weitgehend von den Fortschritten einer Nahost-Friedensregelung ab, auf deren politische Lösung Sadat alle Karten gesetzt hat. Sollte diese Karte nicht stechen, müsste die latente Gefährdung des Sadats-Regimes zwangsläufig in eine aktuelle Bedrohung umschlagen." (TA 7.11.77: Sadat ist gefährdet, aber nicht unmittelbar bedroht)

Im Lichte obiger Zeilen findet auch der an und für sich unerwartete Besuch Sadats in Israel eine Erklärung. Im ersten Kommentar nach der Ankündigung Sadats, nach Jerusalem zu reisen, wird jedoch nicht versucht, eine rationale Erklärung für Sadats Vorgehen zu finden. Der Tages-Anzeiger spricht von einem "Drehbuch pazifistischer Science-fiction", aus dem der Austausch von Freundlichkeiten zwischen Sadat und Begin stammen könnte. Der Vorschlag Sadats, amerikanische Professoren palästinensischer Herkunft an die Genfer Konferenz zu rufen, findet die Zustimmung des Tages-Anzeigers: "Diese Lösung trüge einerseits Israel striktem Nein zur PLO Rechnung, dokumentiert aber vor aller Welt folgendes: Die Palästinenser sind nicht nur die in Jordanien und im Libanon aufs

Blut geschlagene Leute um Arafat, es sind nicht die Millionen derzeit Besetzter; nein, es sind auch die Tausende von Emigranten, die als Aerzte und Wissenschaftler aller Sparten in Amerika und der übrigen westlichen Welt leben." Auch der Fall eines Nicht-Zustandekommens eines Treffens wird schon behandelt und "die grosse Geste" Sadats gewürdigt (vgl. 19.11.77: Titel der NZZ: Präsidents Sadats grosse Geste):

"Ganz umsonst wäre sein Vorstoss nicht gewesen. Auch wenn der Bruderkuss zwischen Begin und Sadat nicht zustande kommt, hat doch dessen blosse Möglichkeit Bilder einer Versöhnung geweckt, die nicht einmal ein neuer Krieg ganz zu löschen vermöchte. Was immer für das Zusammenleben von Arabern und Israelis an Konferenzen und Verhandlungen versucht werden wird, ist künftig an dem zu messen, was jetzt in Sadats und Begins Sternstunde zum Greifen nahe gekommen ist." (TA 14.11.77: Pazifistische Science-fiction)

Der Leitartikel des Tages-Anzeigers am Wochenende des Sadats-Besuches ist im Zusammenhang mit einer Karrikatur zu sehen. Sadat wird als Seiltänzer gezeichnet, der versucht, auf einem wackligen Seil zu Begin zu gelangen. Dieser Vorgang wird vom Karrikaturisten als "Sadatmasochistische Glanznummer" bezeichnet. Einen ähnlichen Tenor schlägt der Tages-Anzeiger-Korrespondent in Kairo an, der seinen Leitartikel wie folgt betitelt: Sadat riskiert seinen Kopf. Im Text selber geht der Tages-Anzeiger auf den eigentlichen (zumindest vordergründigen) Grund für diesen ausserodentlichen Schritt ein. Es geht darum, ähnlich wie bei den früheren Treffen zwischen Brandt und Stoph (BRD und DDR) in Erfurt und Nixon und Mao Tsetung in Peking, "im jahrelangen Propagandakrieg erstarrte Fronten aufzubrechen, verzerrte Feindbilder abzubauen und einen neuen Beginn zu setzen."

"Genau das will auch Sadat erreichen, wenn er am heutigen Samstag zu seinem Besuch in Jerusalem eintrifft, in der Stadt, die gläubigen Muslimen genauso heilig ist wie Juden und Christen. Bei allem politischen Kalkül, das hinter seiner Bereitschaft steht, nach Jerusalem zu gehen und vor dem israelischen Parlament seine Auffassung von einer Lösung des Nahostkonfliktes zu vertreten, zu erläutern und zu diskutieren, ist für Sadat das psychologische Moment eines solchen Auftritts offenbar noch viel wichtiger..
Es besteht kein Zweifel: Für Sadat, der den Frieden nicht nur will, sondern auch dringend braucht, wenn sein Land aus der Wirtschaftsmisere endlich herauskommen soll, ist die Reise nach Jerusalem ein Vabanquespiel mit höchstem Einsatz."

Das ominöse Wort von der Intransigenz taucht auch beim Tages-Anzeiger auf. Dabei wird ein Erfolg oder Misserfolg Sadats von der israelischen Haltung abhängig gemacht. Begin wird dabei nicht explicit genannt:

"Ob sein Alleingang in die Heilige Stadt, die für Sadat gleichzeitig die Höhle des Löwen ist, ein Erfolg oder Misserfolg werden wird, hängt jetzt weitgehend von den Israelis ab: davon, ob sie Sadats mutigen und für ihn gefährlichen Schritt nach vorn mit vergleichbarem Mut beantworten, der eine Abkehr von politischer Intransigenz erfordert. Es liegt jetzt in der Macht der Israelis, Sadat ins offene Messer laufen zu lassen, wenn sie ihn mit gesteuerten Indiskretionen kompromittieren oder seinen Besuch propagandistisch zum Canossagang umfunktionieren sollten. Sie würden sich selbst einen schlechten Dienst erweisen und brächten Sadat - nicht nur politisch - in Lebensgefahr." (TA 19.11.77: Sadat riskiert seinen Kopf)

Als einzige der vier untersuchten Zeitungen hat der Tages-Anzeiger einen Auslandredaktor zur direkten Berichterstattung nach Israel geschickt. So kann der Tages-Anzeiger die Ereignisse in Israel am Montag, dem 21. November, aus unmittelbarer Nähe kommentieren. Die Tatsache, dass Sadat die Gedenkstätte für die ermordeten Juden in Jerusalem besucht hat, wird vom Tages-Anzeiger lobend erwähnt:

"Erst recht mit dem Besuch der Gedenkstätte für die sechs Millionen ermordeten europäischen Juden hat Aegyptens Präsident auch das getan, was die israelischen Gastgeber nur zu wünschen, aber nicht zu erwarten wagten: die Anerkennung der tiefsten Ursache jüdischer Rückkehr ins Heilige Land. Wer schon erfahren hat, mit welcher Indifferenz Araber den Judenmord als europäische Vergangenheit abtun können, und wer weiss, welcher Art die Rechnung ist, welche die Israelis irgendwo im Tiefsten befürchten, der misst die Grösse von Sadats Tat. Durch ihn bekundet nun Aegypten, wo die Hälfte der Araber leben, dass die Juden ein Recht haben, als Staat in deren Mitte zu existieren. Damit ist der Augenblick gekommen, da dieses Israel seinerseits über alles mit sich reden lassen muss."

Auch Begin wird aufgefordert, einen Beitrag zu leisten:

"Was auch immer hinter Sadats Gang nach Jerusalem stehen mochte - innerägyptische Schwierigkeiten, ja Verzweiflung -, Begin kann es sich nicht leisten, Sadat mit Kleinigkeiten abzuspeisen. In Israel gewinnt man den klaren Eindruck, dass eine Mehrheit zum Tausch 'Friede gegen Herausgabe auch der besetzten palästinischen Gebiete' bereit wäre. Rede und Antwort in der Knesset können bedeuten, dass Palästina die Heimat auch des arabischen Brudervolkes wird." (Man beachte wieder die missverständliche Bezeichnung Palästina für Israel!) (TA 21.11.77: "Freut euch heute, denkt später")

Einen Tag später ist nochmals die Rede vom Besuch Sadats. Diesmal ist es wieder der Israel-Korrespondent, der einen Kommentar abgibt. Die wichtigsten Ergebnisse werden noch einmal aufgezählt. Da ist die Rede von der gegenseitigen Uebereinkunft, den Konflikt "künftig durch Gespräche zu lösen und nicht mehr mit kriegerischen Mitteln". Beide Seiten müssen zudem zur Flexibilität

verpflichtet werden, um die Kontakte weiterführen zu können:
"In Begins Rede vor der Knesset war von solcher Flexibiliät wenig zu spüren, doch scheint er Sadat gegenüber immerhin eine gewisse Konzessionsbereitschaft angedeutet zu haben - worauf sie sich erstrekken soll, ist allerdings bisher geheim geblieben. Von dem Gast aus Aegypten wurde gegenüber Israel immerhin Verständnis für sein Sicherheitsbedürfnis gezeigt." Und damit kommt der Kommentator zum Kern seiner Erläuterungen:
"Und der ganze Besuch sollte ja im Grunde dazu dienen, den Israelis ihre Angst vor den Arabern zu nehmen - eine Angst, die darauf hinausläuft, dass die Araber nach einem Rückzug Israels auf die alten Demarkationslinien ihre Friedensverträge brechen und den Judenstaat erneut angreifen könnten. Dies ist die psychologische Barriere, die der ägyptische Präsident mit seiner überraschenden Visite beseitigen wollte. Natürlich konnte er seinen Besuch nur einem starken, nationalistischen Regierungschef in Israel abstatten: Seine Rechnung geht dahin, dass nur ein starker Mann - wie Ben Gurion im Jahr 1956 - seinem Volk die Notwendigkeit zu einem Rückzug klarmachen kann." (TA 22.11.77: Ein anspruchsvolles Ergebnis)

Erstmals erfährt der israelische Ministerpräsident Begin durch einen Kommentator ein indirektes Lob. Sein nationalistisches Auftreten könnte nach Ansicht des Tages-Anzeigers also einen wesentlichen Beitrag zu den Friedensentwicklungen darstellen.

Wieder anders tönt es wenige Tage später im Leitartikel des zuständigen Tages-Anzeiger-Auslandredaktor (der soeben aus Israel zurückgekehrt ist). Begin wird da (ironisch) als "sendungsbewusster Staatsmann" beschrieben, "der die bleibende Aufrundung zu den alten, biblischen Grenzen versprach." An dieser Stelle wird auch gefordert, den "Sinn des israelischen Staates" neu zu überdenken:
"Als erstes Ergebnis ist der Beschluss, Arabisch zum Pflichtfach zu machen. Noch setzt sich Israels tragende Schicht aus europäischen und amerikanischen Juden zusammen, die nur vereinzelt des Arabischen mächtig sind. Sogar der Staatsgründer Ben Gurion hatte zu seinem Deutsch und Englisch wohl Türkisch, Spanisch und Griechisch hinzugelernt, nicht aber Arabisch. Ein Mittelschüler, der das Freifach Arabisch dem Französischen vorzog, werde von seinen Kameraden als 'meschugge' - als Spinner - bezeichnet, klagte uns noch im Frühjahr ein junger, israelischer Politologe hinter seinem Stoss arabischer Zeitungen."

Der grosse, alles erst ermöglichende Schritt, bleibt nach Ansicht des Tages-Anzeigers, die Herausgabe der seit 1967 besetzten Gebiete an die Palästiner:

"Das ist der 'dramatische Entschluss', den Sadat abverlangt. Israel kann und darf seine Existenz und Selbstbestimmung nicht darauf gründen, dass es eben diese Selbstbestimmung den Palästinern vorenthält. Das ist die vorwiegende Meinung in der Welt, und es ist die Erkenntnis, die in Israel an Boden gewinnt." (TA 26.11.77: Sadat wartet)

Der Kommentar zu der Konferenz der Arabischen Liga in Tripolis, an der nicht alle Mitglieder vertreten waren, mündet in eine Aufforderung an Begin und die Israelis, den arabischen Staaten Andeutungen zu Zugeständnissen zu machen. Nur so bestehe eine Möglichkeit, auch die anderen Nachbarn Israels in den Friedensprozess miteinzubeziehen:

"Mit Zuzügern wird Sadat wohl nur dann rechnen können, wenn Israel Bereitschaft zu wirklichen Zugeständnissen auch im Westjordanland und im Gazastreifen andeutet - wenn es also zur grossen Geste kommt (jetzt wird von Israel eine Geste verlangt, J.S.) und das Ergebnis der Sadat-Fahrt nach Jerusalem honoriert wird. Noch ist es Zeit, diese einmalige Gunst des Schicksals zu nützen, mahnen besorgte Israelis. Sadat selber doppelt nach: Israel muss die Kairo-Konferenz ernst nehmen und sie nicht mit Kleinigkeiten hinhalten wollen... So wird Begin immer mehr zur angesprochenen Schlüsselfigur. Er muss zeigen, ob er Sadats Grösse gewachsen ist und auch er über seinen Schatten zu springen vermag." (TA 6.12.77: Tripolis - Punkte für Sadat)

Wenige Tage vor Weihnachten finden wir einen Leitartikel zur soeben angelaufenen Kairoer Vorkonferenz, an der lediglich Israel, Aegypten, die USA, sowie ein Vertreter der UNO und des Vatikans als Beobachter teilnehmen. Begleitet wird dieser Beitrag wieder von einer Karrikatur: Die drei Könige (Begin, Sadat und Carter) gehen auf eine Pyramide zu. Gleichzeitig fällt ein (David-)Stern vom Himmel. (TA 23.12.77: Begin(n) einer neuen Hoffnung). Worin liegt nun der Wert dieser eigentlichen "Embryonalveranstaltung"?

"Sie symbolisiert die von Sadat und Begin in Jerusalem angehobene Schranke, die Juden und Araber bisher unerbittlich trennte. Sie reflektiert die enorme und plötzliche Verbesserung des politischen Klimas. Sie demonstriert den Willen der ägyptischen und der israelischen Führung, das friedliche und direkte Vis-à-vis fortzusetzen, die Kanäle offen-, das 'Momentum' in Gang zu halten."

Der Tages-Anzeiger weist darauf hin, dass Menachem Begin am Sonntag "einen bisher nur in vagen Umrissen publik gewordenen Westbankplan im Aktenkoffer zu Sadat nach Ismailia" trägt. "So intensiv und konstruktiv, heisst es, habe sich noch keine israelische Regierung mit dem Kern des 30-jährigen Nahostkonflikts auseinandergesetzt. Noch hat Sadats wunderbare Intuition nichts politisch Handfestes eingebracht. Und doch scheint plötzlich im Nahen Osten Friede auf Erden möglich." (TA 23.12.77: Friede auf Erden im Nahen Osten?)

Das Ergebnis des weihnächtlichen Treffens Sadats und Begins in Ismailia erfährt eine nüchterne Betrachtung:

"Sadat und Begin kamen zur Sache; es begann das Ringen. Weder kam es in den kurzen Ismailia-Stunden zu der gemeinsamen 'Absichtserklärung', die ägyptische Blätter bis zuletzt angekündigt hatten. Statt dessen resümierte Sadat die beiderseitigen Standpunkte. Dass dieser Ausweg erst am Montagmorgen vereinbart wurde, zeugt von der Dramatik, die in der Begegnung gelegen haben muss.. Von der rauschhaften Friedensstimmung jener zwei Tage blieb der Wille, auf Krieg zu verzichten und alles auf dem Verhandlungsweg zu erreichen."

Die Details von Begins Friedensvorschlägen, die nur aus Indiskretionen israelischer Blätter zu erfahren waren, werden vom Tages-Anzeiger kritisch analysiert:

"Denn zu den Eigentümlichkeiten des Beginschen Planes gehört das Erlaubtbleiben weiterer israelischer Siedelung in den umstrittenen Gebieten, mit der freien Zuwanderung arabischer Palästiner ins alte Israel als Gegengewicht. Eine Durchmischung also, die man mit den bösen Stichworten 'Gastarbeitern' und 'gezielte Kolonisation' als eine sehr ungleiche abtun könnte. Die aber doch die eine Grunderkenntnis verrät: es gibt jüdische und es gibt arabische Palästiner. Für deren gemeinsamen Lebensraum haben die PLO-Leute ein einheitliches Staatskonzept auf der Zunge, und die Israelis haben eines im Hinterkopf. Doch ein gemeinsames Gross-Palästina ist Zukunftsmusik. Als nächstes muss der gesamt-arabisch-jüdische Frieden unter Dach kommen." (TA 27.12.77: Jüdische und arabische Palästiner)

Als einzige der untersuchten Zeitungen veröffentlicht der Tages-Anzeiger den Friedensplan Begins. Die 26 Paragraphen werden teilweise auch aufgeführt und verschiedene dann kommentiert. Den Paragraphen setzt der Tages-Anzeiger einen Vorspann voraus:

"Der 'Plan für eine Friedenslösung im Nahen Osten', den Ministerpräsident Begin am Mittwoch dem Parlament in Jerusalem vorgelegt hat, bezieht sich nur auf das Westjordanland und den Gazastreifen. Ausgeklammert werden der Sinai und das Problem der heiligen Stätten in Jerusalem. Im folgenden sind die wichtigsten Abschnitte des insgesamt 26 Paragraphen umfassenden Plan wiedergegeben. Die einzelnen Abschnitte sind ungekürzt und entsprechen der inoffiziellen, von DPA (Deutsche Presse Agentur, J.S.) übermittelten Uebersetzung. Auszeichnungen, Zwischentitel und die Erläuterungen im Kasten stammen von der Redaktion."

In seinem Jahresrückblick kommt der Tages-Anzeiger selbstverständlich noch einmal auf das Ereignis des Jahres zurück:

"Aegyptens Präsident, der noch vor kurzem gesagt hatte, es werde erst der nächsten Generation möglich sein, Freundschaft zwischen Juden und Arabern aufkommen zu lassen, hat diesen Entwicklungsprozess buchstäblich auf Tage und Stunden gerafft. In Aegypten wie in Israel schlug die Gesinnung der Völker in geradezu überbordende Sympathie um. Und es begegneten sich die Minister und Generale beider Länder, wie die Recken alter Zeiten, die mit Handschlag Frieden machen. Die Stunden, die Sadat und Begin am Flugplatz, in Israels Parlament und vor der Presse dank Fernsehen alle Welt miterleben liessen, waren Momente, wie man sie in solch menschlicher Einzigartigkeit nur selten erfahren hat - etwa bei John F. Kennedys Amtsantritt oder bei Willy Brandts Kniefall vor dem Warschauer Mahnmal."

Noch einmal werden Noten an Begin und Sadat verteilt, die, wie nach der bisherigen Berichterstattung zu erwarten, recht unterschiedlich ausfallen:

"Begin will nicht über Herausgabe von Gebiet verhandeln, sondern nur über Selbstverwaltung ohne eigenen Staat, ohne Pass und Flagge für die Palästiner. So steigt doch die bange Frage auf, ob das Verhältnis der Herzlichkeit, ja ob Sadat selber ohne weitergehende israelische Konzession politisch zu überleben vermöge....
Aber die Weise, auf die er es tat, war Sadats persönliche Leistung: das grossherzige, ritterliche Auftreten dieses Bauernsohnes vom Nil, seine ernstgemeinte Anrufung des gemeinsamen einen Gottes, sein langes Verweilen in Jerusalems Gedenkstätte der ermordeten Millionen europäischer Juden. Und die Höflichkeit schliesslich, mit der er die klare Forderung nach Herausgabe der besetzten Gebiete vortrug. Das war Ausdruck vieltausenjähriger ägyptischer Zivilisation." (TA 31.12.77: Stichworte zum Jahr hinter uns)

Teilbild Oktober bis Dezember 1977

Galt die Kritik des Tages-Anzeigers zu Beginn des Jahres 1977 der israelischen Arbeiterpartei, so wird der neue amtierende Ministerpräsident Begin nicht minder kritisiert. Missfallen erregt vor allem sein offener Kurs auf dauerndes Behalten der 1967 eroberten Gebiete.

Die amerikanisch-sowjetische Nahosterklärung findet die Zustimmung des Tages-Anzeigers, vor allem, weil die Palästinenser darin erwähnt werden. Einmal mehr setzt sich der Tages-Anzeiger für die Errichtung eines palästinensischen Staates ein. Die israelischen Sicherheitsvorstellung werden als territorial verkrampft bezeichnet. Die israelischen Regierungsparteien werden als das politische Establishment dargestellt, welches sich zu einer grossen Schutz- und Trutzkoalition zusammenschliesse.

Im übrigen steht die Berichterstattung ganz im Zeichen der Charakterisierung Begins und Sadats. Begin wird neutral bis kritisch gezeichnet:

- kann als starker Mann (wie Ben Gurion) den Israeli einen Rückzug klar machen
- wird zur Schlüsselfigur
- fähig, über den eigenen Schatten zu springen?
- darf Sadat nicht mit Kleinigkeiten abspeisen
- wenig flexibel vor der Knesset
- "sendungsbewusster Staatsmann"

Sadat hingegen schneidet positiv ab:

- leitet einen psychologischen Wandel ein
- ritterliches Auftreten des Bauernsohnes vom Nil
- Höflichkeit bei der Forderung nach Herausgabe der besetzten Gebiete
- setzt alle Karten auf eine politische Lösung

Beim Tages-Anzeiger finden sich aber auch einige Merkmale, die ein Israel-Bild formieren:

- Israel muss Andeutungen betr. Modifikation seines Standpunktes machen
- verkrampfte Sicherheitsvorstellungen
- Abkehr von politischer Intransigenz
- darf den Palästinensern das Selbstbestimmungsrecht nicht vorenthalten
- will einen palästinensischen Nebenstaat verhindern

DAS ISRAEL-BILD DES TAGES-ANZEIGERS

Schon 1967 beurteilt der Tages-Anzeiger den Staat Israel und die Ereignisse im Nahen Osten sehr differenziert. Er verzichtet auf die Verteilung von wohlklingenden Attributen an Israel (vgl. das Teil-Bild des Bundes von 1967). Die neutralen bis kritisch gefärbten Artikel überwiegen schon 1967. Der Umschlag vom undiskutablen Eintreten für Israel zur Kritik an Israel erfolgt kurz nach Kriegsende. Die humanitären Probleme (Flüchtlinge), die entstanden sind, interessieren den Tages-Anzeiger weit mehr als die militär-politischen Erwägungen zum überraschenden israelischen Sieg (vgl. Bund, Neue Zürcher Zeitung und Vaterland)

Hervorgehoben werden muss die Tatsache, dass sich der Tages-Anzeiger explicit gegen die Verwendung des David-Goliath-Bildes wehrt. Auch ein Vergleich von Tell und David (Tell als schweizerisches Freiheitssymbol) ist nach Ansicht des Tages-Anzeigers unsinnig und unzulässig.

Kritik an Israel gilt vor allem auch 1973 und 1977 als durchaus legitim. Ein Leser des Tages-Anzeigers wirft der Redaktion Araber-Freundlichkeit vor. Der Vorwurf wird dahingehend zurückgewiesen, dass die Redaktion des Tages-Anzeigers die Bemühungen um Ausgewogenheit hervorhebt.

Der Tages-Anzeiger tritt vor allem energisch für die Sache der Palästinenser ein. Er fordert schon 1973, und vor allem 1977, die Errichtung eines palästinensischen Staates. Die Vorbedingung dazu ist aber die Rückgabe der besetzten Gebiete, die vom Tages-Anzeiger nachdrücklich gefordert wird.

Besonders viele Hinweise finden sich im Tages-Anzeiger auf den Zusammenhang der Entstehung Israels als Folge des Holocaust. Der Ausland-Redaktor, der 1973 zum Tages-Anzeiger gestossen ist, betont diesen Zusammenhang immer wieder. Dieser dürfe jedoch nicht als Vorwand für die übertriebenen Sicherheitsvorstellungen der Israelis akzeptiert werden.

VATERLAND

Mai und Juni 1967

Der Redaktor des Vaterlandes berichtet von einem Besuch im Gaza-Streifen, der wenige Jahre zurückliegt. Er streift dabei das Problem der dort ansässigen Flüchtlinge: "Die palästinensischen Flüchtlinge, die sich zu Tausenden hier befinden, sorgen dafür, dass das unter der Asche glimmende Feuer nicht erlöscht. Wir sprachen darüber mit dem katholischen Pfarrer von Gaza, einem waschechten Araber. Mit funkelnden Augen erzählte er uns, wie man ihm und seinen Gefährten beim Ausbruch des Sinaifeldzuges geraten habe, das Land zu verlassen; in zehn Tagen sei der Krieg siegreich beendet, und dann können sie wieder in die Heimat zurückkehren. Nun, bei der Beurteilung des Faktors Zeit haben sich diese schlechten Ratgeber nicht getäuscht, wohl aber in der Voraussage des Ergebnisses. Die Aegypter wurden von den Israelis zu Paaren getrieben, die Grenzen geschlossen, und so blieben diese Araber als Flüchtlinge im Gazastreifen - mit dem Dolche im Gewande."

An derselben Stelle äussert das Vaterland auch seine Zweifel, ob Nasser es zum Aüssersten kommen lässt, "denn einerseits ist er immer noch stark in Jemen engagiert, und andererseits haben sich die militärischen Kräfteverhältnisse seit 1948 nicht so grundlegend geändert, dass er nicht wiederum mit einer vernichtenden Niederlage rechnen muss." Israel wird damit indirekt auch vom Vaterland eine starke militärische Stellung zugerechnet. (VA 20.5.67: Unbegreiflich)

Die Anteilnahme am Geschehen im Nahen Osten scheint von der relativ geringen geographischen Distanz abhängig zu sein: "In der englischen Kronkolonie, weitab von uns, stürmen maotreue Chinesen gegen die britische Botschaft und können nur mit Mühe in Schach gehalten werden. Etwas näher, in Vietnam, bombardieren amerikanische Flugzeuge Ziele in Hanoi und säubern Johnsons Ledernacken die entmilitarisierte Zone. Noch viel näher von uns strichen die UNO-Blauhelme ihre Wimpel und stehen Nassers Armeen kriegsbereit an den Grenzen Israels." (VA 27.5.67: Die Lage auf dem Globus)

Das Vaterland hofft, dass der Krieg doch vermieden werden kann.

Diese Hoffnung liegt "einmal in der Tatsache der starken Ueberlegenheit der militärischen Schlagkraft Israels über jene seiner Gegner begründet. Sie müsste nach allgemeinem Urteil der Sachverständigen rasch zu einer arabischen Niederlage führen." (VA 27.5.67: Die Lage auf dem Globus)

Am 1. Juni finden wir im Vaterland das Photo einer (hübschen) israelischen Soldatin. In der dazugehörigen Bildlegende wird von "der kleinen, aber schlagkräftigen israelischen Armee" gesprochen (VA 1.6.67). Nach Ansicht des Vaterlandes ist es unbegründet, sich Sorgen um Israel zu machen. Wohl seien die umfangreichen Waffenlieferungen der Sowjetunion an die arabischen Staaten zu beachten, doch "allein damit ist der Faktor der durch- und durchexerzierten israelischen Schlagkraft noch keineswegs ausradiert. Wer sich mit Israel schlägt, beisst auf Granit." Auch rechnet das Vaterland mit einem möglichen Präventivschlag Israels: "Den Israeli selber kann daher weise Selbstbeschneidung mehr helfen als kriegerisches Losschlagen. Wie lange ihnen aber diese Geduld angesichts der immer realeren Bedrohung ihrer Existenz zumutbar ist, steht auf einem anderen Blatt geschrieben, das wir nicht zu lesen vermögen." (VA 3.6.67: Die Lage auf dem Globus)

Im Kommentar nach Kriegsausbruch beschäftigt sich das Vaterland mit der Frage nach dem ersten Schuss: "Wer das Feuer eröffnet hat, weiss man nicht; beide Seiten schieben einander die Schuld zu. Das Ergebnis dieser Abklärung ist auch nicht so wichtig; der Nahe Osten war schon längst ein Pulverfass; seit die UNEF-Truppen von dort abgezogen sind, fehlte die Feuerwehr, und der kleinste Funke konnte die Explosion auslösen." (VA 6.6.67: Krieg)

Für die Schweiz zieht das Vaterland die Lehre, dass "sich die Szenarien auf der Weltbühne rasch, sehr rasch ändern können. Wollen wir nicht durch die sich schlagartig folgenden Ereignisse überrascht werden, tun wir gut, konsequent und hart für eine schlagkräftige Armee einzutreten. Wir leisten damit dem Lande einen grösseren Dienst als jene Hamsterer, welche bereits wieder, wie bei der Ungarn- und Kuba-Krise, die Geschäftsläden plündern, in der Zwischenzeit aber gemeinsam mit den Linksintellektuellen damit grosstun, indem sie ständig gegen die Armee und ihre Leitung Zeter und Mordio schreien." (VA 6.6.67: Krieg)

Nach dem Bekanntwerden des Waffenstillstandes berichtet das Vaterland von den Reaktionen der Schweizer Bevölkerung: "Im Nahen Osten, so hörte man auf der Strasse, im Tram oder Autobus, auf dem Wege zur Arbeit sagen, schwiegen die Waffen, sei der Friede eingekehrt. Alles gönnte den Israelis, die mit einer imponierenden Entschlusskraft und Ruhe das arabische Gezetter und Waffengeklirr abgewehrt haben, diesen grossartigen Sieg." (VA 10.6.67: Am Rande vermerkt)

Im Wochenend-Leitartikel weist das Vaterland auf die zwingend notwendige Lösung des palästinensischen Flüchtlingsproblems hin, "das von den arabischen Staaten alle diese Jahre seit 1948 ganz zielbewusst sabotiert wurde, um unter den verelendeten Flüchtlingsmassen, sei es im Gaza-Streifen oder in Jordanien, die Rachegefühle gegen Israel lebendig zu erhalten und sie als Elemente des Aufruhrs benützen zu können. Die Eingliederung dieser Flüchtlinge in bestimmte nationale Gemeinschaften und in ihren Wirtschafts- und Produktionsprozess stellt wohl das dringendsteProblem dar, das anzugehen ist, aber kaum ohne gewisse Veränderungen des status quo etwa im Gaza-Streifen entwirrt werden kann. Gerade hier ist der bisherige Zustand aller fremden Nothilfe zum Trotz völlig unhaltbar geworden und dürfte nur im Verein mit Israel, das dieses Territorium jetzt als Faustpfand in Händen hält, befriedigend gelöst werden, weil sich Aegypten dazu als unfähig erwiesen hat." (VA 10.6.67: Die Lage auf dem Globus)

Noch viel stärker als der Tages-Anzeiger und der Bund setzt sich das Vaterland für die humanitären Belange der Araber ein. Zu einem Beitrag am 15. Juni setzt das Vaterland noch eine Nachschrift der Redaktion: "Dieser Beitrag stammt von einem uns gut bekannten katholischen Priester, der über den leisesten Verdacht des Antisemitismus weit erhaben ist. Seine Fragestellungen decken sich mit denen, die wir persönlich an derselben Stelle gemacht haben."

Der Priester sprach mit einem jordanischen Offizier, der in Jaffa aufgewachsen war. Er fragte den Priester, ob er schlecht sei, weil er den Verlust seines Hauses, wo noch seine Mutter wohnt, nicht vergessen könne. Dazu K.F. (so die Initialen des Priesters) im Vaterland:

"Was hätten Sie geantwortet? Als Söhne Tells und Winkelrieds? Uns waren die Augen aufgegangen.
Es gibt nicht nur eine Tragödie Israels - es gibt in Palästina auch eine Tragödie der Araber.
Nicht blinder Völkerhass steht hinter der Judenfeindschaft der Jordanier, sondern die Liebe zur verlorenen Heimat. Als absurd haben die arabischen Journalisten in Höfners 'Frühschoppen' den Verdacht des Antisemitismus bezeichnet. Die über Jahre und Jahre konservierten Flüchtlingslager in Jericho, in Sichem, in Betlehem usw. sind so sinnlos, ja unverantwortlich sie uns erscheinen, nichts als versteinertes Heimweh. Gewiss sollten die Jordanier sich der Notwendigkeit einer neuen 'Landnahme' des zerstreuten und verfolgten Israel nicht verschliessen, sollten sich mit ihrem Schicksal abfinden, vorwärts, statt rückwärts schauen - aber würden wir Schweizer im Fall einer Okkupation einiger Kantone (es müssten nicht einmal die fruchtbarsten sein) uns mit dem Fait accompli leicht abfinden? Selbst wenn ein UNO-Beschluss dahinter stünde? Was wir nicht billigen können, können wir wenigstens verstehen. Wer im übrigen die Armut des Wüstenlandes Jordanien und seiner Einwohner kennengelernt, den Gegensatz seiner Kultur und den zweitausendjährigen Rückstand etwa seiner Landwirtschaft gesehen und auch die Angst vor der Ueberlegenheit der Israeli gespürt hat, wird nie auf die Idee verfallen, vom niedergestreckten waffenstarrenden 'Riesen Goliath' zu sprechen (und andererseits vom Hirtenbuben David mit Stein und Schleuder!). Er denkt eher an den armen Lazarus. Der ist nun noch ärmer geworden...
Und sie sollen von unserem Mitleid und unserer Hilfe ausgeschlossen sein? Haben Sie am Radio den Hilferuf des Roten Kreuzes gehört: Jordanien braucht dringend Blutplasma. Und keine vierundzwanzig Stunden später die beruhigende Zusicherung, das im Rahmen einer Aktion gespendete Blut komme ausschliesslich - den Israeli zugute? Israel meldet offiziell 3242 Gefallene und Verwundete, Jordanien 15000 - und 100000 Flüchtlinge. 'Bin ich schlecht, weil ich das nicht vergessen kann?'" (VA 15.6.67: Bin ich schlecht, weil ich das nicht vergessen kann)

Im Leitartikel zwei Wochen nach Kriegsausbruch wird ein anderer Ton angeschlagen. Hier dringt wieder die Begeisterung für die militärische Leistung durch und wieder werden Konsequenzen für die Schweizer Armee dargestellt:

"Seit dem heldenhaften Aufstand der Ungarn im Jahre 1956 hat das Schweizervolk wohl kein Ereignis auf der Weltbühne so intensiv, mit klopfenden Herzen und heissen Köpfen mitverfolgt wie der Blitzkrieg im Nahen Osten. Bei aller Wahrung unserer Neutralität, die stets eine Doktrin des Staates und nie eine Gesinnung des einzelnen Bürgers sein darf, waren und sind unsere Sympathien auf der Seite der Israelis, welche aus Notwehr zu den Waffen griffen und sie so schneidig führten, dass der Krieg in fünf Tagen zu Ende war.. Dies zu erkennen, fiel dem Schweizer nicht schwer. Um so wichtiger ist es, dass er, bei allen Sympathien für die Israelis und für ihre gerechte Sache, sich nun nicht blenden lässt und dass er für sein Land aus diesem Blitzkrieg die richtigen Schlüsse zieht...
Wenn zwei dasselbe tun, ist es aber nicht immer dasselbe. Ohne überheblich zu tun, dürfen wir sagen, dass wir das Kampfgelände, in welchem sich der soeben beendete Blitzkrieg abspielte, aus ei-

gener Anschauung kennen. Die unendliche Wüste, wo die Erde weit und hässlich ist, hat wenig Aehnlichkeit mit unserem Napfgebiet. Dazu kommt, dass wir im Ernstfall einem Gegner gegenüberstehen, dessen Kampfkraft diejenige der Aegypter und Syrer um mehr als das Tausendfache übersteigt.. Diese Feststellungen sollten uns eine Warnung vor Trugschlüssen sein. Sie tun der militärischen Leistung der Israeli durchaus keinen Abbruch. Im Gegenteil.. Nicht jede militärische Führung zeigt eine solche Logik der Konzeption und Tatkraft bei der raschen Ausführung richtig gefasster Entschlüsse wie die israelische unter Mosche Dayan. Es komme uns noch einer und behaupte, der Jude sei weich, unsoldatisch und degeneriert!" (VA 17.6.67: Heraus aus dem Teufelskreis)

In verschiedenen Beiträgen werden die Ereignisse um die Nahost-Debatte in der UNO-Vollversammlung und das Gipfeltreffen Johnson-Kossygin behandelt. Das Thema Jerusalem kommt jedoch nicht in einem eigenen Kommentar zur Sprache. Immerhin finden wir am 29. Juni eine grosse Titel-Schlagzeile (Tages-Schlagzeile) zum Thema: "Nach 1900 Jahren Jerusalem wieder jüdische Stadt". Das Vaterland, als konfessionell geprägtes Blatt, scheint sich besser mit der Tatsache einer jüdischen Stadt Jerusalem abzufinden, als die anderen untersuchten Zeitungen.

Den Abschluss im Juni macht ein "Dritter", Nationalrat Eisenring, der sich zur Entwicklungshilfe äussert: "Viele Bürger haben sich in kritischer Würdigung der Ereignisse der letzten Wochen im Nahen Osten die Frage nach dem Standort und der Zielsetzung der Schweizerischen Entwicklungshilfe gestellt.. Vorauszuschicken ist, dass das mutige und freiheitsbewusste Volk der Israelis nicht auf der Liste des von der offiziellen schweizerischen Entwicklungshilfe irgendwie begünstigten Volksgemeinschaften steht.. Die Frage der Konzeption der Entwicklungsländer stellt sich heute bei allen Ländern des arabischen Interessenbereichs, darüber hinaus aber auch bei jenen Nationen, die sich klar auf die arabische Seite geschlagen haben.. Es gibt Entwicklungsländer, die aus der Entgegennahme von Entwicklungshilfe eine eigentliche Legitimation zu einer neuen Art Präsenz ableiten, zu einer Präsenz der Gewalt gegenüber anderen Mitgliedern der Völkergemeinschaft, wie wir das in den zurückliegenden Wochen haben feststellen müssen." (VA 26.6. 67: Entwicklungshilfe für Säbelrassler?)

Teilbild Mai und Juni 1967

Das Vaterland glaubt schon im Mai 1967 an die Ueberlegenheit und die Schlagkraft der israelischen Armee ("Wer sich mit Israel schlägt, beisst auf Granit").

Noch häufiger als beim Bund und bei der Neuen Zürcher Zeitung finden wir beim Vaterland den Vergleich zwischen der Schweizer und der israelischen Armee. Dabei wird von der Situation im Nahen Osten auf eine rein hypothetisch ähnlich gelagerte Situation in Europa gefolgert (vgl. die entgegengesetzte Position des Tages-Anzeiger). Das Vaterland berichtet von der Sympathie der Schweizer Bevölkerung Israel gegenüber.

Das Vaterland veröffentlicht, trotz seinem eindeutigen Einstehen für Israel, auch kritische Stimmen. So setzt sich diese Zeitung noch stärker als der Bund und der Tages-Anzeiger für die humanitären Belange der im Krieg Unterlegenen ein. Dabei ist die Berichterstattung, die von "Dritten" getragen wird, stark emotional gefärbt. Ganz allgemein gilt, dass die Meinungsbildung zum Nahostkonflikt nicht nur von der Redaktion (ein Auslandredaktor), sondern in grossem Masse auch von Aussenstehenden beeinflusst wird.

Das "David-Goliath-Bild" findet nur einmal Erwähnung und zwar im kritisch -ironischen Sinn. Dabei wird Israel zum Goliath und die Araber zu David.

Voller Bewunderung erwähnt das Vaterland, dass die israelische Armee aus Juden bestehe, die ganz im Gegensatz zur landläufigen Meinung, absolut nicht weich, unsoldatisch und degeneriert seien!

Oktober und November 1973

Wie auch bei den anderen Zeitungen ist am 8. Oktober die Titelseite vollständig dem ausgebrochenen Krieg "gewidmet". Interessant ist aber beim Vaterland vor allem die Schlagzeile (Dachzeile): "Der Krieg kam am Versöhnungsfest" und der Korrespondentenbericht aus Jerusalem erwähnt dies auch: "Mitten im heiligen Frieden des höchsten Feiertages heulten die Sirenen auf." Als konfessionell orientiertes Blatt beachtet das Vaterland die Verletzung des religiösen Friedens der jüdischen Religion.

An dieser Stelle sei auch einmal darauf hingewiesen, dass wir im Vaterland öfters Berichte der katholischen Nachrichtenagentur KIPA finden. In diesen Berichten werden auch Stellungnahmen des Vatikans, der deutschen und schweizerischen Bischöffe zu den Ereignissen im Nahen Osten weitergeleitet.

Die Frage nach dem Warum wird am 10. Oktober erstmals gestellt: "Man darf nicht sagen, der 4. Nahostkrieg sei wie ein Blitz aus heiterem Himmel gekommen. Heiter war der Himmel über der Sinai-Halbinsel und über den Golanhöhen seit 1967 nie gewesen. Es blitzte und donnerte dauernd, aber zum Hagelschlag kam es nicht. Was dort herrschte, war ein Schwebezustand zwischen Waffenstillstand und Guerillakrieg; den Einsätzen der palästinensischen Freischärlern folgten massive Vergeltungsschläge der Israeli. Man nennt diesen Zustand 'prekären Frieden', ein Begriff, der inzwischen auch in den Sprachschatz der Völkerrechtler Eingang gefunden hat." (VA 10.10.73: Warum?)

Wird im Bund von einer schweizerischen Reisegruppe berichtet, die vom Kriegsausbruch überrascht wurde, so finden wir im Vaterland den Erlebnisbericht des Leiters einer Schweizer Gruppe in einem Kibbuz. Auch diese Gruppe wird vom Kriegsausbruch überrascht. Zudem hat sie einen syrischen Raketenangriff zu überstehen. (VA 11.10.73: Raketen auf einen Kibbuz)

Die Frage nach dem Wer stellt das Vaterland am 12. Oktober: "Die Frage, wer den jetzigen Nahostkrieg eröffnet hat, stellt sich nicht; die Diskussion um die Frage, warum die Araber zum Kampf angetreten sind, kann sich um so gedeihlicher entwickeln. Der Antworten sind viele, wenige von ihnen sind mehr als Vermutungen. Eine Erklärung gibt der bisherige Verlauf der Kampfhandlungen: Der Krieg geht heute in seinen siebenten Tag und damit ist ein Tatbestand sozusagen kalendermässig festgelegt: 1967 ist durch 1973 politisch überholt." Auch im Vaterland wird Israel aufgefordert, aus dem Ueberfall die Lehren zu ziehen: "Umgekehrt weiss nun Israel, wie prekär der 'Friede aus den Gewehrläufen' inzwischen geworden ist und müsste deshalb vielleicht flexiblere Friedensvorschläge produzieren als bisher."

Vor allem aber streicht das Vaterland die "kontraproduktiven" Folgen des Krieges hervor: "Wird man in Jerusalem nicht darauf hinweisen, dass das eroberte Vorgelände 1973 Israel das Leben gerettet hat und dass es deshalb zu halten gilt, was man hält? Und könnte in Kairo nicht der Appetit mit dem Essen kommen? Auf alle Fälle meint man das in den ersten Tagen sorglich kaschierte Endziel arabischer Politik 'Werft sie ins Meer!' zwischen den Zeilen schon wieder zu lesen. Das Dritte bloss noch als vage Hoffnung: Werden die Grossmächte in Zukunft mehr tun als bisher für den Frieden im Nahen Osten? Oder ist das Meer an Blut und Tränen noch nicht tief genug?" (VA 12.10.73: Der siebente Tag)

Das Vaterland ist um Ausgewogenheit in der Berichterstattung bemüht. In der Wochenendausgabe wird ein Leitartikel des Kairoer Korrespondenten veröffentlicht. Dazu meint das Vaterland: "Wir haben unsere beiden Korrespondenten im Nahen Osten, ... gebeten, für die heutige Ausgabe unseres Blattes die Hintergründe und Zusammenhänge des gegenwärtigen Krieges gegen Israel je aus der Sicht des Landes, das sie vertreten, darzustellen. Wir publizieren hier den Artikel von .. und hoffen sehr, zum Ausgleich möglichst bald auch .., dessen Beitrag uns gestern leider nicht mehr erreicht hat, das Wort geben zu dürfen." (VA 13.10.73: Kairoer Rückblick auf die erste Woche)

Der Kommentar vom 15. Oktober beinhaltet die drei typischen Kommentierungsebenen: - die militärische Ebene (z.B. Offensive der ägyptischen Streitkräfte an der Sinai-Front), - die politische Ebene (gemeinsame politisch-militärische Front der arabischen Staaten) und - die weltpolitische Ebene (Gefahr der Kollision der beiden Supermächte). (VA 15.10.73: Eskalation)

In der Berichterstattung über die Mannöver des Gebirgsarmeekorps 3 der Schweizer Armee wird erstmals im Oktober ein Vergleich mit der Situation im Nahen Osten gezogen: "Gerade die jüngsten kriegerischen Auseinandersetzungen im Nahen Osten zeigen, wie wichtig es für einen Kleinstaat mit einer Milizarmee sein kann, wenn er sich jederzeit auf ein intaktes, lückenloses Verteidigungsdispositiv verlassen kann." (VA 17.10.73: Zweifrontenkrieg mit Luftlandeoperationen)

Am zweiten Wochenende nach Kriegsausbruch veröffentlicht das Vaterland einen Beitrag zur Lage auf den nahöstlichen Kriegsschauplätzen aus der Feder des bekannten schweizerischen Militärpublizisten Dominique Brunner, dessen Beiträge auch schon in anderen Zeitungen anzutreffen waren. Dabei gibt er einen umfassenden Ueberblick über das militärische Potential der Gegner und versucht die Frage zu beantworten, warum es diesmal nicht wiederum zu einem Blitzkriege gekommen sei: "Der von Aegypten und Syrien mit offenkundiger Duldung der Sowjetunion am 6. Oktober entfesselte vierte israelisch-arabische Waffengang ist in militärischer Sicht vor allem durch eines gekennzeichnet: durch Ueberraschung. Ueberraschend kam das Wiederaufflammen des Krieges im Nahen Osten gerade jetzt. Ueberrascht hat das Zuwarten Israels viele, und überrascht hat die Kampfart, über die sich das ägyptische wie auch das syrische Heer ausgewiesen haben. Damit hängt die letzte - und entscheidende - Ueberraschung zusammen: die Tatsache, dass die Kämpfe mit, wie es scheint, unverminderter Heftigkeit weitergehen." (VA 20.10.73: Materialschlacht im Nahen Osten)

Im Wochenend-Leitartikel betont das Vaterland die Notwendigkeit direkter Verhandlungen zwischen Israel und den Arabern: "Wo man zupackt, da wird es interessant, aber auch gefährlich im Nahen Osten. Ohne direkte Gespräche zwischen den kriegsführenden Parteien wird man zu keinem Ziel kommen und sollte dem Gefechtslärm ein Waffenstillstand folgen, wäre der Friede trotzdem noch in weiter Ferne. Der jetzt tobende Krieg hat den gegenseitigen Hass derart angeheizt, dass nur überragende Staatsmänner eine Wendung zum Besseren herbeiführen könnten. Uns scheint, die beiden Aussenminister Israels und Aegyptens, die beiden hervorragenden Orientalisten Abba Eban und Mohammed al Zayyat hätten ihrer hohen Intelligenz und ihrer feinen Bildung wegen das Format dazu." (VA 20.10.73: Kossygin am Nil)

Als der erste Waffenstillstand in der dritten Kriegswoche geschlossen wird, interessiert sich das Vaterland in erster Linie für den humanitären Aspekt: "Krieg ist eine so schlimme Sache, dass ein Waffenstillstand fast unter allen Umständen eine gute Sache ist: wenn nur nicht mehr getötet wird, dann kann man weitersehen. So atmet man jetzt vorerst einmal auf: im Nahen Osten scheinen die Waffen, wenigstens an der Sinai-Front, zu schweigen."

Weitere Themen dieses Kommentars sind die "untergeordnete Briefträgerrolle der UNO" beim Zustandekommen des Waffenstillstandes, die Auslegungsprobleme der neuen und der alten (November 1967) UNO-Resolution und die Erkenntisse, welche die beiden Parteien aus den Ereignissen ziehen sollten: "Denn einmal hat der Krieg beiden Parteien gezeigt, dass sie ihre politischen Ziele über die 'Politik mit anderen Mitteln' nicht erreichen können. Israel weiss, dass es militärisch verwundbar ist; die Araber wissen jetzt, dass sie, selbst bis zu den Zähnen von Moskau ausgerüstet, Israel nicht besiegen können. Beide Parteien haben für diese Erkenntnis überdies einen hohen Preis bezahlt." (VA 23.10.73: Waffenstillstand)

Am letzten Wochenende im Oktober stossen wir auf einen bemerkenswerten Beitrag. Der Chefredaktor des Vaterlandes nimmt dabei erstmals Stellung zu den Ereignissen im Nahen Osten im Rahmen seiner Ausführungen zur Sicherheitspolitik der Schweiz:

"Es ist verständlich, dass unter dem Eindruck der Ereignisse im Nahen Osten die Frage nach der Sicherheit unseres eigenen Landes neue und brennende Aktualität erreicht hat. Offenbar setzt in Zeiten der relativen Ruhe und des Wohlstandes das öffentliche Bewusstsein sogleich Fett an, und erst wenn <u>im näheren Umkreis des allgemeinen Erfahrungsbereichs</u> eine Krise ausbricht, regen sich die Gefühle, wie es uns wohl erginge, wenn wir einer ähnlichen Gefahr ausgesetzt wären. <u>Ueber die Fragwürdigkeit solcher Regungen und über die Richtigkeit oder Unrichtigkeit der Analogien, die zwischen dem Kleinstaat Israel und dem Kleinstaat Schweiz gezogen werden, liessen sich lange Abhandlungen schreiben.</u>"
(VA 27.10.73: Offene Fragen zur Sicherheitspolitik)

Dies ist die einzige Stelle im Vaterland, die die Richtigkeit der Analogie Schweiz-Israel in Frage stellt.

Das Vaterland ist auch die erste und einzige Zeitung, welche Ende Oktober zum Problem der Kriegsgefangenen Stellung nimmt. Dabei wird Israel gelobt, welches sich bereit erklärt hat, der eingeschlossenen dritten ägyptischen Armee Blutplasma zukommen zu lassen: "Die Israeli ahnen etwas von der Würde jener, die gegen sie kämpfen, um sie und ihre Macht hinwegzufegen." Die Argumentation der Aegypter, viele israelische Kriegsgefangene seien keine Israelis, da sie nicht im Lande geboren, sondern eingewandert seien, wird vom Vaterland nicht akzeptiert: "Diese These ist völkerrechtlich nicht haltbar. Die nach Israel eingewanderten Juden sind als Israeli zu betrachten, denn sie werden von ihrem Staat als vollwertige Bürger anerkannt und vor ihrer Dienstleistung in der Armee schon aus Gründen der Spionageabwehr gründlich geprüft. Begreiflicherweise ist man in Genf wegen des ägyptischen und syrischen Verhaltens verstimmt und in Israel sehr besorgt. Poltern führt da zu nichts, vielleicht aber ein Appell an die militärische Führung Aegyptens und Syriens. Sowohl der ägyptische wie der syrische Generalstabschef, die Generäle Schazli und Tlas, haben gezeigt, dass sie Soldaten auszubilden und zu führen verstehen. Nun haben sie zu beweisen, dass sie mehr als nur Techniker, dass sie wirkliche Soldaten sind. Den Stil von Brutalität annehmen und den Menschen verachten aber ist nicht soldatisch." (VA 27.10.73: Oase und Wüste)

Ein Beitrag zum Thema des Verhältnisses zwischen der katholischen Kirche und den Juden findet sich auch in dieser letzten Wochenend-Ausgabe. In diesem Zusammenhang wird auch auf die Beziehungen des Vatikans und Israels eingegangen. Im Text und auch mit einem Photo wird an den Besuch der israelischen Ministerpräsidentin Golda Meir am 15. Januar 1973 beim Papst Paul VI. erinnert: "Als 'historisch' wird sie (die päpstliche Einladung zu einer offiziellen Audienz, J.S.) auch in Jerusalem betrachtet, da die einstündige Unterhaltung zwischen den beiden sowohl zur praktischen Grablegung des Internationalisierungsplanes der Stadt Jerusalem, als auch zur stillschweigenden de-facto-Anerkennung des Judenstaates von seiten des Heiligen Stuhles führen konnte. Schliesslich kann ein Staatsoberhaupt wie der Papst unmöglich einen souveränen Staat besuchen, mit dessen Präsidenten reden, Geschenke und Briefe austauschen, eine apostolische Delegation in der Hauptstadt jenes Staates unterhalten, in den Gerichtshöfen desselben Staates als Kläger auftreten und zu guter Letzt noch die Ministerpräsidentin derselben Republik in den Vatikan einladen - um dann noch zu behaupten, jener Staat existiere eigentlich gar nicht. Dass es zu keiner vollen de-jure-Anerkennung kommen kann, solange sechs Millionen Christen in arabischen Ländern als Geiseln gegen jedwedes weitere Rapprochement zwischen Israel und dem Heiligen Stuhl dienen, ist allen Juden verständlich und bekannt." (VA 27.10.73: Juden und Christen seit dem Konzil)

Im letzten Kommentar im Oktober 1973 ist nochmals die Rede von der Rolle der Grossmächte und der Europäer im Krieg: "Ein hervorragendes Charakteristikum des vierten Nahost-Krieges war die dominierende Rolle, welche die beiden Supermächte USA und UdSSR gespielt haben .. Ebenso hervorstechend wie die massgebenden Worte der Supermächte war das Schweigen Europas. Man hörte wenig aus unserem Kontinent, und wenn man etwas hörte, waren es Rückenschüsse gegen die Amerikaner." (VA 30.10.73: Bruchstellen)

Anfangs November berichtet das Vaterland von der Gründung einer Sektion Zentralschweiz der Gesellschaft Schweiz-Israel. Welches sind die Beweggründe? "Die Vorbereitungen waren also vor dem Ausbruch des vierten Nahost-Krieges abgeschlossen und von dem Wunsche getragen, die Unkenntnis über Israels kulturelle, politische und wirtschaftliche Lage durch umfassendere Information zu überwinden, die Bande zwischen den beiden Kleinstaaten zu festigen. .. Wer auf die 25 Jahre des Staates Israel und zumal die jüngsten Ereignisse blickt, der erkennt, dass die Kleinstaaten in Gefahr stehen, die Rechnung für die wirtschaftlichen und politischen Interessen der Grossmächte zu bezahlen - und zu diesen Kleinstaaten gehört Israel so gut wie die Schweiz. Nur echte Freundschaft, gegenseitige Kontakte zwischen den Völkern vermögen die Zukunft der Menschen zu sichern, und einen Beitrag zum dauernden Weltfrieden zu leisten."

Der aussenpolitische Redaktor des Vaterlandes wird im Zusammenhang mit den Gründungsfeierlichkeiten namentlich erwähnt: "Redaktor Otto Schmid ('Vaterland') überbrachte das geistige Testament seines Freundes, Oberstkorpskommandant Alfred Ernst, der ihn fünf Tage vor seinem Tode beschwor, sich als Publizist für das Lebensrecht und die Freiheit Israels einzusetzen." (VA 2.11.73: Freundschaft mit Israel)

Der einzige Leserbrief, der sich in den Monaten Oktober und November 1973 mit dem Nahostkrieg auseinandersetzt, bezieht sich auf die schon erwähnte Stellungnahme von Friedrich Dürrenmatt:

"Es sei jedem Schweizer unbenommen, im neuesten Nahostkrieg seine Sympathien und Antipathien zu verteilen, wie er will. Dennoch stimmt mich der Aufruf Friedrich Dürrenmatts 'Ich stelle mich hinter Israel' bedenklich. Trotz einiger wesentlicher Differenzierungen im einzelnen lautet Dürrenmatts Urteil doch pauschal: 'die Araber' lügen - die Israeli sagen die Wahrheit; 'die Araber' wollen den Krieg - die Israeli den Frieden. Es gab eine Zeit, in der man über 'die Juden' in dem Ton sprach, in dem Dürrenmatt über 'die Araber' spricht. Wir wünschen uns diesen Ton nicht zurück. Sollten nicht leidvolle Erfahrungen uns gelehrt zu haben, uns globaler Verunglimpfungen von Völkern zu enthalten, zumal sie gewöhnlich auf mangelnder sachlicher und menschlicher Kenntnis beruhen? Ob Dürrenmatt wohl je mit einem Aegypter ein Stück Brot geteilt hat? Oder mit einem Syrer? Oder mit einem palästinischen Araber? Ich habe in jahrzentelangem persönlichem Umgang mit Arabern wie Israelis gelernt, beide Völker zu verstehen, beide zu lieben." (VA 3.11.73: "Die Lügen der Araber")

Der ehemalige Chefredaktor des Vaterlandes (auch im Juni 1967) beklagt die Umkehrung der Werte, unter denen nicht zuletzt der Staat Israel zu leiden hat:

"Die herkömmlichen Werte werden umgekehrt. Ein von der Weltorganisation UNO anerkanntes Land wird schon durch seine Existenz von den Befürwortern der Existenz dieses Landes als Aggression empfunden. Ein Land, das seit dieser Anerkennung durch die Völkergemeinschaft bekriegt wird, wird als Agressor hingestellt. Ein Land, das im jüngsten Krieg sogar von den Beobachtern der Weltfriedensorganisation als angegriffenes bezeichnet wird, ist nach seinem Sieg über den Angreifer zum Sündenbock gestempelt - von der gleichen Organisation selbstverständlich, zu der wir auch die Vereinigten Staaten rechnen, jene Vereinigten Staaten übrigens, die diesem als Angreifer bezeichnetem Land Waffen liefern, um sich der unterlegenen 'Opfer' zu erwehren. Und das alles nur deshalb, um den grossen Weltrivalen zu versöhnen.. Es kann also nicht darum gehen, die Sache eines Staates, der einmal von der Völkergemeinschaft (UNO) anerkannt worden ist, um eigener Vorteile willen, wie zum Beispiel Oel, zu verraten. Und was haben die westeuropäischen Staaten in den letzten Wochen anderes getan, als indirekt die Moskauer Interessen im Nahen Osten zu verwirklichen? Dies allerdings auf lange Sicht gesehen!" (VA 6.11.73: Umgekehrte Werte; Nach seinem Sieg über die Angreifer wird Israel zum Aggressor gestempelt. Seine Existenz wird dem Judenstaat als Schuld angerechnet)

In obigen Zeilen verurteilt das Vaterland sowohl den Einsatz der Oelwaffe wie auch die Haltung der westeuropäischen Staaten.

Einen Tag später beschäftigt sich der Brüsseler Korrespondent des Vaterlandes auch mit der EG-Erklärung: "Leicht kopflastig zugunsten der Araber ist die Entschliessung der neun Regierungen der Europäischen Gemeinschaft zur Lösung des Nahost-Konflikts. Sie spricht Israel zu, was ihm seit 1948 zusteht: Unabhängigkeit, Unversehrtheit in sicheren und anerkannten Grenzen, Frieden. Der

Normalbürger möchte wissen: Wozu ist das diplomatische Spiel nütze?" Positiv betrachtet das Vaterland die Erwähnung der Palästinenser, wobei aber nicht die Idee eines palästinensischen Staates genannt wird: "Die eindeutige Anerkennung der berechtigten Ansprüche der 1948 vertriebenen Palästinenser lässt alle aufatmen, denen Menschlichkeit noch am Herzen liegt." (VA 7.11.73: Hoffnung)

Auch der Wochenend-Leitartikel ist einmal mehr nur dem Nahen Osten gewidmet. Dabei bildet das Schwergewicht das Problem der palästinensischen Flüchtlinge, die im Vaterland immer wieder Erwähnung finden (auch schon 1967). An dieser Stelle ist erstmals in einer der analysierten Zeitungen auch die Rede von den jüdischen Flüchtlingen aus den arabischen Staaten: "Wer von den palästinensischen Flüchtlingen spricht, und wir dürfen sie nicht vergessen, da sie im Elend leben, muss gleichzeitig auch jene halbe Million Juden erwähnen, welche aus arabischen Staaten nach Israel geflüchtet sind und in diesem Einwandererland par excellence, im Gegensatz zu ihren arabischen Schicksalgenossen, eine neue Heimstätte gefunden haben." (VA 10.11.73: Dürfen wir hoffen?)

In der Samstagsbetrachtung (ähnlich dem "Wort zum Sonntag" beim Bund) macht sich das Vaterland Gedanken zum Kampf aus christlicher Sicht. Dabei wird auch die aktuelle Lage miteinbezogen:

"Ein Wort im 2. Brief an Timotheus liegt mir in den Ohren: 'Wenn jemand auch kämpft, so wird er doch nicht gekrönt, er kämpfe denn recht!' Der Apostel erinnert an die sportlichen Wettkämpfe, bei denen man den Siegeskranz nur dann bekommt, wenn man die fairen Kampfregeln eingehalten hat. Ob das in der Politik ebenfalls den Erfahrungen entspreche oder ob dort ein wildes Catch-as-catch-can gelte, ist gerade jetzt angesichts des diplomatischen Hauptganges im Kampfe der Araber gegen die Israeli ein Problem, um dessen rechte Lösung dem Christen bange ist." (VA 10.11.73: "Wenn jemand kämpft..")

Noch einmal geht das Vaterland auf die Haltung der Westeuropäer ein: "Die Zeit muss weit zurückliegen, in der man - in Europa - den Begriff 'Naher Osten' prägte. Das muss in einer Epoche gewesen sein, da in den europäischen Kabinetten die Weltpolitik gemacht, und da die Welt von Europa aus vermessen wurde. Auf alle Fälle hat von diesen Bräuchen sich nichts in die jüngste Zeit hinübergerettet: 'nahe' ging der Nahe Osten den offiziellen Europäern in den letzten Wochen nicht. Höchstens das nahöstliche Oel." Andererseits verlangt "kein Mensch, dass die europäischen Regierungen ihren Völkern durch eine provokativ einseitige Haltung mit umgekehrten Vorzeichen ein heroisches 'Frieren für Israel' zumuten. Eineausgewogene und differenzierte Nahost-Politik liegt im Interesse aller - auch Israels und seiner hoffentlich endlich einmal friedlichen Zukunft.. Aber europäisches Mitspracherecht in der nahöstlichen Politik lässt sich nicht so leicht mit dem Oel-Geschäft verquicken." (VA 13.11.73: "Naher" Osten)

Auch zehn Tage später werden die westeuropäischen Staaten und Japan wegen ihrer araberfreundlichen Haltung angegriffen:

"Was sich heute auf der weltpolitischen Bühne abspielt, ist symptomatisch und deprimierend zugleich. Als Israel am Versöhnungstag, dem höchsten Fest der Juden, plötzlich angriffen wurde, bezeugte beinahe die ganze freie Welt dem tapferen, kleinen Volk seine Sympathie. Als dann aber die Araber begannen, die Oelhähne zuzudrehen, wurden die soeben noch laut brüllenden Löwen im Nu zu Lämmern und die Front der Sympathisanten bröckelte sehr rasch ab. Den Anfang machte die Bundesrepublik Deutschland, ein Land, in welchem man sich der furchtbaren Schuld dem jüdischen Volk gegenüber etwas mehr bewusst sein sollte, als es die Regierung Bradt-Scheel bekundete, als sie die Amerikaner daran hinderte, in Hamburg Waffen für Israel zu verladen und dies im Moment, wo die Sowjets riesige Ladungen mit modernstem Kriegsgerät nach Aegypten und Syrien verfrachteten.. Einen vorläufigen Höhepunkt erreichte die Schwenkung zum Oel hin mit der proarabischen Erklärung der EWG-Minister..
Man hat die Politik oft mit einer Dame verglichen, deren Namen man ungern nennt. Heute buhlen Mächtige um die Gunst dieser luziferischen Schönheit. Es muss für Israel deprimierend sein mitansehen zu müssen, wie solche, die ihm noch kürzlich Hosiana zuriefen, heute von ihm abfallen. Aber das israelische Volk, das einst einem Hitler getrotzt hat, wird sich auch wegen einer Promenade einiger Mächtiger mit der hier ungenannten Dame nicht unterkriegen lassen."
(VA 23.11.73: Moralisches Harakiri)

Am 24. November ist wieder die Rede im Vaterland vom christlich-jüdischen Verhältnis. Ein "Dritter", der Israeli Pinchas Lapide, liefert einen Diskussionsbeitrag, der vom Vaterland eingeleitet wird:

"Er bringt zum Ausdruck, dass gewisse israelische Kreise erbittert sind, weil Exponenten der christlichen Kirche in Jerusalem und auch der Papst zu wenig für ihre Sache Partei ergriffen haben. Es ist allerdings zu bedenken, dass die Christen im Heiligen Land fast ausnahmslos Araber sind und dass Rom der katholischen Kirche in den arabischen Staaten nicht wieder gutzumachenden Schaden zufügte, wenn es öffentlich für die Sache Israels Partei ergriffe. Um so mehr ist es an uns, die wir ohne solche Rücksichten sprechen können, den Israeli zu sagen: Ihr seid nicht allein!"
(VA 24.11.73: Gesegnet sei, der dich segnet)

Teilbild Oktober und November 1973

Der Zeitpunkt des arabischen Ueberfalls auf Israel findet im Oktober zweimal Erwähnung. Dazu kommt eine explicite Erwähnung im November 1973. Kritisiert wird der arabische Ueberfall einzig am ersten Tag der Kriegsberichterstattung, später im Zeitverlauf aber nicht mehr. Von einer christlich orientierten Zeitung hätte man eine entsprechende Stellungnahme, d.h. eine Verurteilung des arabischen Ueberfalls am höchsten jüdischen Feiertag, zumindest in der Form eines entsprechenden Kommentares erwarten dürfen.

Verschiedene andere Stellen weisen jedoch auf die konfessionelle Färbung des Vaterlandes hin. So wird das Dilemma des Vatikans erwähnt, der aus Rücksicht auf die katholische Kirche in den arabischen Ländern Israel nicht de iure anerkennen kann. Diese Rücksichten hat der Redaktor des Vaterlandes nicht zu nehmen und er nennt deshalb seine Einstellung zu Israel beim Namen, indem er den Israeli zuruft: "Ihr seid nicht allein!"
Des weiteren wird auf die christliche Verantwortung im Hinblick auf die jüdische Vergangenheit (Mitschuld am Holocaust) hingewiesen. Das Vaterland versucht aber auch, im Konflikt zwischen Arabern und Juden eine vermittelnde Rolle einzunehmen.

Das Problem der Palästinenser wird als ein humanitäres angesehen. Trotzdem wird auch von den palästinensischen Freischärlern (= Terroristen) gesprochen. Erstmals gedenkt eine Zeitung auch der Juden, die aus den arabischen Ländern vertrieben worden sind. Der humanitäre Aspekt findet allgemein, ähnlich wie 1967, eine besondere Beachtung. Von der Situation der Kriegsgefangenen spricht auch nur das Vaterland.

Der Chefredaktor des Vaterlandes übt in einem Leitartikel Kritik an der unreflektierten Uebernahme von Analogieschlüssen zwischen der Schweiz und Israel.

Januar bis März 1977

Der Frankreich-Korrespondent des Vaterlandes beleuchtet die Hintergründe der raschen Freilassung Abu Dauds durch die französischen Behörden: "Die rasche Freilassung des Palästinensers bestätigt indessen, dass der kapitale Fang, der der französischen Spionageabwehr zur Ehre gereicht, der palästinenser-freundlichen französischen Aussenpolitik als eine Panne erschien. Die Abwehrbeamten, die Abu Daud in seinem Pariser Hotel festnahmen, handelten offenbar ohne Abstimmung mit dem Aussenministerium, wo der Palästinenserführer kurz zuvor als Mitglied einer offiziellen PLO-Delegation empfangen worden war." Der Korrespondent berichtet nicht nur, er übt auch Kritik. Es bleibe festzustellen, "dass der Versuch, einen Exponenten des internationalen Terrorismus der Justiz zuzuführen, wieder einmal an der Furcht der Regierungen vor der Erpressung gescheitert ist. Die Franzosen müssen sich sagen lassen, dass ihre Unterschrift unter der Europäischen Konvention zur Terrorbekämpfung viel von ihrem Wert verloren hat." (VA 12.1.73: ...wieder siegen die Araber)

Im Februar 1977 finden sich im Vaterland zwei Kommentare zur israelischen Innenpolitik. Diese steht im Vorfeld der Parlamentswahlen. Die grösste Gefahr droht der Arbeiterpartei von seiten des rechtsstehenden Likud-Blockes unter Menachem Begin, "dem viele Junge sympathisch gegenüberstehen. Wer in Israel Gelegenheit hat, mit Vertretern der jungen Generation ins Gespräch zu kommen, merkt bald, woher der Wind weht, denn viele junge Gewerbetreibende und Geschäftsleute haben genug von den Experimenten der Arbeiterpartei, und wir wären nicht überrascht, wenn sie ihre Stimmen dem Likud-Block gäben." Auch müsse man sich bewusst sein, "dass eine Likud-Regierung aussenpolitisch einen härteren Kurs verfolgte als ein Kabinett der Arbeiterpartei." (VA 16.2.77: Ungünstiger Zeitpunkt)

Dass Rabin schliesslich in der Vorausscheidung der Arbeiterpartei den Sieg über Peres davonträgt, wird im Vaterland eher positiv betrachtet. Der Israel-Korrespondent dazu in einem Kommentar: "Die gleiche Genugtuung herrscht bei den ausländischen Beobachtern, die einstimmig darauf hinweisen, dass die demonstrative Präsenz aller Prominenten der westeuropäischen Sozialdemokratie bei der Eröffnungssitzung der Konferenz im Jerusalemer Kongresshaus nicht nur als Manifestation der Sympathie für Israel und seine Arbeiterbewegung, sondern darüber hinaus als eine Solidaritätsgeste mit Rabin verstanden werden." (VA 25.2.77: In Richtung Kompromiss?)

Ende Februar veröffentlicht das Vaterland einen umfangreichen Leitartikel. Bei der Betrachtung des Palästinenser-Problems spielt nicht nur mehr die humanitäre Ebene, vielmehr plädiert auch das Vaterland erstmals für einen eigenen Staat der Palästinenser: "Weil wir aus voller Ueberzeugung für das Lebensrecht des Staates Israel eintreten, legen wir auch ein ebenso entschiedenes Wort für die Palästinenser ein. Dieses schwergeprüfte Volk muss endlich eine Heimstätte finden, wo es in Freiheit und Frieden arbeiten kann." Von der PLO erwartet Israel nach Meinung des Vaterlandes zu Recht, dass sich diese Organisation einen neuen Zweckparagraphen geben müsse. Vom Gedanken eines demokratischen Staates nach der Vorstellung der PLO, in welchem Juden, Moslems und Christen als vollwertige Bürger zusammenleben sollten, hält das Vaterland im Hinblick auf die Ereignisse im Libanon, nicht viel: "Diesen Wunschtraum träumt heute wohl keiner mehr, nachdem sich in Libanon Christen und Moslems, Syrer und Palästinenser die Schädel eingeschlagen haben. Was wäre wohl geschehen, wenn in diesem Lande auch noch Juden lebten?"

Viel Verständnis zeigt das Vaterland für die Weigerung Israels, sich aus den besetzten Gebieten zurückzuziehen: "Israel wird Ost-Jerusalem nie und nimmer wieder preisgeben, und ein völliger Rückzug auf die Grenzen vor 1967 gefährdete Israels Sicherheit." Zu den Golanhöhen bemerkt das Vaterland: "Man hat lange behauptet, die Israeli seien kleinlich, weil sie um wenige Kilometer Land markteten. Wer aber das Gelände dort oben mit eigenen Augen gesehen hat, weiss, dass es nicht um einen Kilometer, sondern um Beobachtungsposten geht, welche weiten Einblick ins Feindesland bieten. Der Jom-Kippur-Krieg hat bewiesen, wie wichtig eine gute Beobachtung ist, denn durch einen überraschenden Angriff gelang es damals Syrien, mit massierten Panzerverbänden bis gegen den Jordan hinuter vorzustossen." (VA 26.2.77: Tasten und testen im Nahen Osten)

Teilbild Januar bis März 1977

Im Gegensatz zum Tages-Anzeiger zeigt das Vaterland Verständnis dafür, dass Israel nicht bereit ist, die besetzten Gebiete zurückzugeben. So wird erläutert, welche strategische Bedeutung die Golan-Höhen für Israel haben.

Zum erstenmal tritt das Vaterland offen für die Errichtung eines palästinensischen Staates ein. Interessanterweise wird nicht von einem Staat gesprochen, sondern nur von einer "Heimstätte" für "dieses schwergeprüfte Volk". Der Ausdruck Heimstätte erinnert an die Balfourdeklaration von 1917. Auch dort wird von einer Heimstätte gesprochen, allerdings für das jüdische Volk.

Dieses Eintreten für eine palästinensische Heimstätte geht einher mit dem Eintreten für das Lebensrecht des Staates Israel. Es zeigt sich einmal mehr, wie die Einstellungen Israel gegenüber auch beim Vaterland eng mit den Einstellungen zu den Palästinensern korrelieren.

Oktober bis Dezember 1977

Die sowjetisch-amerikanische Nahosterklärung wird im Vaterland nicht kommentiert. Hingegen findet sich ein Kommentar zur Entführung einer Lufthansa Maschine durch Terroristen. Das Vaterland verlangt für die Schweiz Konsequenzen:

"Interessant sind in diesem Zusammenhang die Vorschläge, welche gestern die angesehene Pariser Zeitung 'Le Figaro' gemacht hat. Er fordert ein schnell zu verabschiedendes Abkommen zwischen allen Staaten, die Terroristen und die Länder, welche ihnen Asyl gewähren, aus der internationalen Gesellschaft auszuschliessen;.. Auch wir Schweizer werden an solchen Ueberlegungen nicht vorbeikommen. Heute scheint uns wichtig, dass eine Polizei-Grenadierkompanie speziell für die Befreiung gekaperter Flugzeuge und ihrer Insassen zentral ausgebildet wird. Das muss geschehen, bevor es zu spät ist. <u>Die Israelis könnten uns ein Vorbild sein</u>. (VA 18. 10.73: Krieg dem Verbrechen)

Einen bemerkenswerten Beitrag eines "Dritten" veröffentlicht das Vaterland am 12. Oktober: "Solange es einen einzigen Antisemiten gibt, gehört der Jude zu jedem anderen - aber es gibt Grenzen einer Solidarität. Unser Autor, Jean Améry, beobachtet mit der Sorge des Herzens und des Verstandes die Entwicklung in Israel." Die Redaktion distanziert sich bis zu einem gewissen Grad von Améry mit den Worten: "Es ist die Kritik eines Diaspora-Juden, die hier folgt".

Améry stellt die Frage nach der Berechtigung der Kritik an Israel und kommt zum Schluss, dass eine solche denkbar ist:

"Doch. Man darf. Man muss - sofern man nicht bereit ist, die in eins fallenden Gebote von Sittlichkeit und Aufklärung durch Abstriche um ihre Verbindlichkeit zu bringen. Ein die Thora im Arm haltender Ministerpräsident Begin, der ohne viel Federlesens mit Berufung auf biblische Verheissung die besetzten Gebiete des jordanischen Westufers wider jeglich Vernunft und geschichtliche Einsicht als 'befreite' bezeichnete und politisch in diesem Sinne (diesem Unsinn!) zu handeln gesonnen ist, wäre allein schon Grund genug, dass die Juden der Diaspora ihr Verhältnis zu Israel neu überprüfen."

Améry nimmt auch Stellung zu den Vorwürfen, dass arabische Gefangene gefoltert würden:

"Mit allem mir zu Gebote stehenden Nachdruck aber will ich hier erhärten, dass ich, ohne den existenziell gültigen Vertrag mit Israel in Frage zu stellen, in der Haut eines jeden Gefolterten, und sei er ein blutbefleckter Terrorist, stecke. Die abstrakte Chiffre 'Mensch' steht in meinem Wertsystem höher als der Begriff 'Jude', mag ich auch dessen Konkretheiten in ihrem ganzen Schrecken erfahren haben. Und ich fordere jeden Juden, wenn er ein Mensch sein will, dringlich auf, mit mir in der radikalen Aburteilung der Tortur als System übereinzustimmen. Wo die Barbarei beginnt, dort muss selbst die Existenz endigen." (VA 12.11.77: Unlösbar in ihren Geschicken aneinander gekettet)

Ausnahmsweise erhält der israelische Ministerpräsident Begin Lob von einer Zeitung. Das Vaterland berichtet vom erneuten Aufflackern der Kämpfe im Südlibanon Anfangs November 1977:

"Der plötzliche Angriff auf eine israelische Stadt legt der Regierung von Jerusalem schwere Probleme auf. Ministerpräsident Menachem Begin hielt daraufhin eine sorgfältig ausgewogene Rede. Einerseits, betonte er, könne und werde Israel nicht tatenlos zusehen, wie seine Bürger ermordet werden. Die Tage des passiven jüdischen Martyriums seien vorüber. Israel habe aber kein Interesse an einem neuen Blutvergiessen in Libanon..." (VA 12.11.77: Keiner wird gewinnen)

Den ersten Kommentar zum Ereignis des Jahres schreibt der Israel-Korrespondent des Vaterlandes. Die Initiative Sadats wird als mutig anerkannt. Im Gegensatz zu den anderen Zeitungen rechnet das Vaterland schon zu diesem Zeitpunkt mit dem Abschluss eines Separatfriedens zwischen Aegypten und Israel, "an dem Aegypten nicht zuletzt wegen seiner katastrophalen wirtschaftlichen Lage mehr als die anderen arabischen Länder interessiert ist." Die Einladung von Begin an die Adresse Sadats ist mit "betonter Herzlichkeit formuliert" worden. (VA 15.11.77: Surrealistische Erwartungen)

Am 22. November resümiert das Vaterland den Besuch Sadats in Jerusalem:

"Um es vorwegzunehmen, die Reise Sadats nach Israel und sein Auftreten vor der Knesseth war eine mannhafte, mutige Tat. Immer wieder wird man gefragt, was eigentlich dahinter stecke. Zweifel, die auch in Israel geäussert werden. In seiner Rede vor der Knesseth hat Sadat den Stier bei den Hörnern gepackt und feierlich erklärt, seine einzige Absicht sei, einen Schritt zum Frieden hin zu tun. Wir glauben ihm das, denn sowohl Aegypten wie Israel wären nach einem neuen Nahostkrieg unter den Verlierern."

Sadat hat die arabische Sache vor der Knesseth nicht verraten, "sondern sie bekräftigt... Dieses von beiden Seiten hartnäckige Verharren in den bisherigen Stellungen hat in vielen Pressekommentaren einen Niederschlag gefunden." (VA 22.11.77: Eine tapfere Tat)

Der samstägliche Leitartikel kennt nur ein Thema, wie dies oft beim Vaterland üblich ist; diesmal den Sadat-Besuch. Bei der Beurteilung dieses Ereignisses geht der Leitartikler weit zurück; bis vor die israelische Staatsgründung:

"Wer die Schilderungen der jüdischen Siedler in Palästina nach der Jahrhundertwende liest, entdeckt gleich, unter welchen brutalen Ver-

hältnissen diese Pioniere leben und arbeiten mussten. Und wer die Photos betrachtet, Bilder von Einöden und Wüsten, und sie mit den heutigen Plantagen an derselben Stelle vergleicht, kommt aus dem Staunen nicht heraus. Dies alles wurde unter widerlichsten Umständen geschaffen. Für die Juden ist Israel das Heilige Land, dessen Besitz einen Jahrtausende alten Traum verwirklicht. Aber auch die Arber haben zu Palästina Bindungen, die man tiefe Heimatliebe nennen kann. Seit uralter Zeit leben sie hier, sei es als Beduinen oder als sesshafte Bevölkerung. Man darf die Leistungen der Araber nicht unterschätzen, und täte man es, wäre man ungerecht. Gewiss sind ihnen die Israeli um viele Längen voraus. Aber man vergesse nicht, dass diese ganz andere Startbedingungen hatten. Wollte man zynisch sein, müsste man sagen, Hitler habe dem Staat Israel sehr viel geholfen. Hochqualifizierte Fachleute und Professoren, Künstler aller Sparten sind in Scharen eingewandert und haben mit zähem Fleiss und kühnem Drang nach vorn ihre Freunde zu ungeheuren Leistungen angefeuert. Es komme uns noch einer mit der Behauptung, nur der Arier sei kulturfähig!.."
(VA 26.11.77: Sternstunden der Hoffnung)

Es ist sicher nicht uninteressant festzustellen, dass obige Zeilen denjenigen aus dem Artikel vom 17. Juni 1967 im Vaterland sehr ähnlich sind. Dies sollte auch nicht erstaunen, wenn wir wissen, dass der Auslandredaktor des Vaterlandes im Juni 1967 mit demjenigen im Jahre 1977 (auch 1973) identisch ist. Man beachte vor allem an beiden Orten die Wendung "Es komme uns noch einer ..".

Die Tragödie im Nahen Osten beruht nach Ansicht des Vaterlandes auch zu einem grossen Teil auf der religiösen Komponente, die einmal mehr durch den Sadat-Besuch manifest geworden ist:

"So hat denn auch Sadat nicht von ungefähr das muselmanische Fest des Opfers 'El Adha' für seine Reise nach 'El Khuda' - die Heilige, wie die Araber Jerusalem nennen - gewählt. Es ist eines der höchsten Feste der Moslem und erinnert an den Tag, an welchem Abraham auf Befehl Gottes seinen Sohn Isaak zu opfern sich anschickte. Gleichzeitig wurden in den Synagogen jene Texte aus der Genesis gelesen, die von der Versöhnung Jakobs mit seinem Bruder Esau berichten. Die Tragödie der Feindschaft im Nahen Osten wird nämlich noch dadurch erhöht, weil sowohl Juden wie Araber Kinder Abrahams sind."

Schliesslich ist einmal mehr vom Schicksal der Palästinenser die Rede, welche wohl die "härteste Knacknuss für die Friedensstifter im Nahen Osten bildet".

"Palästina heisst auf arabisch 'Filistin', ein Name, der von jenen Philistern herkommt, die der Eroberung des Gelobten Landes durch die Israeliten den heftigsten Widerstand entgegengesetzt hatten. Die Philister waren gewiss keine Semiten, aber ihr Name weist auf jenes Volk hin, das heute die schwierigsten Probleme aufgibt."

Der Leitartikler berichtet von persönlichen Kontakten mit Palästinensern:

"Ich habe persönlich sehr viele Lager besucht, in welchen diese Menschen dahinvegetieren. Aber es wäre grundfalsch und ungerecht, wollte man alle Schuld den Israeli in die Schuhe schieben. Den Krieg im Nahen Osten hat bekanntlich nicht Israel begonnen, sondern die Araber, als sie das kleine Land unmittelbar nach der Gründung Israels überfielen. Die in Israel wohnenden Araber wurden von den Israeli weder verfolgt noch vertrieben, sondern sie flohen aus den Feuerlinien. Ihre Führer hatten ihnen baldige Heimkehr und überdies reiche Beute an jüdischem Eigentum versprochen. Als dann der Krieg zu Ende war, schloss Israel die Grenzen, und die Palästinenser blieben draussen. Das wiederholte sich bei jedem Krieg."

Als letzte der zahlreichen Streitfragen, die auch schon sehr alt ist, wird das Problem Jerusalem besprochen:

"Steil und steinig ist auch der Weg nach Jerusalem. Für jeden Juden ist diese Stadt ein heiliger Ort, etwa so, wie für einen Schweizer Katholiken eine Kombination von Maria Einsiedeln und dem Rütli wäre. Wenn Israel alle besetzten und eroberten Gebiete zurückgäbe, würde es doch Jerusalem unter allen Umständen in seiner Hand behalten. Für den Moslem ist die Heilige 'El Khuda' nicht minder heilig. Von der Aksa-Moschee wurde einst Mohammed auf dem Hengst Burak in den Siebenten Himmel erhoben. Und dazu kommt noch, dass König Hussein als direkter Nachfahre des Propheten gilt. Ein Verzicht auf diese heilige Stätte käme für einen Moslem einer Gotteslästerung gleich."

Das Vaterland erwähnt an dieser Stelle nicht das christliche Interesse an Jerusalem. Auch 1967 war Jerusalem für das Vaterland kein Thema, welches besonderer Erwähnung bedurft hätte. (VA 26.11. 77: Sternstunden der Hoffnung)

Die Anti-Sadat-Konferenz in Tripolis ist für das Vaterland Anlass, sich Gedanken zu machen, "was sich Sadats Gegner von ihrer sturen, fanatischen Haltung versprechen. Und da klingt, wenn auch nicht offen ausgesprochen, aber doch in den harmonischen Obertönen immer wieder der Wille zur Vernichtung des Staates Israel mit, an dessen Stelle ein von Arabern und Juden bevölkerter Palästinenserstaat treten soll." Aber auch die führenden Palästinenser haben deutlich Stellung bezogen:

"Arafat und Habasch haben aus ihren Herzen keine Mördergrube gemacht und damit ihre letzte Chance vertan, als Vertreter der Palästinenser mit den Israeli verhandeln zu können. Man sollte annehmen, die Ereignisse in Libanon, wo sich Christen und Moslems die Köpfe blutig schlagen, hätten auch Blinde sehend gemacht. Araber und Juden werden noch lange nicht ein einziges Staatsvolk sein."

Der Kommentar wird mit einem Bibelwort geschlossen:

"Eine israelisch-arabische Versöhnung brächte beiden Partnern unermesslichen Nutzen. Dann träte ein, was der Prophet Jesaias weissagte, als er sprach: 'Dann schmieden sie ihre Schwerter zu Pflugscharen um und ihre Lanzen zu Winzermessern. Nicht mehr zieht Volk gegen Volk das Schwert und nicht mehr übt man für den Krieg.'
Die grossen Nutzniesser einer solchen Versöhnung würden Araber und Israeli in gleichem Masse sein." (VA 10.12.77: Sadat und seine Gegner)

Die Kairoer Vorkonferenz wird vom Aegypten-Korrespondenten kommentiert. Dabei kommt die Jerusalem-Frage doch indirekt zur Sprache. Die Anwesenheit eines Beobachters des Vatikans verdient besondere Beachtung:

"Ein wichtiger Mann hinter den Kulissen von Kairos Mena-House ist der zweite internationale Beobachter des Treffens, der vom Heiligen Stuhl entsandte vatikanische Nahostspezialist Francesco Monterisi... Nun ist Monterisi in Sachen Nahostfrieden am Werk, konkret, was den endgültigen Status der Jerusalemer Altstadt mit ihren jüdischen, christlichen und islamischen Heiligtümern angeht. Aegypter und Israeli sprechen davon, dass hier eine Art Vatikanstaat unter dem gemeinsamen Regiment von Grosssanhedrin, Papst, Weltkirchenrat, dem orthodoxen Patriarchen von Konstantinopel und Saudikönig Chaled als Muslimvertreter ins Leben gerufen werden soll." (VA 15.12.77: Kairo sucht Modellfrieden)

Das "Warten auf Begin" wird den Lesern des Vaterlandes durch einen weiteren Kommentar des Aegypten-Korrespondenten verkürzt. Es muss hier festgehalten werden, dass die Kommentare, die von Korrespondenten verfasst werden (und dies ist beim Vaterland keine Seltenheit) als reine Korrespondentenberichte behandelt werden könnten. Es steht doch eindeutig die Berichterstattung und nicht die Kommentierung im Vordergrunde. Einzig die bevorzugte Plazierung verhilft diesen Beiträgen zu einer besonderen Beachtung. (VA 19.12.77: Warten auf Begin) Diese Feststellung bedeutet jedoch nicht eine materielle Wertung dieser erwähnten Beiträge.

Der Rückblick des Vaterlandes auf das Jahr 1977 steht einzig und allein im Zeichen des Nahost-Konfliktes. War der Entschluss Sadats, nach Israel zu reisen, am 22. November eine "mannhafte, mutige Tat", so ist es am 31. Dezember eine "mannhaft, tapfere Tat". Diese Wiederholung der Themen und selbst manchmal der Worte haben wir bei der "Intransigenz Begins" im Bund kennengelernt. Dies rührt wohl daher, dass die entscheidenden Kommentare und Leitartikel in den meisten Zeitungen immer von denselben Redaktoren geschrieben werden.

Das Vaterland stellt einen "berufenen Botschafter Israels in Aegypten" vor: der frühere israelische Aussenminister Abba Eban:

"Eban , dessen Gattin in Ismailia geboren wurde und Begin dorthin begleitet hat, ist vielleicht der brillanteste Kopf unter den israelischen Politikern, spricht fliessend arabisch und hat stets einen sehr massvollen Kurs gegenüber den Arabern vertreten.."

"Als Gegenleistung sollte Sadat den früheren ägyptischen Aussenminister Mohammed Hasan al-Zayyat reaktivieren. Dieser Mann ... ist ebenso kultiviert wie Eban und kennt wie kaum ein zweiter das geschichtliche Koordinatensystem auf beiden Seiten des Sinai."

Schon am 20. Oktober 1973 wurde derselbe Vorschlag vom Redaktor des Vaterlandes gemacht!

Im letzten Leitartikel des Jahres 1977 wird schliesslich doch noch explicit Stellung genommen zum Problem Jerusalem:

"Nach meiner Meinung sollte diese Stadt nicht wieder geteilt werden, denn geteilte Städte werden immer ein Objekt des Zankes und ein Arsenal für politischen Sprengstoff sein. Das Argument der Araber, auch vieler Christen, die heiligen Stätten müssten allen gehören, <u>ist deshalb nicht stichhaltig, weil die freie Ausübung des Gottesdienstes in Jerusalem voll gewährleistet ist.</u>"
(VA 31.12.77: Gedanken zum Jahreswechsel: Neujahrstag ist Weltfriedenstag)

Teilbild Oktober bis Dezember 1977

Nur das Vaterland stellt dem israelischen Ministerpräsidenten Begin ein gutes Zeugnis aus:

- Begin hielt eine sorgfältig abgewogene Rede
- formuliert eine herzliche Einladung an Sadat

Sadat wird nur einmal erwähnt:

- hat Mut: mannhafte, mutige und tapfere Tat

Positiv bis neutral ist das Israel-Bild:

- Israel zeigte taktische Flexibilität
- grosse Leistung vollbracht; zäher Fleiss
- Israel als Folge des Holocaust
- ist nicht allein schuldig am Problem der Palästinenser

Das Vaterland interessiert sich insbesondere auch für das Problem Jerusalem:

- für Juden und Moslems ein heiliger Ort
- sollte nicht mehr geteilt werden
- freie Religionsausübung durch die israelische Verwaltung gewährleistet

Der einzige israelkritische Beitrag, von dem sich die Redaktion auch teilweise distanziert, stammt aus der Feder von Jean Améry. Dieser kritisiert unter anderem die Religiosität Begins:

- ein die Thora im Arm haltender Ministerpräsident

DAS ISRAEL-BILD DES VATERLANDES

Das Israel-Bild des Vaterlandes weist alle Elemente auf, die in den anderen Zeitungen auch erscheinen. Israelfreundliche und israelkritische Artikel wechseln sich ab. Sehr israelfreundlich ist der Auslandredaktor des Vaterlandes, der schon 1967 und 1973 und schliesslich auch 1977 verantwortlich zeichnet. Für den kritischen Ausgleich sorgen teilweise die verschiedenen Beiträge von "Dritten", die meist emotional gefärbt sind.

Auf grosses Interesse stösst auch beim Vaterland (wie beim Bund und bei der Neuen Zürcher Zeitung) der Vergleich zwischen der israelischen und der Schweizer Armee. Die für den Bund so typischen positiven Charakterisierungen Israels fehlen im Vaterland 1967 jedoch fast vollständig, sind aber 1973 teilweise zu beobachten.

Sowohl 1967 als auch 1973 interessiert sich das Vaterland für den humanitären Aspekt der Ereignisse. Im Jahre 1977 schliesslich setzt sich auch das Vaterland für die Errichtung eines palästinensischen Staates ein. Trotzdem zeigt das Vaterland auch Verständnis dafür, dass Israel nicht bereit sei, alle Gebiete zurückzugeben. Besonders beachtenswert ist die positive Einstellung des Vaterlandes zur israelischen Verwaltung der Heiligen Stätten in Jerusalem. Das Vaterland fordert keine Rückgabe oder eine Internationalisierung Jerusalems.

Als katholisch orientierte Zeitung sieht sich das Vaterland als Vermittler zwischen der arabischen und der jüdischen Position. So wird auch der jüdischen Flüchtlinge aus den arabischen Ländern gedacht. Zudem bespricht das Vaterland die Haltung des Vatikans Israel gegenüber und zeigt Verständnis dafür, dass der Vatikan Israel nicht voll anerkenne.

Die unreflektierte Uebernahme von Analogien Schweiz-Israel wird schon 1973 vom Chefredaktor des Vaterlandes abgelehnt.

ZUSAMMENFASSUNG

Die Aufgabe der vorliegenden Arbeit war es, die Israel-Bilder führender deutschschweizerischer Tageszeitungen herauszuarbeiten. Im folgenden werden die Ergebnisse der quantitativen und qualitativen Inhaltsanalyse dargestellt.

Der Bund

Die Berichterstattung des Bundes im Jahre 1967 zeichnet sich durch Kritiklosigkeit und Freundlichkeit Israel gegenüber aus. Israel ist der kleineDavid, der sich mit Tapferkeit dem grossen Goliath entgegenstellt und durch Mut diesen bezwingt. Israel ist auch 1973 zum Teil noch der David, der am höchsten jüdischen Feiertage von den Arabern angegriffen wird. Leise Kritik an Israel wird schon 1973 hörbar. Die 1977 geäusserte Kritik richtet sich in erster Linie an die unflexible Haltung Israels gegenüber den Palästinensern.

Zum grundsätzlich positiven Israel-Bild tragen - neben der Redaktion - vor allem auch die Beiträge "Dritter" und 1973 die israelfreundlichen Leserbriefe bei. Israel wird 1973 vom Bund als ein Vorposten des Westens bezeichnet, dessen Mentalität und westlicher Arbeitswille der Schweiz und deren Bewohnern nicht unähnlich sei.

Neue Zürcher Zeitung

Die Leser der Neuen Zürcher Zeitung erfahren wesentlich mehr über Israel als die Leser der anderen untersuchten Zeitungen. Israel ist nicht nur als ein Kontrahent im Nahostkonflikt von Interesse. Auch die wirtschaftlichen Probleme Israels werden besonders beachtet.

Die politisch-militärische Berichterstattung ist neutral bis israelfreundlich. Israel wird oft als Kleinstaat bezeichnet, der gewisse Aehnlichkeiten mit der Schweiz habe. Die Neue Zürcher Zeitung interessiert sich für die israelische Armee. Dabei wird versucht, Lehren für die Schweizer Armee zu ziehen.

Von einem Wandel des Israel-Bildes zwischen 1967 und 1977 kann nicht gesprochen werden.

Tages-Anzeiger

Der Tages-Anzeiger beurteilt den Staat Israel und die Ereignisse im Nahen Osten schon im Jahre 1967 sehr differenziert. Er verzichtet darauf, Israel über alle Massen zu loben. Die Verwendung des David-Goliath-Bildes wird explicit abgelehnt, ebenso der Vergleich von David und Tell (dem schweizerischen Freiheitshelden). Kritik an Israel gilt vor allem auch 1973 und 1977 als durchaus legitim. Nach Ansicht des Tages-Anzeigers hat Kritik an Israel nichts mit Antisemitismus zu tun.

Der Tages-Anzeiger weist immer wieder auf die Ursache der Entstehung des Staates Israel hin: Israel sei ein Teil der europäischen (und damit auch schweizerischen) Wiedergutmachung am jüdischen Volke.

Vergleiche zwischen der schweizerischen und der israelischen Armee fehlen im Tages-Anzeiger völlig. Die humanitären Aspekte (besonders das Problem der Palästinenser) stehen im Vordergrund. Der Tages-Anzeiger ist diejenige Zeitung, die sich schon im Jahre 1973 für die Errichtung eines palästinensischen Staates einsetzt.

Vaterland

Israelfreundliche und israelkritische Artikel wechseln sich ab. Sehr israelfreundlich ist der Auslandredaktor des Vaterlandes, der 1967 wie auch 1973 und 1977 verantwortlich zeichnet. Für den kritischen Ausgleich sorgen die verschiedenen Beiträge "Dritter", die meist auf das Palästinenser-Problem hinweisen.

Auf grosses Interesse stösst beim Vaterland im Jahre 1967 der Vergleich zwischen der israelischen und der Schweizer Armee. Im Jahre 1973 distanziert sich der Chefredaktor des Vaterlandes vom diesem Vergleich.

Als katholische Zeitung sieht sich das Vaterland als Vermittler zwischen der arabischen und der jüdischen Position. Zudem zeigt das Vaterland Verständnis für die Politik des Vatikans Israel gegenüber.

Als einzige Zeitung beurteilt das Vaterland die jüdische Verwaltung des wiedervereinigten Jerusalem positiv.

Vergleich der untersuchten Zeitungen: Ergebnisse der quantitativen Analyse

Die Neue Zürcher Zeitung weist die grösste Zahl von Artikeln zum Thema Israel auf, während die anderen drei Zeitungen erstaunlicherweise ungefähr dieselbe Zeilenzahl der Berichte über Israel haben. Dieses Ergebnis wirft die Frage auf, ob die Neue Zürcher Zeitung mit den anderen Zeitungen vergleichbar ist. Das Ergebnis der quantitativen Analyse belegt deutlich, dass die Neue Zürcher Zeitung über mehr Mittel verfügt, ihre Leser umfassend und vielseitig zu informieren, als dies die anderen untersuchten Zeitungen tun können. Die Neue Zürcher Zeitung hat eine grosse Auslandredaktion und ein gut ausgebautes Korrespondentennetz.

Die Stärke der Neuen Zürcher Zeitung liegt, ausser in der politischen Berichterstattung, in ihrer Vielseitigkeit. Der Leser dieser Zeitung erfährt über Israel wesentlich mehr als die Leser der anderen Zeitungen. Dies lässt sich deutlich an der Aufgliederung der Gesamtberichterstattung in nicht politisch-militärische und in politisch-militärische Beiträge aufzeigen. So ist die Neue Zürcher Zeitung auch im Bereich der nicht politisch-militärischen Berichterstattung führend. Während bei der Neuen Zürcher Zeitung der Anteil der nicht politisch-militärischen Berichterstattung über sieben Prozent der gesamten Israel-Berichterstattung beträgt, beläuft sich dieser Anteil bei den anderen Zeitungen zwischen zwei und drei Prozent. Grundsätzlich ist hierzu anzumerken, dass der Anteil der nicht politisch-militärischen Berichterstattung bei allen Zeitungen recht klein ist. Dies ist darauf zurückzuführen, dass die ausgewählten Untersuchungsperioden kriegerische oder politische Ereignisse behandelten. So können bei allen Zeitungen in der sogenannten "ereignisarmen" Periode Januar bis März 1977 hohe Anteile der nicht politisch-militärischen Berichterstattung festgestellt werden (zwischen 7.7 und 45%).

Die Neue Zürcher Zeitung ist auch in Bezug auf die Eigenleistung (d.h. das Verhältnis Eigen- zu Fremdberichten) den anderen Zeitungen überlegen. Bei der Neuen Zürcher Zeitung ist dieses Verhältnis durchwegs positiv, d.h. der Anteil der Eigenberichte überwiegt eindeutig. Beim Bund ist das Verhältnis mehr oder weniger ausgeglichen. Beim Tages-Anzeiger überwiegen die Eigenberichte, während das Vaterland eindeutig mehr Fremdberichte aufweist. Dabei ist darauf hinzuweisen, dass das Vaterland im Jahre 1967 noch keine eigenen Korrespondenten in Israel (und in den arabischen Ländern) hatte.

Die Aussage des Redaktors Lüthi vom Bund, wonach diese Zeitung den Dialog mit den Lesern suche und grundsätzlich möglichst viele Leserbriefe veröffentliche, findet in der vorliegenden Untersuchung ihre Bestätigung. So weist der Bund etwa doppelt so viele Leserbriefe auf, wie die Neue Zürcher Zeitung oder der Tages-Anzeiger. Das Vaterland veröffentlicht nur wenige Leserbriefe. Die israelfreundlichen Leserbriefe überwiegen vor allem beim Bund. Im Tages-Anzeiger findet sich im Jahre 1973 eine Kontroverse über die angebliche Araber-Freundlichkeit der Redaktion. Dieser Vorwurf wird mit der Bemerkung zurückgewiesen, dass sich der Tages-Anzeiger um Ausgewogenheit bemühe.

Der Wandel der Israel-Bilder von 1967 - 1977: Ergebnisse der qualitativen Analyse

Für die Periode Mai/Juni 1967 (Sechstage-Krieg) kann grundsätzlich von einer positiven Beurteilung des jüdischen Staates gesprochen werden. Israel erscheint in der Schweizer Presse als ein Kleinstaat, der der Schweiz nicht unähnlich ist und deshalb a priori gewisse Sympathien für sich beanspruchen kann. Die militärische Stärke imponiert den Kommentatoren, vor allem denjenigen der Neuen Zürcher Zeitung, des Bundes und des Vaterlandes. Der Bund ist zudem voll des Lobes über die israelischen Leistungen im Berich der Urbarmachung der Wüste. Der Tages-Anzeiger gibt keine Hinweise auf die Stärke der israelischen Armee und zieht auch keine Schlussfolgerungen militärischer und strategischer Art für die Schweiz, so wie dies die anderen Zeitungen tun. Die Beiträge des Tages-Anzeigers sind (schon) 1967 tendenziell neutral bis kritisch gehalten.

Alle Zeitungen verwenden im Sechstage-Krieg die David-Goliath-Analogie. Der Tages-Anzeiger distanziert sich kurz nach Kriegsende jedoch wieder davon und verwahrt sich gegen eine Gleichsetzung von David und Tell. Weitere biblische Figuren verwendet der Bund (so werden die Maccabäer und der Richter Gideon erwähnt).

Mit Ausnahme des Vaterlandes erinnern alle Zeitungen an die leidvolle Entstehungsgeschichte des Staates Israel als Folge des Holocaust. Die vorliegende Arbeit kann deshalb auch die Hypothese von Burger et al. (1973,3) bestätigen, wonach die Unterstützung Israels durch die öffentliche Meinung auch durch den Umstand begründet sein könnte, dass man sich an die Leiden des jüdischen Volkes vor 1945 errinerte. Hinweise auf die Leidensgeschichte des jüdischen Volkes, mit der die Entwicklung des Staates Israel in engem Zusammenhang steht, finden sich auch in den späteren Perioden.

Das Vaterland tritt 1967 für Israel ein, veröffentlicht jedoch auch Beiträge "Dritter", die zum Teil israelkritisch sind. Die humanitären Aspekte, d.h. das sich aus dem Kriegsausgang ergebende Flüchtlingsproblem, wird vor allem im Bund und im Vaterland hervorgehoben. Auch der Tages-Anzeiger und die Neue Zürcher Zeitung erwähnen das humanitäre Problem.

Nicht mehr so eindeutig israelfreundlich eingestellt ist die Schweizer Presse während des Yom-Kipppur-Krieges in den Monaten Oktober und November 1973. Das Problem der Palästinenser erscheint in den Zeitungen nicht mehr nur als humanitäres, sondern vielmehr als ein nationales Problem. Obwohl Israel am höchsten jüdischen Feiertage völlig überraschend überfallen wurde, wird der Aspekt des Ueberfalls nicht oder nur andeutungsweise zur Kenntnis genommen.

Die David-Goliath-Analogie findet nur noch ein einziges Mal im Bund Erwähnung, während der Hinweis auf den Holocaust des jüdischen Volkes mit Ausnahme der Neuen Zürcher Zeitung wieder verwendet wird.

Der Bund ist auch 1973 diejenige Zeitung, die sich grundsätzlich für Israel einsetzt. Ein Leitartikel gibt auch Hinweise dafür, warum Israel gerade in der Schweiz besondere Beachtung verdiene. Israel sei der Schweiz, und damit dem abendländischen Westen, sowohl geographisch nahe, als auch in seiner Mentalität sehr westlich eingestellt. Israel wird als westlicher Vorposten dargestellt. Zudem spricht der Bund von einer natürlichen Verwandtschaft zwischen dem Westen und Israel. Dessen westlich-rationales Verhalten stimme mit der schweizerischen Zivilisation überein. Der Kommentator des

Bundes übersieht, dass schon 1973 Israel sicher nicht nur ein westliches Staatsgebilde war. Der Einfluss der europäischen Einwanderer geht mit der Zeit zugunsten des Einflusses der Juden, die aus dem arabischen Raum flüchteten, zurück, und damit tritt das morgenländische Element der israelischen Kultur immer mehr in den Vordergrund. Für den Bund ist Israel auch 1973 noch das kleine, tapfere, heldenhafte Volk, welches mit harter Arbeit die Wüste fruchtbar macht.

Aehnlich wie der Tages-Anzeiger, der sich 1967 gegen die Analogie von Tell und David wehrt, kritisiert das Vaterland 1973 die Analogien zwischen dem Kleinstaat Schweiz und dem Kleinstaat Israel. Das Vaterland spricht von den Regungen der Schweizer, die sich erst dann bemerkbar machen, wenn sich blutige Konflikte in der relativen Nähe der Schweiz abspielen. Dies bedeutet, dass die Anteilnahme vieler Schweizer am Nahost-Konflikt darauf zurückzuführen ist, dass diese Ereignisse in einem Raum stattfinden (Mittelmeeranrainerstaaten), der von der Schweiz geographisch nicht allzuweit entfernt ist.

Die Analyse führender Schweizer Zeitungen hat gezeigt, dass das Interesse an Israel tatsächlich zu einem grossen Teil auf die <u>geringe geographische Distanz</u> zurückzuführen ist. Die entsprechenden Erkenntnisse von Burger et al. (1973,22), Guggisberg (1976, 30) und Cheesman (1973,3) können bestätigt werden.

Das Vaterland und der Tages-Anzeiger behaupten, dass die militärische Ueberlegenheit Israels arg lädiert sei. Die Neue Zürcher Zeitung ist jedoch nach wie vor der Ueberzeugung, Israels militärische Stärke sei trotz anfänglichen Schwächen im Yom-Kippur-Krieg noch voll vorhanden. Aus den kriegerischen Ereignissen möchten die Zeitungen (mit Ausnahme des Tages-Anzeigers) <u>Lehren für die Bewaffnung und Ausrüstung der Schweizer Armee</u> ziehen.

Deutsch (Deutsch/Schmidtchen 1977,33) spricht im Zusammenhang mit dem Auslandbild der Schweizer Bevölkerung von einem "Verlust der Eindeutigkeit" und belegt dies am diffus gewordenen Bild Englands in der Schweiz. Sicher kann man auch von einem <u>Eindeutigkeitsverlust des Israel-Bildes</u> nach dem Sechstage-Krieg sprchen. Die Wandlung vom "David" zum "Goliath" im Gefolge des Sechstage-Krieges könnte einen solchen Eindeutigkeitsverlust verursacht haben. Dieser zeigt sich in den unterschiedlichen Israel-Bilder von 1967 und 1973. So wird die David-Goliath-Analogie 1973 nur einmal verwendet, obwohl sich Israel zumindest in den ersten Tagen des Krieges in grossen Schwierigkeiten befand. In den letzten Jahren ist das David-Goliath-Bild völlig in Vergessenheit geraten.

Der Unterschied zwischen 1967 und 1973 liegt grundsätzlich darin, dass die Ereignisse nüchterner und sachlicher kommentiert werden. Mit dem Verlust der (teilweise) überschwenglichen und unverhältnismässigen Bewunderung der israelischen Leistungen ist die Bereitschaft gewachsen, Israel und seinePolitik zwar grundsätzlich weiterhin zu unterstützen, jedoch auch mehr oder minder leise Kritik zu üben an seinem Verhalten vor allem gegenüber den Palästinensern. Das einseitig positive Israel-Bild des Jahres 1967 ist einer ausgewogeneren Betrachtung des Nahost-Problems gewichen. Das Problem der Palästinenser wird von der humanitären auf die nationale Ebene gehoben. Immerhin finden sich 1973 noch überwiegend Stimmen, die einen palästinensischen Staat als Utopie abtun und die terroristischen Anschläge als solche beim Namen nennen. Vor allem die Neue Zürcher Zeitung wendet sich gegen die Errichtung eines palästinensischen Staates. Die globale Dimension der Ereignisse (das Aufeinanderprallen der USA und der UdSSR) findet vor allem auch in der Neuen Zürcher Zeitung Beachtung.

Schwieriger ist es, Israel-Bilder für die "ereignisarme" Periode Januar bis März 1977, herauszuarbeiten. In dieser Periode finden sich nur wenige meinungsbildende Beiträge (so vor allem beim Tages-Anzeiger). Hingegen setzt sich die Berichterstattung des Bundes und der Neuen Zürcher Zeitung zu einem nicht geringen Teil aus nicht politisch-militärischen Beiträgen zusammen. Um Israel-Bilder zu erhalten, wäre eine Analyse all dieser nicht politisch-militärischen Beiträge notwendig gewesen. Eine solche Analyse hätte jedoch den Rahmen der vorliegenden Arbeit gesprengt.

Die wichtigsten Elementeder Berichterstattung in den Monaten Oktober bis Dezember 1977, der Periode des Besuches des ägyptischen Präsidenten Sadat in Israel, sind in den Gegensatzpaaren Israel-Palästinenser und Begin-Sadat zu suchen. Während wir sowohl für Israel als auch für die Palästinenser positive, neutrale und kritische Elemente finden, fällt die "Auseinandersetzung" Begin-Sadat eindeutig zugunsten Sadats aus.

Israel-kritisch ist in dieser Periode einmal mehr der Tages-Anzeiger. Seine Kritik richtet sich an die verkrampften Sicherheitsvorstellungen Israels. Diese führten dazu, dass sich Israel der Errichtung eines palästinensischen Staates zu Unrecht widersetze. Auch die wenig flexible Haltung Begins wird kritisiert, während Sadats Einsatz für eine politische Lösung des Konfliktes gelobt wird.

Auch beim Bund und bei der Neuen Zürcher Zeitung wird Begins Intransigenz kritisiert, während Sadats Leistungen eine positive Beurteilung erfahren. Der Bund erwähnt allerdings auch das indiskutable Existenzrecht Israels.

Mehrheitlich positiv sowohl zu Israel als auch zu Begin äussert sich das Vaterland. Das alte Bild von den zähen und fleissigen Israelis wird gebraucht, deren grosse Leistungen erneut erwähnt. Auch die sorgfältig abgewogene Rede Begins und seine vorgängig herzliche Einladung an Sadat werden lobend erwähnt. Immerhin findet sich im Vaterland auch der Beitrag von Jean Améry, der Begin ironisch als einen die Thora im Arm haltenden Ministerpräsidenten bezeichnet. Von diesem Beitrag distanziert sich die Redaktion allerdings bis zu einem gewissen Grade. Besondere Erwähnung findet in dieser Periode das Problem des wiedervereinigten Jerusalem . Das Vaterland begrüsst die Situation, bei der die freie Religionsausübung Aller gewährleistet sei und spricht sich gegen eine Rückgängigmachung der Wiedervereinigung aus.

Schlussfolgerungen

In der vorliegenden Arbeit wurden Israel-Bilder führender schweizerischer Tageszeitungen herausgearbeitet. Zudem wurde auf Wandlungen in der Berichterstattung aufmerksam gemacht. So konnten einige feine Unterschiede in den Israel-Bildern der untersuchten Zeitungen für die Jahre 1967 und 1973 festgestellt werden. Man muss jedoch darauf hinweisen, dass ein Wandel in der Berichterstattung und damit im Israel-Bild auch auf personelle Aenderungen in der Redaktion und im Mitarbeiterstab einer Zeitung zurückgeführt werden kann. In der qualitativen Analyse der einzelnen Zeitungen wurde darauf absichtlich nicht eingegangen. Deshalb wurde auch darauf verzichtet, die Verfasser der meinungsbildenden Beiträge und der Leserbriefe bekanntzugeben. Uns interessierte in erster Linie, was die jeweilige Zeitung als solche schrieb.

Die vorliegende Arbeit kann in diesem Sinne als "deskriptive Analyse" (vgl. Guggisberg 1976,18) verstanden werden. Das Verhalten und die Einstellungen der Kommunikatoren, d.h. der Redaktoren und der Auslandkorrespondenten wird als "black-box"-Vorgang verstanden.

Für das Vaterland konnte ein schwach ausgeprägter Wandel zuungunsten Israels festgestellt werden. Der Auslandredaktor, der die Meinungen des Vaterlandes zum Nahost-Konflikt seinen Lesern darstellte, war während der ganzen Untersuchungsperiode 1967 bis 1977 derselbe. Beim Tages-Anzeiger trifft dieser Wandel vor allem für die Zeit ab 1973 zu. Auch dort war (und ist heute noch) derselbe Redaktor für die Israel-Berichterstattung verantwortlich. Bei der Neuen Zürcher Zeitung und beim Bund sind die Verhältnisse anders gelagert. Wohl gibt es auch bei diesen Zeitungen einzelne Redaktoren, die sich auf den Nahen Osten spezialisiert haben, dennoch nehmen auch andere Redaktoren (und vor allem der Chefredaktor) oft in Leitartikeln und Kommentaren Stellung, so dass verschiedene Meinungen zu und über Israel geäussert werden.

Wir haben im Verlaufe dieser Arbeit die relevanten und repräsentativen Stimmen der deutschschweizerischen Presse kennengelernt. Wir müssen jedoch festhalten, dass es e i n Israel-Bild bei keiner Zeitung gibt. Vielmehr können für zu untersuchende Perioden Teil-Bilder herausgearbeitet werden, die dann mit Teil-Bildern aus anderen Periode verglichen werden können.

Die durch diese Arbeit gewonnenen Erkenntnisse können als e i n e n Beitrag zu einer umfassenden Analyse der Beziehungen zwischen der Schweiz und Israel aufgefasst werden. Eine solche Analyse hätte die Aufgabe, neben der Presse noch verschiedene andere Quellen zu konsultieren, aus denen weitere Rückschlüsse über die Beziehungen zwischen der Schweiz und Israel gezogen werden könnten. Dazu gehörte eine Analyse der Grundsätze der offiziellen schweizerischen Aussenpolitik im Hinblick auf den Nahost-Konflikt; die Diskussionen in den Parlamenten auf Bundes- und Kantonsebene (so z.B. die Diskussionen um die humanitäre Hilfe an Israel und die Araber während der Kriege 1967 und 1973); die Auswirkungen auf die schweizerisch-israelischen Beziehungen durch die Einladung und den erfolgten Besuch des PLO-"Aussenministers" Kaddoumi in Bern im Jahre 1981; die Verweigerung der Schweiz, das Sozialabkommen mit Israel in Jerusalem zu unterzeichnen; der Spionage-Fall Frauenknecht im Jahre 1969 oder die Ausbildung schweizerischer Militärpiloten durch israelisches Flugpersonal im Jahre 1980. Die Analyse dieser erwähnten und verschiedener anderer, unerwähnt gebliebener Ereignisse, muss jedoch anderen Arbeiten überlassen werden.

LITERATUR — Bücher und Aufsätze

ARANGUREN, J.L.: Soziologie der Massenkommunikation, München 1967

ASTOR, D., YORKE, V.: Frieden in Nahost? Eine grundlegende Analyse der Friedensmöglichkeiten vor und nach Camp David, München 1978

BAUERLEIN, H.: Die Problematik der Objektivität in der Presse-Berichterstattung, München 1956

BAUER, H.: Das widerspenstige Publikum. Der Einflussprozess aus der Sicht sozialer Kommunikation, in: Prokop, D. (Hrsg): Massenkommunikationsforschung, Frankfurt/M 1973

BEN GURION, D.: Israel - Die Geschichte eines Staates, Frankfurt/M 1973

BERELSON, B.: Content Analysis in Communication Research, Glencoe 1952

BESSLER, H.J.: Aussagenanalyse, Düsseldorf 1972

BLEDJAN, F.: Theoretische Ansätze über den Einfluss der präkommunikativen Einstellungen der Rezipienten auf Bildung und Aenderung von Einstellungen, in: Prokop, D. (Hrsg.): Massenkommunikationsforschung, Frankfurt/M 1973

BURGER et al.: Reaktion der Schweiz in internationalen Krisen, in: Kleine Studien zur politischen Wissenschaft, Zürich 1973

CHEESMAN, R.: Egypt and Israel in European Elite Press, in: Beredskapsnämden for Psykologiskt försvar nr. 48, Stockholm 1970

COHEN, B.: The Press, The Public and Foreign Policy, in: Berelson/Janowitz: Reader in Public Opinion and Communication, New York 1966

DELGADO, M.J.: Die "Gastarbeiter" in der Presse, Opladen 1972

DENK, F.: Die verborgenen Nachrichten, Eberfing 1979

DEUTSCH, K.W., SCHMIDTCHEN, G.: Aussenpolitik und Oeffentlichkeit in der direkten Demokratie, Zürich 1977

DROEGE et al.: Wirkungen der Massenkommunikation, Münster 1969

EICHHOLZ, A.: Der Vietnamkrieg im "Spiegel", Berlin 1979

EISERMANN, G.: Ueber den Begriff der öffentlichen Meinung, in: Koschwitz/Pförtner: Publizistik als Gesellschaftswissenschaft, Konstanz 1973

EURICH, C.: Politische Meinungsführer, München 1976

FRAENKEL, E.: Oeffentliche Meinung und Internationale Politik, in: Recht und Staat 255/256, Tübingen 1962

FREI, D., GLASS, H.: Beharrung und Wandel in den aussenpolitischen Einstellungen junger Schweizer - die Rolle der sogenannten "Meinungsführer", in: Kleine Studien zur Politischen Wissenschaft, Nr. 26, Zürich 1974

FRIEDRICHS, J.: Methoden der empirischen Sozialforschung, Hamburg 1973

GALTUNG, J., RUGE, M.H.: The structure of Foreign News, in: Turnstall: Media Sociology, S.259-298, London 1974

GAUPP, P., ZIEGLER, S.: Das Bild der UNO in der Schweizer Presse, in: Kleine Studien zur politischen Wissenschaft Nr. 35, Zürich 1974

GOREN et al.: Reporting of the Yom Kippur War from Israel, in: Journalism Quarterly 1975 (52)

GROTE, H.: Nachrichtenbeschaffung durch Zeitungsverlage, Bochum 1979

GUBSER, A.: Wesen, Bedeutung und Funktion der Aufmachung in der Schweizer Presse, in: Publizistisches Seminar, Zürich 1967

GUGGISBERG, M.Th.: Das Auslandbild der Schweizer Presse, in: Kleine Studien zur politischen Wissenschaft Nr. 31-33, Zürich 1974

GUGGISBERG, M.Th.: Das Auslandbild der Presse, Bern/Stuttgart 1976

HABERMAS, J.: Sturkturwandel der Oeffentlichkeit, Neuwied 1962

HENTSCHEL, R.: Der Redakteur als Schlüsselfigur im Kommunikationsprozess, Köln 1964

HOTZ, K.: Die aussenpolitischen Teile zürcherischer Zeitungen von 1950 - 1960, in: Publizistisches Seminar, Zürich 1967

HOLSTI, O.R.: Content Analysis for the Social Sciences and Humanities, London 1969

JAEGER, J.: Das Bild der Schweizer Presse, Bern 1967

JAEGGI et al: Der Vietnamkrieg und die Presse, Zürich 1966

JORDAN, P.: Presse und Oeffentlichkeit, Frankfurt/München 1970

KONZELMANN, G.: Die Schlacht um Israel, München 1974

KRAUTKRAEMER, E.: Israel und Nahost, Frankfurt/M 1980

KRISTEN, Ch.: Nachrichtenangebot und Nachrichtenverwertung, Düsseldorf 1972

LAPIERRE, J.W.: L'information sur l'état d'Israel dans les grands quotidiens français en 1958, Paris 1968

LA ROCHE, W.: Einführung in den praktischen Journalismus, München 1976

LAZARSFELD, P.F. MENZEL, H.: Massenmedien und personaler Einfluss, in: Schramm, W.: Grundfragen der Kommunikationsforschung, München 1964

LEWAN, K.: Der Nahostkonflikt in der westdeutschen Presse, Köln 1970

LIPPMANN, W.: Die öffentliche Meinung, München 1964

LISCH, R. KRIZ, J.: Grundlagen und Modelle der Inhaltsanalyse, Hamburg 1978

LUHMANN, N.: Oeffentliche Meinung, in: Langenbucher, W.R.: (Hrsg.): Theorie der politischen Kommunikation München 1974

MAGNUS, U.: Aussagenanalyse; Eine Untersuchung des 1. Fernsehprogrammes, Hamburg 1966

MALETZKE, G.: Psychologie der Massenkommunikation, Hamburg 1963

MANELLA, J.: Zur Sprachanalyse in den Sozialwissenschaften, Zürich 1978

MEIER, W. SCHANNE, M.: Nachrichtenagenturen im internationalen System, Zürich 1980

MESTER, A. VON DACH, Th.: ? Tages-Anzeiger, Publizistisches Seminar, Zürich 1975

MEYER, W. FROHNER, J.: Journalismus von heute, Percha am Starnberger See 1980

MINET, G.W.: Nachrichtenagenturen im Wettbewerb, Köln 1977

MISHRA, V.M: News from the Middle East in five U.S. media, in: Journalism Quarterly 1979,(2) S.374-78

MUEHLETHALER, B.: Die 3. Welt im Spiegel der Schweizerpresse, Freiburg i.Ue. 1976

MOUSALLAM, S.F.K.: Zum Araberbild in der bundesrepublikanischen Presse am Beispiel des 4. Nahostkrieges, Bonn 1976

NOACK, P.: Oeffentliche Meinung und Aussenpolitik, in: Schwarz, H.P. (Hrsg.): Handbuch der deutschen Aussenpolitik, München 1975

NOELLE-NEUMANN, E.: Oeffentlichkeit als Bedrohung, Freiburg i.Br./ München 1977

PADRUTT, Chr.: Zur Lage der Schweizer Presse, Zürich 1975

RAGER, G.: Das Problem der Objektivität in politischen Nachrichten, in: Rhetorik, Aesthetik, Ideologie, Stuttgart 1973

RENKSTORF, K.: Zur Hypothese des "two-step-flow" der Massenkommunikation, in: Prokop, D. (Hrsg.): Massenkommunikationsforschung, Frankfurt/M 1973

REUMANN, K.: Die Karrikatur, in: Dovifat, E. (Hrsg.): Handbuch der Publizistik, Berlin 1969, Band 2, S. 65ff.

RIKARDSSON, G.: The Middle East Conflict in Swedish Newspapers, Lund 1978

RITSERT, J.: Inhaltsanalyse und Ideologiekritik, Frankfurt/ M 1972

ROSENGREN, K. RIKARDSSON, G.: Middle East News in Sweden, in: Gazette 20, 1974 (99-116)

RUEGG, E.P.: Politikbereich und Konfliktivität aussenpolitischer Entscheide in der Schweiz, in: Kleine Studien zur politischen Wissenschaft Nr. 113, Zürich 1977

RUEHL, M.: Die Zeitungsredaktion als organisiertes soziales System, Bielefeld 1969

RULOFF, D.: Inhaltsanalyse und Quantitative Historie, in: Kleine Studien zur politischen Wissenschaft Nr. 157, Zürich 1978

SAXER, U.: Die Objektivität publizistischer Information, in: Langenbucher, W. (Hrsg.): Zur Theorie der politischen Kommunikation, München 1974

SCHEUCH, E.K.: Wirklichkeit und Unwirklichkeit der Massenmedien, Stuttgart 1970

SCHOENBACH, K.: Zur Trennung von Nachricht und Meinung, München 1977

SCHOENBACH, K.: Elektronische Inhaltsanalyse in der Publizistikwissenschaft, in: Publizistik 1979/4

SCHRAMM, W.: Grundfragen der Kommunikationsforschung, München 1968

SILBERMANN, A., KRUEGER, K.M.: Soziologie der Massenkommunikation, Stuttgart 1973

SKRIVER, A.: Auslandberichterstattung - eine Entwicklungs- und Forschungsaufgabe, in: Aufermann et al.: Gesellschaftliche Kommunikation und Information, Frankfurt/M 1973

SPINDLER, Ch.: Repräsentation oder Diskussion? Eine explorative Inhaltsanalyse schweizerischer Personalzeitungen, Zürich 1975

STEFFENS, M.: Das Geschäft mit der Nachricht, Hamburg 1969

STEINER, R.: Illustrierte und Politik, Bern 1971

STRICKER, P.: Zur Analyse der Schweizerischen Aussenpolitik: Prüfung einiger theoretischer Ansätze, in: Kleine Studien zur politischen Wissenschaft Nr. 12-14, Zürich 1973

TADAYON, M.: The Image of the Iran in the New York Times, in: Gazette 1980,4 S.217-233

TANNENBAUM, P.: The Effect of Headlines on the Interpretation of News Stories, in: Journalism Quarterly 1953, S.189-197

TERN, J.: Der kritische Zeitungsleser, München 1973

THOMMEN, A.: Die Schweizer Presse in der modernen Gesellschaft, Zürich 1967

VOLMERT, J.: Politischer Kommentar und Ideologie, Stuttgart 1979

WEBER, M.: Zu einer Soziologie des Zeitungswesens, in: Silbermann, A. (Hrsg.) Reader: Massenkommunikation, Bielefeld 1969

WIEHN, E.R. et al.: Ein Oberbürgermeisterwahlkampf in der Zeitung, Kostanz 1979

WILLIAMS, Fr.: Das Recht auf Information, Wien/Hamburg 1970

WOODWARD, J.L.: Foreign News in American Morning Papers, New York 1930

ZANKL, H.L.: Image und Wirklichkeit, Osnabrück 1971

ZOLL, H.: Massenmedien und Meinungsbildung, München 1970

Zeitungsartikel und andere Quellen

ENCYCLOPEDICA JUDAICA: Year-Book 1977-8

FRISCHKNECHT, J.: Die "Neuen Zürcher Nachrichten" kämpfen noch ums Ueberleben, in: Basler Zeitung 21.2.81, Basel

HOTTINGER, A.: Die nahöstliche Informationsbörse, in: 200 Jahre Neue Zürcher Zeitung, Zürich 1980

INTERNATIONALES PRESSE-INSTITUT: Le reportage du Moyen-Orient, Zürich 1954

INSTITUT FUER KONSUMENTEN- UND SOZIALANALYSEN (KONSO): Die Einstellung des Schweizers zum Nahost-Konflikt, Meinungsumfragen des Institutes für Konsumenten- und Sozialanalysen im Auftrag des Schweizerischen Israelitischen Gemeindebundes, Basel 1970/1975

LIENHARD, T.: 200 Jahre Neue Zürcher Zeitung oder: Was macht den Erfolg einer Zeitung aus? in: Tages-Anzeiger 12.1.80, Zürich

MAF 80: Media-Analyse Führungskräfte (Hrsg.): WEMF, AG für Werbemittelforschung und Arbeitsgemeinschaft MAF, Zürich 1980

TRAPPE, P.: Die Zauberworte "Objektivität" und "Ausgewogenheit", in: Tages-Anzeiger 22.1.77, Zürich

ZUERCHER ZEITUNGEN: Zürcher Zeitungen und ihre Leser; Eine Leserschaftsforschung des Tages-Anzeigers, Zürich 1974

Zitationshinweise

Im theoretischen Teil vorliegender Arbeit werden die erwähnten Autoren mit Namen und Jahrgang des Erscheinungsdatums zitiert. Ein Beispiel: Lapierre (1968,45); im Literaturverzeichnis folgt ausführlich: Lapierre, J.W.: L'information sur l'état d'Israel dans les grands quotidiens français en 1958, Paris 1968

Die zweite Zahl (45) bezieht sich auf die Seitenzahl in der zitierten Quelle.

Hervorhebungen und Unterstreichungen, sowie Kursivdruck (als Hervorhebung) in den Zeitungen sind in diese Arbeit direkt übernommen worden und durch durchgehende Unterstreichung gekennzeichnet.

Zur Hervorhebung von Textstellen, die uns wichtig erscheinen, werden unterbrochene Linien verwendet. Ein Beispiel: ", ist doch von Seiten unserer Behörden unterstrichen worden, dass auch wir im Bereich des Mittelmeerraumes liegen,..."

A N H A E N G E

KOMMUNIKATIONSTHEORETISCHE UND METHODOLOGISCHE PROBLEME

Die kommunikationstheoretischen Fragen, die wir teilweise bis jetzt implizit miteinbezogen haben, sollen im folgenden zusammen mit einigen anfallenden methodologischen Problemen ausführlicher behandelt werden. Es geht dabei im wesentlichen um den Ereignisablauf und um den inhaltsanalytischen Methodenstreit.

EREIGNISABLAUF

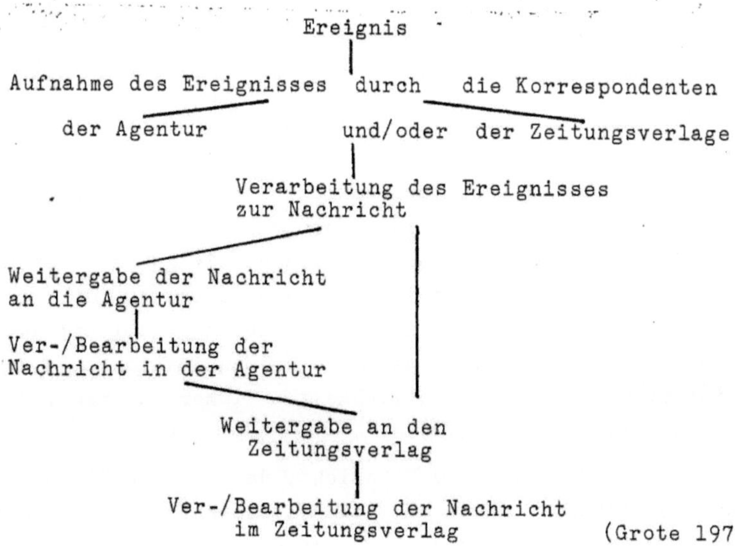

(Grote 1979,129)

Dieses Schema zeigt die verschiedenen Stufen und die dabei handelnden Akteure. Ein Ereignis ist in diesem Falle mehr als die blosse Nachricht: "In der Tat dürften ja nur jene Ereignisse das Interesse der Presse und - mehr noch - Parlament erregen, die sich besonders deutlich vom 'normalen Lauf' der internationalen Beziehungen abheben." (Gaupp et al. 1978,32) Aus diesem politologischen Ereignis-Verständnis heraus sprechen Gaupp et al. (1978,32) von fünf konstituierenden Komponenten eines Ereignisses:

"- initiierender Akteur (z.B. Kleinstaat)
- Ziel Akteur (z.B. Supermacht)
- Aktivität (z.B. kooperativ)
- Politikbereich (z.B. Wirtschaft)
- Zeit (z.B. kontinuierlich)"

An dieser Stelle soll auch der Begriff der Nachricht miteinbezogen werden: "Nachrichten sind die erste Mitteilung von einem Ereignis, einer Entwicklung, einem Ausspruch...von allgemeiner oder persönlicher Bedeutung. Der Nationalökonom spricht von einem 'Zeitgut', äusserst rasch verderblich." (Noelle-Neumann 1977,91)

In einem ersten Arbeitsgang werden jetzt die Quellen von Nachrichten und deren Bearbeitung durch Kommunikatoren dargestellt.

Nachrichten - Beschaffung, Bearbeitung und Verwendung durch Kommunikatoren

Im Ablauf von Massenkommunikation nehmen die Kommunikatoren immer die erste Stelle ein. Als Massenkommunikation bezeichnet Zoll (1970,11) die Erscheinung, "dass sich ein grosses heterogenes Publikum relativ gleichzeitig Aussagen aussetzt, die eine Institution durch Medien übermittelt, wobei das Publikum dem Sender unbekannt ist." Merkmale der Massenkommunikation sind demzufolge immer: " - stete Oeffentlichkeit, - immer indirekt, - ausserdem einseitig" (Zoll 1970,11)

Bessler (1972,60) ist der Ansicht, dass es mit Hilfe der qualitativen Inhaltsanalyse möglich sei, sich über die Intentionen des Kommunikators Klarheit zu verschaffen: "Der Forscher habe - so George - das, was er mit der Aussagenanalyse erreichen will, nämlich die Aufdeckung der in der Aussage verborgenen Manipulation des Kommunikators, klarer vor Augen und richte deswegen bei der Analyse sein Interesse unmittelbarer auf dieses Problem, als das bei der schematischen Abwicklung quantitativer Analysen der Fall sein könne."

Es kann hier gesagt werden, dass die vorliegende Arbeit als "deskriptive Analyse" im Sinne von Guggisberg (1976,18) verstanden werden kann. Das Verhalten der Kommunikatoren wird als "black box" Vorgang verstanden (Guggisberg 1976,14). Dass die Problematik der Intentionen der Kommunikatoren nicht gar so unlösbar erscheint, betont auch Guggisberg (1976,18): "Die Tatsache jedoch, dass die Uebereinstimmung in dem, was 'News' sind und was den Rezipienten interessiert, obwohl auf den ersten Blick von rein subjektiven Urteilen abhängig, das zentraleinigende Element im Pressewesen ist, reduziert die Komplexität der angesprochenen Problematik."

Kristen (1972,37) unterscheidet zwischen Primärkommunikatoren (Agenturen) und Sekundärkommunikatoren (Zeitungsredaktionen), eine Unterscheidung, der wir uns im folgenden anschliessen wollen.

Primärkommunikatoren

Kristen zählt (1972,37) die Nachrichtenagenturen zu den Primärkommunikatoren. Die Hauptaufgabe deser Agenturen besteht darin, "den Medien jene Informationen zukommen zu lassen, die sie selbst durch Reporter oder Korrespondenten nicht oder zumindest nur sehr schwer einholen können." Die Zeitungen, und zum grossen Teil auch die von uns untersuchten - mit Ausnahme der NZZ - sind also in der Beschaffung von Nachrichten in grossem Masse von den Nachrichtenagenturen abhängig. "Solche Abhängigkeit (der Zeitungen von den Agenturen, J.S.) bleibt dem Publikum unbekannt und überdies ziemlich gleichgültig." (Tern 1973,94) Andererseits relativiert Tern (1973,95) letztere Aussage; es hängt doch ab, von welcher Agentur eine Zeitung ihre Berichte bezieht: "Der rezipierende und reproduzierende Mensch ist kein Roboter, sondern ein soziales, für die leisesten Impulse empfängliches, reizbares Wesen; der Journalist nimmt daran in seiner auf Kommunikation eingestelltenArbeit erst recht teil." Ob diese Impulse darin bestehen mögen, dass auch der Leser jeden Bericht, den er liest, dahingehend prüft, welches Kürzel der Agentur voransteht?

Meldungen von Nachrichtenagenturen werden von den Zeitungen nach bestimmten Ueberlegungen hin ausgewählt: "Dabei wird die Auswahl von solchen Kriterien wie der landschaftlichen und sozialen Umgebung der betreffenden Zeitung, ihrem Standort in den gesellschaftlichen Auseinandersetzungen und auch der der Zeitung von wem immer bestimmten 'Richtung' gesteuert. Das können nur Schönschwätzer, Heuchler oder Ignoranten leugnen." (Tern 1973,95) Verschiedene Zeitungen mischen mehrere Agenturmeldungen und "lassen sie unter eigener Flagge segeln." (Tern 1973,95) Diese Beobachtung gilt z.T. auch für die von uns untersuchten Zeitungen.

Meier/Schanne (1980,10) definieren Nachrichtenagenturen als

"den Massenmedien vorgelagerte Organisationen, die in Nationalstaaten inkorporiert sind und national oder transnational operieren und in einzelnen Fällen als diversifizierte und multinationalisierte Dienstleistungsunternehmen nach bestimmten Kriterien Nachrichten sammeln, kaufen, auslesen, ergänzen, verändern, kommentieren, übersehen und gegebenenfalls weiterverkaufen."

Für Tern (1973,96) stellen die Nachrichtenagenturen "soziale Machtpositionen" dar und er folgert: "Denn es ist natürlich Unsinn anzunehmen, dass Nachrichtenagenturen nichts als das dürre Holz von Daten und nackten Namen vermitteln. Die chemisch reinen Objektivitäten wissen auch Nachrichtenagenturen, selbst die staatsfreien und die soliden, nicht festzustellen und nicht vom Subjekt des Erkenntnisprozesses zu isolieren. Es gibt nur das Bemühen um eine von Vorurteilen nicht zusätzlich belastete und verzerrte, skrupulös ausgewogene, der Objektivität zugekehrte Nachrichtengebung. Womit die reine Willkür bei der absichtsvollen, politisch gesteuerten Nachrichten-Selektion keineswegs vom Vorwurf verfälschter Manipulation befreit ist." (Tern 1973,102) Das Problem der Ausgewogenheit und "Objektivität", das Tern hier anschneidet, soll später zur Sprache kommen.

Auch Steffens (1969,34) schneidet die Frage nach der Nachrichtenauswahl an: "Welche von den wenigen Nachrichten, die eine Zeitung schliesslich veröffentlicht den Leser nur aus technischen Gründen erreicht, weil der bearbeitende Redakteur auf sie eingestimmt ist, das bleibt dem Leser stets verborgen. Bestimmend ist dafür sicher das persönliche Verhältnis, das ein Redaktor zu einem bestimmten Ereignis hat, ebenso aber wohl auch die Atmosphäre, die in einer Redaktion herrscht. Wer längere Zeit in einer Redaktion arbeitet, der hat sich nicht nur 'angepasst', er folgt auch, ohne es zu wissen, einer Generallinie, die sich als Mittel der herrschenden Ansichten ohne bewusstes Zutun einzelner herausgebildet hat. Je grösser das Kollektiv einer Redaktion, desto wirksamer ist die Atmosphäre, in die ein jeder eingebettet ist. Danach richten sich dann die Massstäbe, nach denen eine Nachricht beurteilt und bearbeitet wird. Das wirkt sich natürlich auch auf den Umfang aus, der einzelnen Nachrichten gegeben wird."

Diese Beschreibung von Sozialisierungs- und Internalisierungsprozessen, wie sie in Redaktionen üblich sind, leiten über zur Besprechung der Sekundärkommunikatoren.

Sekundärkommunikatoren

Rühl (1969) bezeichnet die Redaktion als organisiertes soziales System. Das systemtheoretische Denken erlaubt, gewisse Integrationsmechanismen ursächlich zu analysieren. So orientiert sich das redaktionelle Handeln nach Rühl (1969,40) "generell an Fakten, Normen und nicht zuletzt an Zwecken. Ihm liegen umfangreiche und dennoch stets unvollkommene Informationen aus einer komplexen, doch interpretationsbedürftigen Umwelt zugrunde." Durch die redaktionelle Abstimmung und schliesslich Identifikation kann der "Ueberschuss an Informationen", die Unsicherheit in der Zeitungsredaktion,absorpiert werden. Da die Redaktion nie über alle (Umwelt-) Informationen verfügt, kommt den durch die Zeitung (genauer: der Redaktion) verbreiteten Informationen auch immer nur eine relative Verbindlichkeit zu.

Das darf natürlich nicht bedeuten, dass diese Relativität der Verbindlichkeit als Ausflüchte für unseriöse oder unsachliche journalistische Alltagsarbeit herhalten kann.

Hentschel (1964,59) umreisst klar die Aufgaben der Redaktoren: "Die Aufgabe des Redakteurs ist es, das umfangreiche Material, von dem nur ein kleiner Teil veröffentlicht werden kann, zu sichten, zu ordnen, auszuwählen und zu redigieren. Der Redaktor entscheidet also letztlich, was in der Zeitung erscheint. Bei ihm wird der gesamte Stoff sozusagen gefiltert, und nur die Informationen passieren den Filter, die vom Redakteur für Wert gehalten werden, dem Publikum übermittelt zu werden." Diese Filterfunktion wird in der kommunikationstheoretischen Literatur mit dem Begriff des "gate-keepers" umschrieben.

Gate-keeper (Schleusenwärter-) Funktionen übernehmen in erster Linie die Zeitungsredaktionen, zum Teil aber auch die Nachrichtenagenturen. Die Vorstellung von einem gate-keeper findet auch auf der Rezipientenseite ihr Pendant im Begriff des "opinion leaders":

KOMMUNIKATOREN			M A S S E N M E D I E N		REZIPIENTEN		
INPUT	gate-keeper	INPUT		OUTPUT	opinion-leader	OUTPUT	Rezipienten

Gate-keepers sind nach Kristen (1972,25) diejenigen Entscheidungsinstanzen, "die in massenkommunikativen Prozessen mehrfach eingeschaltet und deren Aufgabe (sei sie dem kommunikativen System immanent oder eine vom Kommunikator erworbene Position) mit der eines Relais zur Weitergabe von Informationen, zu deren Unterdrükkung oder Veränderung vergleichbar ist - .." Vor allem gut beobachtbar - und dies hat Kristen in seiner Arbeit nachgewiesen - ist die Schleusenwärtertätigkeit bei der Bearbeitung von Agenturmeldungen durch Zeitungsredaktoren (Kristen 1972,38): "Der Agenturtext, seine thematisch-sprachliche Struktur - bei Inhaltsanalyse auch seine semantischen Tendenzen - werden damit zur 'Wahrheit', der gegenüber Abweichungen in den Zeitungen im Sinne von Schleusenwärteraktivitäten und deren Niederschlag untersucht werden." Merkmale des gate-keepers Verhalten sind nach Kristen (1972,52) z.B.: Menge der Artikel, Plazierung, Ueberschrift, Druck, typographische Mittel. Dass solche Eingriffe, zumindest solche "physikalischer Natur" (Bessler 1972,72) vorkommen, wurde in den Gesprächen mit den Redaktoren auch einsichtig. Auch Silbermann/Krüger (1973,41) sehen im gate-keeper Ansatz das wichtigste Element der Kommunikationsforschung: "Im Rahmen der Massenkommunikationsforschung wurde das hier kurz skizzierte gate-keeper Modell zuerst von David M. White angewandt. In Analogie zu Entscheidungsprozessen in Kleingruppen sah White in den Nachrichtenredakteuren der Massenmedien gate-keeper, die bei der Sammlung, Verarbeitung und Weitervermittlung von Nachrichten ähnliche Entscheidungssituationen ausgesetzt waren, wie z.B. die Hausfrau, die über den Kauf von Lebensmitteln zu entscheiden hat."

Kristen (1972,33) betont, dass die gate-keeper Prozesse, die von den Kommunikatoren ausgelöst werden, nicht isoliert betrachtet werden dürfen: "Die Definition der Realität, wie sie der Kommunikator durch Selektion und Interpretation vornimmt, basiert auf seinem eigenen Wert- und Normensystem sowie auf dem des kommunikativen Systems, auf den Erwartungen der Rezipienten und auf den gesamtgesellschaftlichen Wertvorstellungen." In diesem Sinne kann unser systematisches Vorgehen bei der Betrachtung der verschiedenen Stufen des Ereignisablaufes nur als analytisches Werkzeug betrachtet werden. Auch wir müssen uns der Verknüpfungen, wie sie Kristen beschreibt, voll und ganz bewusst werden.

In eine bestimmte Richtung wird die gate-keeper Aktivität von zwei Grundfaktoren bestimmt: "..einerseits die Werte, Normen (Intention und Verhaltensmuster) des Herausgebers, und andererseits die 'editorial activity', also die journalistische Arbeit in den Redaktionen." (Kristen 1972,33)

Auch für Kristen (1972,62) ist das gate-keeper Verhalten der Agenturen ein entscheidender Faktor für den gesamten Kommunikationsprozess. Er spricht in diesem Zusammenhang von einem Problem "des monopolistisch vorgeformten Nachrichtenangebots."

Die Funktionen der Sekundärkommunikatoren im Kommunikationsprozess

Wir haben gesehen, dass den Redaktoren Relais-Funktionen zukommen. Sie übernehmen Nachrichten und leiten sie nach entsprechender Bearbeitung an die Massenmedien, bzw. direkt an die Rezipienten weiter. Auch für Scheuch (1970,224) ist der Journalist mehr als nur Mittler zwischen Ereignis und Bericht. Aufgrund der Ergebnisse der Soziologie der Massenkommunikation folgert Scheuch: "Bedingt nicht der Charakter eines jeden Mediums und dessen Kunstlehre, dass Ergebnisse nicht so wiedergegeben werden können, wie sie abliefen?" Immerhin werden an den Journalisten im weitesten Sinne, dazu zählen wir Reporter, Korrespondenten und Redaktoren, gewisse Verhaltenserwartungen - Normen also - gerichtet. Dazu gehört das Objektivitäs-Postulat und die damit zusammenhängende Forderung nach Trennung von Nachricht und Meinung.

Objektivität und Ausgewogenheit

Saxer (1974,206) vertritt die Ansicht, dass in der publizistischen Information auf jeden Fall ein Postulat der Objektivität besteht. Vier Auffassungen sind in der internationalen Diskussion vertreten; zwei positive, eine ambivalente und eine negative:

"1. Wünschbarkeit und Möglichkeit publizistischer Objektivität werden vorbehaltlos bejaht,...
2. Wünschbarkeit und Realisierbarkeit publizistischer Objektivität werden kritisch bejaht,..
3. Die Wünschbarkeit publizistischer Objektivität wird zwar prinzipiell anerkannt, ihre Verwirklichungsmöglichkeit aber bestritten oder zumindest bezweifelt.
4. Wünschbarkeit wie Möglichkeit publizistischer Objektivität werden entschieden verneint,..."

Saxer (1974,208) erläutert diese Möglichkeiten: "Standpunkt 3 dürfte gegenwärtig von der Mehrheit empirisch ausgerichteter Publizistikwissenschafter eingenommen werden, ebenso von der Ueberzahl der politisch engagierten Journalisten. Allerdings orientieren sich die gegen die Realisierungsmöglichkeit der Objektivitätsnorm vorgebrachten Argumente vornehmlich an absoluten erkenntnistheoretischen Idealen, bzw. an der Subjektivität des einzelnen Publizisten. Es fragt sich daher, ob auf diese Weise der für die politische Problematik publizistischer Objektivität wesentliche praktisch-systematische Zusammenhang nicht überhaupt verfehlt werde." Saxers Ueberlegungen gehen in Richtung der Systemtheorie: "Als das funktionale Spezifikum von publizistischer Kommunikation wiederum kann, unter weiterer Nutzung Luhmannscher Konzepte, die Reduktion von Umweltkomplexität für personale und soziale Systeme erkannt werden. Was die publizistischen Medien produzieren, sind ja Aussagen, welche die unübersichtliche Umwelt für Individuen wie Kollektive auf für diese und ihre Handlungszusammenhänge sinnvolle, d.h. einsetzbare und mehr oder weniger gut darauf zugeschnittene Strukturen vereinfachen. Und zwar beschränkt sich diese Reduktionsleistung keineswegs auf die Benachrichtigungstätigkeit, auch die Vielfalt der zirkulierenden Meinungen wird ja gerade von eigentlichen Massenkommunikationsmitteln rigoros kanalisiert und damit auf wenige Hauptvarianten gebracht, und nicht minder reduktiv verfährt vielfach das publizistische Unterhaltungsangebot bei seinen Stereotypisierungen." Saxer (1974,212) definiert schliesslich Objektivität "als konsensuelle Grösse auf der Grundlage gemeinsamer Wirklichkeits- und Sinnvorstellungen, wobei auf der einen Seite für die Institution Wissenschaft die Gemeinschaft der Wissenschafter und auf der anderen Seite für die Institution Publizistik letztlich die Rezipienten die Bewährungsinstanz abgeben."

Es muss wohl dazu bemerkt werden, dass Rezipienten nur dann als Bewährungsinstanz auftreten können, wenn ihnen die Mechanismen und Abläufe - dazu zählen wir sowohl die individuell beim Kommunikator zu suchenden Verfälschungen als auch die "technischen" Sachzwänge - der Massenkommunikation offen und durchschaubar dargelegt werden. Auch diese Forderung muss in das Objektivitäts-Postulat miteinbezogen werden.

Grote (1979,13) zitiert das Wörterbuch der Publizistik (1970), wenn er den Objektivitätsbegriff angeht: "Da die öffentliche Kommunikation stets von Gefühlen und Haltungen des Berichtenden abhängt, ist Objektivität im Bereich der Publizistik ausgeschlossen. Das Bemühen um eine wahrheitsgemässe Berichterstattung wird als ausreichend angesehen." Saxer (1974,206) seinerseits kritisiert diese Verneinung der Objektivitätsforderung: "Selbst wenn es keine publizistische Objektivität geben sollte, so gibt es wenigstens das entsprechende Postulat, auch entsprechende journalistische Bemühungen und zumindest eine mehr oder weniger heftige diesbezügliche Diskussion."

Rager (1973,241) beschränkt das Problem auf die quantitative Ebene des Ueberhangs des Nachrichtenangebotes: "Insofern nämlich, als mehr geschieht als gemeldet wird (und gemeldet werden kann), ist die Objektivität der Nachrichtengebung an das subjektive Moment der angemessenen Auswahl und Gewichtung des zu Meldenden gebunden und kann nicht mehr als ein Problem der neutralen Wiedergabe gefasst werden."

Da die Bedeutung von Ereignissen nicht immer gegeben ist, bedarf es der Interpretation derselben. Diese Interpretationsleistung muss von den Zeitungen, bzw. den Kommunikatoren erbracht werden: "Die gebotene 'Objektivität' stellt dabei einen Grenzwert dar, dem sich die Interpretation mehr oder weniger annähern kann, ohne ihn jedoch vollkommen zu erreichen. Jede Zeitung legt die Ereignisse in Uebereinstimmung mit ihrer eigenen Meinung aus und, sofern eine Pressefreiheit nicht existiert, nach der von der Regierung diktierten Einstellung." (Aranguren 1967,153)

Nach Lapierre (1968,46) ist eine Information niemals neutral oder ausgewogen und er zeigt dies an einem Beispiel aus seiner Arbeit, das unsere volle Beachtung verdient: "..Si, dans un article sur la tension entre Israel et les Etats arabes, vous rappelez qu'à peine proclamé le nouvel Etat juif a été attaqué et envahi par les armées arabes en 1948, l'information est à la fois objective et favorable à Israel, défavorable aux Etat arabes: qui ne condamnera pas l'agression? Qui ne plaindra pas la victime? En revanche, si vous rappelez qu'en 1956 Israel a attaqué l'Egypte et envahi une partie de son territoire, l'information est non moins objective et non moins partiale, mais cette fois en sens inverse."

Auch Steffens (1969,153ff.) zeigt an verschiedenen Beispielen aus dem Nahost-Konflikt die politische Dimension der Forderung nach Objektivität auf.

Bevor wir abschliessend den Beitrag von Trappe betrachten, lassen wir Lippmann (1964,61) zu Worte kommen: "Doch selbst der Augenzeuge bringt kein unvoreingenommenes Bild vom Schauplatz des Vorgangs mit. Die Erfahrung scheint zu zeigen, dass er bereits etwas zum Schauplatz mitnimmt, was er später von dort zurückbringt. Was er für seinen Bericht von einem Ereignis hält, ist zumeist in Wirklichkeit dessen Umwandlung.." Diese Umwandlung erfolgt durch die Stereotypisierung: "Die Einflüsse, die das Stereotypenrepertoire schafft und erhält, sind die feinsten und allgegenwärtigsten von allen. Wir werden über die Welt bereits unterrichtet, bevor wir sie sehen. Wir stellen uns die meisten Dinge vor, bevor wir unsere Erfahrungen damit machen. Und diese vorgefassten Meinungen beherrschen aufs stärkste den ganzen Vorgang der Wahrnehmung.." (Lippmann 1964,68)

Nach Trappe (1977,22) können die Begriffe Objektivität und Ausgewogenheit sowohl von einer wissenschaftlichen Optik als auch mit dem common sense angegangen werden: "Für ihn (Popper, J.S.) ist Objektivität - im Sinne von theoretischer Aussage oder Wahrheit - für den Wissenschafter ein Postulat, angestrebtes Ideal seiner Tätigkeit, das jedoch endgültig nicht erreicht werden kann. Gleichwohl kommt die Wissenschaft zu vertretbaren Ergebnissen.. Wir ringen um die Wahrheit, wir nähern uns ihr an; ob wir sie erreicht haben, wissen wir nie genau, Genauigkeit erreichen wir allenfalls in methodisch korrekt vollzogener Wiederlegung (Falsifikationskriterium).. Die Trennung von Nachricht und Kommentar bei der Analyse des Objektivitätsproblems wird doch in der Regel gehandhabt; man muss sich fast genieren, auf diesen Sachverhalt verweisen zu müssen.. Der mögliche Sinn des Begriffspaars Objektivität und Ausgewogeneheit ist doch wohl, dass Objektivitätsverlust durch Darstellung verschiedener Meinungen entschärft werden kann oder soll; ... Da absolute Objektivität nicht möglich ist, hat gerade die peinlich genaue Berücksichtigung des Objektivitätsgebots höchste Bedeutung. Resignierendes Verleugnen von Objektivität gerät sehr schnell zur voreiligen Rechtfertigung von Subjektivität."

Trennung von Nachricht und Meinung

Generell kann vorausgeschickt werden, dass die primären Kommunikatoren (Nachrichtenagenturen) die Nachrichten liefern, während die sekundären Kommunikatoren die Meinungen bilden. Beides-Nachricht und Meinung - wird dann über ein Medium an die Rezipienten weitergegeben. Dass dabei die säuberlich Unterscheidung, was denn nun Nachricht (facts) ist, und was Meinung (comment), nicht immer klar zum Ausdruck gebracht wird, ist Gegenstand der folgenden Ueberlegungen.

Nachrichten werden im allgemeinen gekauft, während Meinungen gemacht werden: "In den seltensten Fällen geht es jedoch um die Alternative 'make' or 'buy', sondern um die verschiedenen Möglichkeiten, für die Verlage ein 'make' and 'buy' zu realisieren. Dass das ausschliessliche 'make', insbesondere für die Nachrichtensammlung im Ausland, höchstens für ganz wenige, wirtschaftlich starke Verlage eine Alternative sein kann, lässt sich schon jetzt aus der Marktstruktur schliessen." (Grote 1979,55)

An dieser Stelle muss noch eine Begriffsklärung vorgenommen

werden. Nachdem wir auch Redaktoren zu den Journalisten gezählt haben, wollen wir diese Einteilung modifizieren, indem wir noch den Begriff des Publizisten einbeziehen: "Der Journalist berichtet, der Publizist will beeinflussen. Häufig sind beide Funktionen gekoppelt; entweder durch Personalunion (der Journalist schreibt auch Kommentare und der Publizist Nachrichten) oder dadurch, dass sich die Redaktion aus Vertretern beider Sparten zusammensetzt." (Bäuerlein 1956,39)

Die Trennung von Tatsachen und Meinungen bewirkt nach Bäuerlein (1956,24) eine Abschwächung des Einflusses einer Zeitung auf die Oeffentlichkeit: "Die Annahme, dass viele Leser den Kommentar nicht zur Kenntnis nehmen, wenn er nicht in der Nachricht enthalten ist, dürfte gerechtfertigt sein. Eine Zeitung, die sich zur objektiven Berichterstattung entschliesst, büsst einen Teil ihrer publizistischen Wirksamkeit ein. Sie gewinnt aber vornehmlich einen grösseren Leserkreis und macht dadurch das Verlorene wieder wett."

Nach Bäuerlein (1956,39) ist die objektive Berichterstattung dann gegeben, wenn der Journalist seine Tätigkeit "als eine Art von Treuhandschaft auffasst." Diese Treuhandschaft erlaubt es jedoch, von der Objektivität abzuweichen, ohne dabei die Wahrheit zu beeinträchtigen, wobei unter Wahrheit "die möglichste Uebereinstimmung einer Aussage mit ihrem Gegenstand" zu verstehen ist. Den Kreis zwischen den Begriffen der Objektivität, Ausgewogenheit und Oeffentlichkeit schliesst Bäuerlein (1956,54), wenn er den Journalisten (und damit auch den Publizisten) zum Verwalter des Nachrichtenwesens macht: "Er geniesst besondere Rechte, (zum Beispiel das Recht, von den Behörden Auskünfte zu erhalten), hat andererseits jedoch die Pflicht übernommen, objektiv zu berichten. Objektiv deshalb, weil das Gemein-Interesse der einzelnen Gruppen dahin geht, zu verhindern, dass die Tätigkeit <u>einer</u> Gruppe in den Berichten über Gebühr betont wird, woraus anderen Gruppen Schaden entstünde."

Für Bauer (1968,65) versteht es sich von selbst, "dass die scharfe Trennung von Information von der Meinung noch immer erstrangige Pflicht ist. Der Leser muss genau wissen, wo es sich um reine Information handelt, und wo die Meinungsäusserung der Redaktion beginnt, die er mit Reserve aufzunehmen hat.. Ihm (dem Leser, J.S.) soll nicht eine Art vorfabrizierter Meinung dargeboten werden, die er nur noch anzunehmen oder abzulehnen hat. So eindeutig in dem einen oder anderen Fall der Leitartikel den Standpunkt der Redaktion bzw. Autor zu präzisieren vermag, bei anderer Gelegenheit wird sich der Verfasser mehr analytisch mit einem bestimmten Thema befassen müssen."

Schönbach (1977,26) geht davon aus, dass nicht die Trennung von Nachricht und Meinung gewünscht, sondern die teilweise tatsächliche Vermischung von Nachricht und Meinung verhindert werden muss. Er unterscheidet zwei Bedeutungen des Begriffs Vermischung:

"- explizite Vermischung, d.h. in einer Nachricht treten eindeutig wertende Begriffe und Formulierungen auf.
- implizite Vermischung, d.h. Nachrichten werden einseitig und verzerrend ausgewählt oder aufgemacht."

Gerade diese implizite Vermischung wird gern übersehen, und deshalb werden hier auch noch Bemerkungen zum Stil der Zeitungen anzubringen sein. Kritik übt Schönbach (1977,41) an der ungenügenden Kennzeichnung von Beiträgen, die Wertungen enthalten: "Die untersuchten Zeitungen veröffentlichen eine ganze Reihe informativer Beiträge, die mit Namens<u>kürzeln</u> eingeleitet waren, also per definitionem von ihrer <u>Form</u> her nicht zu erkennen gaben, dass sie persönliche Aeusserungen enthielten." So werden auch bei der Neuen Zürcher Zeitung sogar Leitartikel und Kommentare nur mit Kürzeln versehen, oft fehlen auch diese. Wenn wir uns der Ansicht Schönbachs anschliessen, dann müssen wir auch/sogar der NZZ implizite Vermischung vorwerfen.

"<u>Explizite</u> Vermischung von Nachricht und Meinung wird in der Inhaltsanalyse mit Hilfe von Einstellungen gemessen, die <u>wertende Formulierungen</u> in der Berichterstattung ermitteln soll. Der <u>implizite</u> Verstoss gegen das Trennungspostulat hingegen betrifft die <u>Auswahl</u> bzw. <u>Plazierung</u> von Argumenten." (Schönbach 1977,48) Deshalb wurde versucht, das Augenmerk bei der quantitativen Analyse auf die implizite Vermischung sowie bei der qualitativen Analyse auf die explizite Vermischung zu richten.

Wie die verschiedenen Medien Nachrichten und Meinungen vermischen, bzw. trennen, zeigt Schönbach (1977,76) auf:

Nachrichten-agenturen	Hörfunk Fernsehen	regionale Abonnement-Zeitungen, Kaufzeitungen	über-regionale Abonnement-zeitungen	Wochen-zeitungen

⟵―――――――――――――――――――――――――――――⟶

Betonung von Information:	Betonung von Interpretation:
Scharfe Trennung von Nachricht und Meinung	Vermischung von Nachricht und Meinung

Auch Schönbach (1977,132) - ähnlich wie Rühl (1969) oder Grote (1979,74), welche die Redaktion als soziale Gruppe erfassen wollen - sieht gewisse Mechanismen, die dafür verantwortlich sind, "dass sich Journalisten in ihrer Berichterstattung einem redaktionellen Entscheidungsprogramm unterwerfen", das "im Widerspruch zu den von der Gesellschaft offiziell geforderten Nachrichtenwerten steht."

Ein vierstufiger Prozess ist dabei nach Schönbach (1977,133) auszumachen:

"1. die Selbstselektion des Bewerbers <u>vor</u> seinem Eintritt in die Redaktion.
2. die Selektion der Bewerber durch die für Personalentscheidungen zuständigen Stellen,
3. die Sozialisation neu eingetretener Redaktionsmitglieder
4. die soziale Kontrolle der Redaktionsmitglieder."

Noch zu tätigende empirische Untersuchungen werden herauszufinden haben, welche dieser Stufen die grösste Wirksamkeit haben.

Bevor wir uns nachstehend mit den verschiedenen Stilformen auseinandersetzen wollen, soll noch ein Ueberblick über die wichtigsten Formen der Nachrichten und Meinungen gegeben werden (vgl. Kristen 1972,44):

Formal-Kategorien

"rein" informative Formen	interpretative Formen		manifeste Meinungsformen
Kurznachricht	Analyse	Reportage	die rein subjektive
	Dokumentation	Diskussion	oder redaktionelle
"durchschnittliche" Nachricht		Rede	Meinung des Kommunikators
		Zitat	
"ausführliche" Nachricht			Leitartikel
			Glosse
			Rezension

Die publizistischen Stilformen

Zu den publizistischen Stilformen, die uns in erster Linie interessieren, gehören die Kommentare und die Leitartikel. Nach Steiner (1971,69) ist der Kommentar jene Beitragsform, "durch die redaktionelle Meinungen zu bestimmten Themen und Ereignissen explicit zum Ausdruck gebracht werden können. Er ist gerade, wenn wir an die politische Information denken - von erstrangiger Bedeutung nicht bloss für die Redaktion (als Ausdrucksmittel ihrer politischen Linie), sondern trägt durch seinen spezifischen Charakter ein Wesentliches zur Meinungsbildung bei." Gerade der Aspekt der Meinungsbildung hebt den Kommentar ab gegenüber der reinen Nachricht (i.a. Agenturberichte, oder Berichte, die zumindest auf Agenturmaterial basieren). La Roche (1976,158) unterscheidet aufgrund äusserer Merkmale verschiedene Kommentarformen: Kommentar, Kritik bzw. Rezension. In den von uns untersuchten Zeitungen haben wir es durchwegs mit Kommentaren zu tun, die teilweise explizit als solche gekennzeichnet sind.

Ob eine Nachricht kommentarwürdig ist, hängt nach La Roche (1976,158) von folgenden Fragen ab: "Fordert er eine Stellung heraus? Ist die Oeffentlichkeit an einer publizistischen Stellungnahme interessiert bzw. sollte sie wenigstens daran interessiert sein? Gehört der Stoff zu den wichtigsten Themen, für deren Kommentierung Platz vorhanden ist?"

Nach welchen Kriterien innerhalb jeder Zeitung die Auswahl

der kommentarwürdigen Ereignisse erfolgt, entzieht sich unserer Kenntnis. Uns interessiert jedoch, welche Ereignisse in welcher Zeitung zu welcher Zeit kommentiert werden. Auch wenn davon ausgegangen werden kann, dass der Raum für die Kommentierung knapp - im ökonomischen Sinne - ist, zeigt doch das Vorhandensein oder eben Nichtvorhandensein eines Kommentars den Stellenwert auf, den die Redaktion einem Ereignis beimisst.

Im allgemeinen geht dem Kommentar die neutrale Berichterstattung voraus: "Die Tatsachen, die kommentiert werden, soll der Autor nicht mehr darstellend ausbreiten, sondern nur noch bezugnehmend erwähnen." (La Roche 1976,160) Daraus erklärt sich auch, dass der Kommentar im allgemeinen die Informationen voraussetzt und auch sprachlich - je nach Zeitung - unterschiedliche Anforderungen stellt. "Wenn der Leser (Hörer, Zuschauer) von seinen Kenntnissen und seinem Bewusstseinsstand her den Weg der Gedankenführung mit dem Kommentar nicht mitgehen kann, weil er irgendwo unterwegs auf der Strecke bleibt, ist die Chance des Kommentars vertan." (La Roche 1976,160) Zudem sieht sich der Kommentator vor die Alternative - Allgemeinheit oder Differenziertheit - gestellt: "In der Praxis findet man alle Abstufungen zwischen Allgemeinheit und Differenziertheit. Wie weit darf ich eine Argumentation vereinfachen, ohne bereits unangemessen zu simplifizieren und zu vergröbern? Da muss jeder Kommentator bei jedem Kommentar erneut einen gangbaren Weg suchen." (La Roche 1976,161)

Schönbach (1977,131) betont das Element des Herausgreifens einzelner Ereignisse und Fakten aus einer Vielzahl vorhandener. "Im Kommentar ist es der Redaktion in einem politischen System mit Pressefreiheit erlaubt, Ereignisse und Fakten so herauszugreifen und zu bewerten, wie es ihre politische Grundhaltung verlangt - ohne Rücksicht auf den Informationsanspruch des Rezipienten .. Die Kommentierung eines Mediums wird zum Indikator für die redaktionelle Linie, für das Entscheidungsprogramm der Redaktion."

Für den Leser ist es wichtig, dass er die persönliche Meinung des Kommentators, bzw. die Meinung der Redaktion - die Darlegung einer Linie - aus dem Kommentar herausfiltrieren kann. "Je präziser der Leser weiss, dass er es mit einem persönlichen Standort zu tun hat, und diesen kennt, je 'objektiver', weil einordnungsfähig, ist der Kommentar. Nun gibt es eine Möglichkeit, die eigene Meinung zwar darzustellen, aber so zu schreiben, als handle es sich um eine 'überparteilich' allseitig ausgewogene Nachrichtendarstellung, die den Zusammenhang zwischen Ereignissen darstellt und ihn - aber eben neutral - interpretiert." (Jaeggi et al. 1966, 99)

Zur Sprache des Kommentars und des Leitartikels meint Jordan (1970,20): "Hier müssen komplizierte Sachzusammenhänge erläutert, begriffliche Unklarheiten für den Leser beseitigt und die persönliche Meinung des Kommentators oder der Redaktion zu einem Standpunkt verdichtet werden. Die Lektüre eines Kommentars erfordert für den Zeitungsleser gedankliche Eigenarbeit. Es ist daher verständlich, dass der Meinungsartikel kaum je zu den populärsten publizistischen Formen gezählt hat."

Der elitäre Charakter einer Zeitung kann sicher auch anhand der Zahl der erwähnten Stilformen beurteilt werden. Dass sich aber auch bei einem erfahrenen Berichterstatter erlebte Elemente mit individuellen Vorstellungen und Vorurteilen mischen, hat Jordan (1970,75) dargestellt: "Jeder Mensch besitzt - ob er es weiss oder nicht - Denkgewohnheiten, die er sich im Laufe seines Lebens angeeignet oder angewöhnt hat, und er praktiziert diese Denkgewohnheiten innerhalb eines Repertoires festgeprägter Vorstellungen von seiner Umwelt."

Nach dem bisherigen Stand der Kommunikationsforschung scheint eine Messung dieser Denkgewohnheiten kaum durchführbar zu sein. Deshalb müssen wir auf den Text abstellen, so wie er sich in der Zeitung präsentiert, ohne Vermutungen über die möglichen persönlichen Elemente, die bei der Kommentierung eine Rolle gespielt haben könnten, anzustellen.

Den Leitartikel können wir als Sonderform des Kommentars verstehen. Einzig die Plazierung des Leitartikels lässt diesen von einem Kommentar unterscheiden. Auch für Jaeggi et al. (1966,11) hat die Plazierung eines Leitartikels einen möglichen Einfluss auf die Meinungsbildung. "Solche Artikel erhalten ja durchwegs günstigere Plazierungen oder erscheinen in den Sonntagsausgaben. Zudem beschränken sich viele Konsumenten auf die Lektüre dieser Beiträge, in denen die 'politischen Ereignisse in einen Gesamtzusammenhang'gestellt werden. Man erspart sich damit die mühsame Arbeit, sich auf Grund der Lektüre der Agentur- und Korrespondentenberichte selber einen 'Zusammenhang' zu bilden." Immerhin darf auch beim Leitartikel angenommen werden, dass dieser in erster Linie ein Publikum anspricht, welches über die notwendigen Voraussetzungen (Fähigkeit zum Lesen und Verstehen eines anspruchsvollen Textes) verfügt."

Neben den Redaktoren in ihren Leitartikeln und Kommentaren tragen auch die Auslandskorrespondenten, wenn auch in schwer durchschaubarer Weise, zur Meinungsbildung bei. Auch hier muss wohl gesagt werden, dass sich nur wenige Leser über die Quelle der Nachricht, d.h. über die Markierung Gedanken machen: "Fraglich erscheint es, ob die Markierung der einzelnen Nachricht vom Leser überhaupt wahrgenommen wird und wenn, inwieweit er sich über die Funktion dieser Markierung bewusst ist." (Grote 1979,121)

Tern (1973,84) verweist auf den grossen Informationsvorsprung der Korrespondenten gegenüber den Redaktoren. Dadurch ist die Unversehrtheit ihrer Arbeit durch ihre fachliche Autorität gewährleistet. Selten verfügt jemand in der Redaktion über dasselbe Fachwissen, wie der Korrespondent, der sich an Ort und Stelle am Puls des Geschehens orientiert. Die Folgerung liegt nahe, dass diejenige Zeitung, die am Ort des Geschehens (z.B. in Tel Aviv, Beirut, Kairo etc.) über eigene Korrespondenten verfügt, ihre Leser zumindest quantitativ (und meist auch qualitativ) umfassender orientieren kann. Deshalb ist das Verhältnis Eigenberichte - Fremdberichte kennzeichnend für den Abedeckungsgrad einer Region mit Informationen und Stellungnahmen. "Je mehr Nachrichten von eigenen Korrespondenten abgezeichnet sind, desto mehr steht der eigene Leistungserstellungsprozess einer Zeitung im Vordergrund." (Grote 1979,121) Es versteht sich von selbst, dass dieses Leistungsverhältnis in erster Linie von den wirtschaftlichen Möglichkeiten einer Zeitung abhängt; zudem auch noch in der allgemeinen Zielsetzung wurzelt (z.B. Schwergewicht auf Aussen- und/oder Wirtschaftspolitik oder Schwergewicht Innen- und Lokalpolitik). Diese Aspekte müssen natürlich bei der Beurteilung des Leistungsgrades berücksichtigt werden.

Der Abdeckungsgrad hängt eng mit dem Standort des Korrespondenten zusammen: "Als Anforderung für eine bestimmte Region als möglichen Standort eines Korrespondenten sollte das Beschaffungspotential und somit die Quantität und Qualität der in dem Gebiet erhältlichen Nachrichten möglichst gross sein."..Deshalb gilt es für den Verlag, "ein Ereignispotential abzuschätzen... Weiterhin ist zu beachten, dass sich diese Standortanforderungen, wie sie eben dargestellt wurden, nur für die schon etablierten Standorte der Nachrichtenentstehung (USA, Naher Osten u.a.) auf Grund statistischer Unterlagen hinsichtlich ihrer Erfüllung überprüfen lassen, da hier die potentiellen Nachrichtenlieferanten bekannt sind;.." (Grote 1979,159)

Jaeggi et al. (1966,29) schreiben den Korrespondentenberichten eine intermediäre Funktion zu: "Ganz allgemein könnte man von den Beiträgender Ausland-Korrespondenten erwarten, dass sie die Berichte der Agenturen und der Leitartikelverfasser etwas korrigieren könnten." Auch die vom Verfasser besuchten Redaktoren anerkennen die Tatsache, dass Korrespondentenberichte eben nicht nur reine facts enthalten. La Roche (1976,155) nennt die wichtigsten diesbezüglichen Aktivitäten des Korrespondenten: "Der Korrespondent interpretiert aufgrund seiner Personen- und Sachkenntnis, .. Der Korrespondent analysiert... Ohne Spekulation geht das nicht ab; der Korrespondent kann mit seinen Annahmen fehlgehen, vor allem mit Voraussagen für die Zukunft.. <u>Subjektives kommt in mehr oder minder starkem Mass mit ins Spiel,</u> das lässt sich nicht vermeiden. Nicht zuletzt deshalb sind Korrespondentenberichte mit dem Namen oder Namenskürzel des Autors gekennzeichnet."

In diesem Sinne interessiert uns vor allem die quantitative Aufgliederung der Berichte über Israel inbezug auf Nachrichtenagenturen, Korrespondentenberichte und Leitartikel/Kommentare.

Neben diesen Eigen- (Kommentare, Leitartikel und Korrespondentenberichte) und Fremdberichten (Agenturmeldungen) müssen noch die Berichte sogenannter "Dritter" und die Leserbriefe berücksichtigt werden. Als Dritte bezeichnen wir die Artikel, die weder von Korrespondenten noch von der Redaktion verfasst wurden. So gibt es Buch-, Film- und Musikrezensionen von freien Mitarbeitern, Stellungnahmen von interessierten Kreisen und fachliche Berichte von kompetenten Kennern des Gebietes (Israel und Nahost), so z.B.

rechtliche und militärwissenschaftliche Aspekte eines Ereignisses. All diese Artikel gehören selbstverständlich mit in die Analyse, werden aber gesondert aufgeführt und besprochen.

Ebenso verhält es sich mit einer vierten Kategorie, den Leserbriefen. Auch diese wurden vollumfänglich erfasst. Steiner (1971,84) betont zu Recht, dass die Publikumszuschriften völlig zufälliger Natur sind, "als die Redaktion ihre Leserschaft nicht explicit auffordert, zu bestimmten Themata Stellung zu nehmen." Auch werden bei den Zeitungen rigorose Auswahlkriterien für die Leserbriefe durchgeführt. Immerhin kann auch hier wieder die Anzahl der veröffentlichten Leserbriefe zu einem Thema ein Indikator für die Wichtigkeit sein, welche die Zeitung diesem Thema bemisst.

Die Möglichkeit der Manipulation von Leserbriefen (Tern 1973, 72) - selbstverständlich nur in Bezug auf die Auswahl und Plazierung, nicht jedoch in Bezug auf den Inhalt - zeigt sich beispielsweise auch in der Ueberschriftengebung, die ja durch die Redaktion erfolgt: "Eine ironische Ueberschrift ist deshalb auf der Leserseite besonders merkwürdig, umso mehr als ein Leserbrief die einzige Möglichkeit ist, gegenüber der fast allmächtigen Zeitung eine Meinung zu äussern." (Denk 1979,39)

Das äussere Erscheinungsbild und die Plazierung von Berichten

Unter die "physikalische Messung" des äusseren Erscheinungsbildes einer Zeitung subsumiert Bessler (1972,66) folgende Merkmale:

- Umfang der Berichterstattung (in Zeilen oder Quadratzentimetern ausgedrückt)
- Seitennummer
- Drucktypen
- Zahl der Ueberschriftszeilen
- Verwendung von Druckfarben etc.

Probleme, die sich aus der physikalischen Messung ergeben, können nach Meinung von Bessler (1972,72) "mit der gekoppelten Vorgehensweise - Zuordnung einer verbalen Kategorie und Umfangmessung der so klassifizierten Texte" gelöst werden. Auch bei der vorliegenden Arbeit wurde diese Vorgehensweise gewählt.

Guggisberg (1976,26) vertritt die Auffassung, dass ein allgemeiner Konsens darüber bestehe, "dass die Plazierung einer Nachricht innerhalb einer Zeitung als Wertung ihrer 'Wichtigkeit' interpretiert werden kann: Jedermann ist der Meinung, dass die 'wichtigsten' Meldungen auf der Frontseite zu finden sind (evtl. noch auf der sogenannten 'Letzten')." Deshalb dichotomisiert Guggisberg (1976,28) die Berichterstattung in Frontseitenberichterstattung und Gesamtberichterstattung. Bei der vorliegenden Arbeit wurde immer die einzelne Seite registriert, wo ein Bericht erschienen ist. Dies scheint jedoch kaum aussagekräftig zu sein, da es naheliegend ist, dass politische Auslandsberichterstattung zumeist auf den ersten Seiten erfolgt. Dass hingegen Berichte über die Wirtschaftsprobleme Israels auf der Seite Wirtschaft zu finden sind, scheint auch einzuleuchten.

Hingegen hat der Teil der Seite, wo ein Bericht erscheint, nach Wiehn et al. (1979,110) durchaus auch eine bestimmte Bedeutung: "In diesem Sinne kann man eine Zeitungsseite beispielsweise in 4 Quadranten einteilen

1	2
3	4

und argumentieren, dass es eine Abfolge 1-4 der Wichtigkeit dieser Quadranten gibt, begründet mit dem Sachverhalt, dass in der deutschen Schriftsprache von links nach rechts gelesen wird." Die vom Verfasser dieser Arbeit befragten Redaktoren gehen nicht so weit. Dass eine Plazierung in der oberen Hälfte allgemein als günstiger angesehen wird, wird von vielen zugegeben; ob links oder rechts spielt keine grosse Rolle, da viele ästhetische und umbruchstechnische Ueberlegungen miteinzubeziehen sind. Auf unseren Erhebungsbögen wurde zwar die Plazierung bzw. der Quadrant auch berücksichtigt; eine quantitative Auswertung indes würde nicht viel neue, wesentliche Erkenntnisse bringen.

Dem Layout einer Zeitung wurde eine gewisse Aufmerksamkeit geschenkt. Unter dem Titel: "Layout: Mehr als nur Verpackung.." bemerken Meyer/Frohner (1980,III/3) zur Frage der äusseren Gestaltung von Zeitungen: "Fettsatz, kursiv, die Grösse der Schrift, Unterstreichungen, Farbe - das sind Signale voller Aussagekraft, das ist die nonverbale Kommunikation, also lautlose Verständigung, jedenfalls mehr als nur Verpackung."

Der Vergleich der Layouts der Frankfurter Allgemeinen und

der Süddeutschen Zeitung, den Denk (1979,46) anstellt, kann auch für die Neue Zürcher Zeitung und den Tages-Anzeiger gelten. Es geht dabei um die Verteilung verschiedener Artikel innerhalb eines Blockes: "Im Layout der Süddeutschen (bzw. des Tages-Anzeigers, J.S.) ist diese Möglichkeit besonders häufig gegeben, weil in der SZ - im Gegensatz etwa zur FAZ (bzw. Neue Zürcher Zeitung, J.S.) - häufig unter einer grossen Ueberschrift, die nur einen Teil des Schriftblockes unmittelbar betrifft, verschiedene Artikel aus demselben Themenbereich subsumiert sind. Dabei bekommt der erste gegenüber den übrigen durch die grosse Ueberschrift ein besonderes Gewicht, was zu falschen Assoziationen führen kann."

Auch Lapierre (1968,115) geht auf die Bedeutung der Plazierung ein: "La première page est en quelque sorte la vitrine, l'étalage du journal. En outre, on suppose en général qu'un article situé en haut d'une page à gauche a des chances d'être lu avant les autres. Le deuxième factor essentiel est le titrage. Les gros titles attirent le regard."

Denk (1979,24) spricht im übrigen von den fünf Kunstgriffen bzw. Kunstfehlern, die durch Redaktoren angewendet werden: - Suggerieren statt informieren, - Wichtiges weglassen, - Unangenehmes vernebeln oder verstecken, - Falsch gewichten, - Einseitig zitieren (vgl. als Beispiel für "Falsch gewichten" und "Einseitig zitieren" den Artikel: Das arabische Jerusalem darf nicht verändert werden; bei Denk 1979,30ff., ebenso S.38 den Stern-Artikel: Gross-Israel!)

Von einiger Beachtung ist auf jeden Fall die Ueberschrift eines Artikels oder eines Bildes. Denk (1979,21) verweist daraufhin, dass Titel helfen sollen, die Geschichte zu verkaufen (vgl. auch bei Kristen 1972,49 und Noelle-Neumann 1977,124). Der Titel, bzw. die Schlagzeile soll "dem Hauptereignis des Tages, des historischen Augenblicks gelten: also der aufregendsten Aktion, der bedeutungsschwersten Handlung, dem wirkungsvollsten Geschehen." (Tern 1973,126ff.)

Tannenbaum (1953,196ff.) untersuchte den Einfluss, den verschiedene Titel (headlines) eines gleichen Textes ausüben können. Methodisch tat er dies mit Hilfe eines Laborexperimentes: "This study has demonstrated the fact that headlines are not impotent instruments in the formations of opinions from newspaper reading. Indeed, their effect appears to be a most profound one, even within the confines at this laboratory situation... When we consider how much of ordinary newspaper reading is composed of headline scanning, with perhaps a glance at the lead paragraph of a particular story, we might well expect that the headlines effect would be maximalized..The headline writer who recognizes the potenialities of the headline, and who is aware of the reading habits of the public, is certainly in a position to exert a significant influence upon the opinions of his audiance... In a way, it provides a lens trough which the remainder of the story or article is perceived."

Auch nach Wiehn et al. (1979,63) kommt dem Titel und Titelblock eine grosse Bedeutung zu, "weil eben der Aufmachung eines Berichtes durchaus grosse Bedeutung zukommt, vielleicht sogar eine ähnlich Bedeutung wie dem Zeilenumfang des Berichtes selbst."

Bildberichte

Bei den Bildberichten können wir Photographien, Karten, Skizzen und Karrikaturen unterscheiden.

Denk (1979,22) hebt die Suggestivwirkung der Photos hervor: "Alle Fotos sind mehr oder weniger suggestiv, weil sie einem mehr oder weniger typischen Augenblick Dauer und Glaubwürdigkeit, kurz: einen dokumentarischen Charakter verleihen. Die Bildunterschrift kann die Suggestivität noch erhöhen, und so können Fotos noch leichter als Texte zur Desinformation des Publikums eingesetzt werden." Vor allem drei Möglichkeiten bei der suggestiven Verwendung von Fotos in der Presse erwähnt Denk (1979,47): "Das Foto selbst ist suggestiv - Die Bildunterschrift ist suggestiv - Das Foto ist suggestiv plaziert." Auch Jaeggi et al. (1966,99) zielen in dieselbe Richtung: "Dass die Bildberichte wenig informativ sind und weitgehend bloss an Gefühle appellieren, ist bei Tageszeitungen vielleicht kein grosses Manko; die Photos wirken weder aufklärend noch kritisch; Kinder, Frauen und hilfsbereite Soldaten (der unterstützten Seite), sowie händeschüttelnde Diplomaten überwiegen." Obwohl Jaeggi et al. diese Beschreibung der Bildberichterstattung in Bezug auf den Vietnamkrieg abgeben, ist anzunehmen, dass bei den Bildern aus Israel, bzw. dem Nahen Osten, ähnliche Motive überwiegen.

Neben den Photos gibt es öfters auch - besonders bei der Kriegsberichterstattung verschiedene mehr oder minder informative Karten (z.B. Kriegssituationspläne, Tabellen etc.) Auch diese sind quantitativ ermittelt worden.

Als dritte Bildkategorie sind noch die Karrikaturen zu nennen. Von den untersuchten Zeitungen arbeiten der Tages-Anzeiger und der Bund öfters in ihren Wochenendausgaben mit dieser Art von Informationsübertragung.

Dabei werden zumeist editorial cartoons (pointierter Bildkommentar, vgl. Reumann 1969,68) verwendet. "Er (die Karrikatur, J.S.) will nicht geisseln oder verspotten, sondern einen (häufig aber nicht immer) witzigen Kommentar geben, der Zusammenhänge schlaglichtartig veranschaulicht."

INHALTSANALYTISCHE FRAGESTELLUNGEN

Bei jeder sozialwissenschaftlichen Arbeit, die sich der Methode der Inhaltsanalyse (IA) bedient, ergeben sich verschiedene Zielkonflikte, die sich wie folgt darstellen lassen:

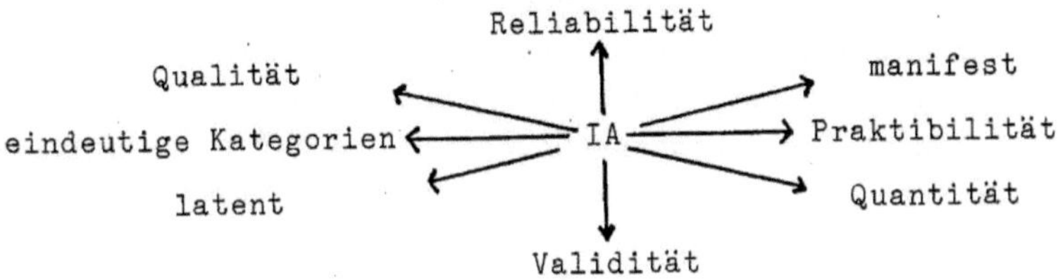

Zuerst werden wir uns mit dem vielschichten Begriff der Inhaltsanalyse befassen, um anschliessend die verschiedenen konfliktären Begriffspaare gegeneinander abzuwägen.

Inhaltsanalyse

Wie in den meisten inhaltsanalytischen Arbeiten neueren Datums soll auch hier die klassische Definition von Berelson (1952,18) angeführt werden: "Content analysis is a research technique for the objective, systematic, and quantitative description of the manifest content of communications."

Es ging Berelson und seiner Schule im wesentlichen um das beschreibende Erfassen manifester Inhalte von massenkommunikativen Medien. So soll z.B. bei der Analyse von Zeitungen in erster Linie das gedruckte Wort, so wie es erscheint, interessieren, d.h. das Schwarz auf Weiss geschriebene.

Friedrichs (1973,314) vergleicht die IA mit den anderen Methoden der empirischen Sozialforschung und sieht darin "die Systematisierung eines alltäglichen Vorgehens, nämlich die Interpretation von Zeitungsartikeln, Plakaten, Schlagern, des Schlusses von einem Briefinhalt auf den affektiven Zustand des Schreibers oder der Beeinflussung einer anderen Person durch die Verwendung bestimmter Formulierungen." Dabei ist die IA (Friedrichs 1973,317) "eine nonreaktive Methode; es besteht keine Interaktion Forscher-Untersuchter, es können keine Verzerrungen durch eine Erhebungssituation auftreten" wie z.B. beim Experiment, bei der Beobachtung (teilnehmende) oder beim Interview. Diese Non-Reaktivität macht es auch so schwierig, Aussagen zu machen, die über eine rein quantitative Erfassung von bestimmten Inhalten hinausgehen.

Neben dem Begriff der IA findet auch der Begriff Aussagenanalyse bei verschiedenen Autoren Verwendung: "Aussagenanalysen sind operationale Anweisungen, die in der Massenkommunikationsforschung bei Hypothesenprüfungen eingesetzt werden, um auf einem möglichst hohen Messniveau und mit möglichst hoher Reliabilität und Validität die manifesten Aussageninhalte zu messen, die in den nominell definierten Variablen der Hypothesen ausgewiesen sind." (Bessler 1972,40) Für Bessler (1968,11) sind Aussagenanalysen nur dann sinnvoll, wenn sie im Rahmen von Hypothesenprüfungen erfolgen.

Nach Maletzke (1963,58) versucht man dem Ideal der Objektivität dadurch Rechnung zu tragen, "dass man - im Unterschied zu der älteren, subjektiv impressionistischen vorgehenden Hermeneutik - die Merkmale der Aussage quantitativ verarbeitet und auswertet."

Magnus (1966,10) betont, dass bei Aussagenanalysen nicht nur der Inhalt, sondern auch die Form untersucht wird. Deshalb sind die Ausführungen, die wir zum Thema Plazierung und äusseres Erscheinungsbild von Artikeln gemacht haben, durchaus nicht überflüssig.

Ruloff (1978,11) will IA und hermeneutische Verfahren nicht gegenseitig ausschliessen; vielmehr ergänzen sie einander: "In manchen Fällen wird eine sichere Interpretation von Texten erst auf der Basis inhaltsanalytisch gewonnener Ergebnisse möglich sein. Andererseits verlangt eine Inhaltsanalyse in der überwiegenden Zahl der Fälle eine intime Kenntnis der zur Untersuchung anstehenden Texte, die nur aus konventioneller Arbeit gewonnen werden kann.. Vor allem aber lässt sich über Daten, auch solche aggregierter Art (wie bspw. die relative Häufigkeit von Begriffen) diskutieren, während fertige Interpretationen nur akzeptiert oder angezweifelt werden können. In der Regel werden jedoch beide Verfahren zu denselben oder aber zu ähnlichen Ergebnissen kommen, was die inhaltlichen Aspekte betrifft."

Denk (1979,12) bevorzugt Textinterpretationen, also die hermeneutische Verfahrensweise, gegenüber der Content-Analyse. (Im folgenden werden die Begriffe content analysis, Inhaltsanalyse, Aussagenanalyse etc. synonym verwendet): "Mit einer Content-Analyse hätte man mit einem sehr viel grösseren Aufwand - ein Stab von Mitarbeitern verschlüsselt die Texte, der Computer wertet sie aus, wohl auch nicht mehr herausbekommen." Denk verweist damit auf die grosse Arbeitsintensität der IA. Die vorliegende Arbeit wurde vom Verfasser alleine geleistet; d.h. nur eine Person hat die Texte verschlüsselt und die Auswertung erfolgte "von Hand". Es kann bestätigt werden, dass der Arbeitsaufwand diesbezüglich sehr gross war. Diese Arbeit ist also eine konventionelle Inhaltsanalyse im Sinne von Schönbach (1979,449): " 'Konventionelle' Inhaltsanalysen - Verfahren also, die ohne Computerhilfe 'per Hand' (besser allerdings: per Kopf) durchgeführt werden - formulieren jedoch ihre Verschlüsselungsvorschriften üblicherweise nicht vollständig: Weit verbreitet ist es, Kategorien etwa durch einen Titel kurz zu charakterisieren und zusätzlich einige konkrete Inhaltselemente anzugeben, die von der Kategorie erfasst werden sollen... Die konventionelle Inhaltsanalyse vertraut so in den meisten Fällen auf die Sprachkompetenz der Vercoder, die es 'schon richten' d.h. Mängel in der Kategoriendefiniton selbständig ausgleichen werden. Weil diese Ergänzungen aber immer mit Idiosynkrasien behaftet sind, kämpfen viele herkömmliche Inhaltsanalysen mit starken Reliabilitätsproblemen." Wir behaupten dennoch, dass auch ohne Computerhilfe durchaus gute Arbeit geleistet werden kann.

Manella (1978,79) erkennt klar den Nachteil der Codierung mit Hilfe der elektronischen Datenverarbeitung: "Wohl kennen wir im Rahmen sprachanalytischen Schaffens computerisierte Analyseverfahren, diese gestatten aber nur die Erfassung lexikalischer Wortbedeutungen, da es Maschinen nicht möglich ist, ein sprachliches Vorverständnis zu erbringen."

Für Noelle-Neumann (1977,24) ist die IA nur <u>ein</u> Instrument der empirisch fundierten Publizistikwissenschaft: ".., Inhaltsanalyse durch Auszählen, wieviel Zeilen in bestimmten Zeitungsnummern einem Thema gewidmet sind, wie oft welche Wortwendungen gebraucht werden..".

Silbermann/Krüger (1973,57) wehren sich vehement gegen die Autoren, die glauben, Wertungen aus Texten herauslesen zu können, ohne dabei nachprüfbares Zahlenmaterial heranzuziehen: "So vermögen systematische Inhaltsanalyseen durchaus den politischen Standort des Herausgebers oder des Chefredaktors einer Zeitung sichtbar machen oder den Charakter einer Institution zu entschleiern. Untersucht werden dabei vor allem die im Inhalt geäusserten Wertungen. Allerdings ist zu vermerken, dass hierzu rein impressionistische Darstellungen, die sich damit begnügen, unverifizierbare Kategorien aufzustellen und diese mit ausgesuchtem Zitatenmaterial aufzufüllen, der wissenschaftlichen Akribie in keiner Weise genügen. Sie können höchstfalls als politische Pamphlete gekennzeichnet werden." In diese Richtung, wenn auch nicht so ausgeprägt, wie dies Silbermann/Krüger formulieren, gehen die Arbeiten von Lewan (1970) und Mousallam (1976), da diese ohne jegliche Kategorienbildung und nachprüfbares Zahlenmaterial auskommen.

Schliessen wir diese allgemeinen Ausführungen zum Thema der Inhaltsanalyse mit einigen Bemerkungen des Soziologen Max Webers, der schon frühzeitig die gesamte Problematik, d.h. die verschiedenen Zielkonflikte erkannt und formuliert hat: "Dies Material sind ja die Zeitungen selbst, und wir werden nun, deutlich gesprochen, ganz banausisch anzufangen haben damit, zu messen, mit der Schere und dem Zirkel, wie sich denn der Inhalt der Zeitungen in quantitativer Hinsicht verschoben hat im Lauf der letzten Generationen, nicht am letzten im Inseratenteil, im Feuilleton, zwischen Feuilleton und Leitartikel, zwischen Leitartikel und Nachricht, zwischen dem, was überhaupt an Nachrichten gebracht wird und was heute nicht mehr gebracht wird.. Und von diesen quantitativen Bestimmungen aus werden wir dann zu den qualitativen übergehen. Wir werden die Art der Stilisierung der Zeitung, die Art, wie die gleichen Probleme innerhalb und ausserhalb der Zeitung erörtert werden, die scheinbare Zurückdrängung des Emotionalen in der Zeitung, welches doch immer wieder die Grundlage ihrer eigenen Existenzfähigkeit bildet, und ähnliche Dinge zu verfolgen haben und danach schliesslich in sehr weiter Annäherung die Hoffnung haben dürfen, der weittragenden Frage langsam näherzukommen, welche wir zu beantworten uns als Ziel steckten." (Weber, cit. bei Silbermann 1969,40)

Quantitative versus qualitative Inhaltsanalyse

In seinem Aufsatz "The Challenge of Qualitative Content Analysis" aus dem Jahre 1959, vertrat Kracauer die Auffassung, dass die qualitativen Aspekte der Inhaltsanalyse viel wichtiger seien als das rigorose Anhäufen von quantitativen Daten. Seine Kritik richtete sich eindeutig gegen den quantitativen Ansatz von Berelson aus dem Jahre 1952.

Bessler (1972,61) bespricht diese Diskussion: "Kracauer geht davon aus, dass man mit der Interpretation eines einzigen Wortes oder eines einmalig vorkommenden Symbols einen Aussageninhalt charakteristischer zu beschreiben in der Lage sein kann, als das mit mühevollen und umständlichen quantitativen Auszählung der Daten des gesamten Aussagetextes möglich ist." Auch Ritsert (1972, 19) nimmt dazu Stellung: "Kracauer reagiert kritisch auf die methodologischen Postulate bei Berelson. 'Quantifizierung', so argumentiert Kracauer, bietet für sich genommen noch keine zwangsläufige Gewähr für die Genauigkeit und Gültigkeit der Resultate einer Inhaltsanalyse. Die Sorte Inhaltsanalytiker, die sich zufrieden gibt, wenn sie all die Trivialitäten, zu denen ihre Untersuchungen meist führen, mathematisch aufbereitet hat, verfehlt geradezu die besonderen Qualitäten (Sinngehalte) von Texten. Eine Umorientierung, die qualitativen Ueberlegungen einen besonderen Rang zumisst, erscheint ihm unerlässlich." Andererseits kommen auch qualitative Arbeiten ohne jede Quantifizierung nicht aus, wollen sie noch als wissenschaftliche Arbeiten gelten. Deshalb sollte die apodiktische Trennung qualitativer und quantitativer Analyse nicht darüber hinwegtäuschen, "dass Mischformen, wie schon gesagt, noch immer die gebräuchlichsten Vorgehensweisen in der Forschungspraxis sind." (Bessler 1972,35)

Auch hier wurde, wie der Titel der vorliegenden Arbeit dies besagt, sowohl mit quantitativen als auch mit qualitativen Ansätzen gearbeitet. Zudem wurde eine Textexegese vorgenommen: "Textauslegung ist nicht einfach 'Klärung' des Inhalts der zu interpretierenden Inhalte (Explikation). Sie will zwar auch den Gehalt (Inhalt) der Texte verdeutlichen, erschöpft sich jedoch nicht in Begriffs- oder Satzerläuterungen. Ihr Interesse ist es, den 'gesellschaftlichen Gehalt' eines Textes zutreffend und verlässlich aufzuschlüsseln...Wenn zu Beginn dieses Prozesses für die Inhaltsexegese die Forderung erhoben wurde, die Interpretationsfolie zu erläutern, so heisst dies auch, dass nicht die subjektiv beliebige Vormeinung über einen Text die Exegese leiten soll, sondern ein im Rekurs auf schon formuliertes Wissen, begründete Thesen und Informationen gestütztes Vorverständnis. Gleichwohl erhebt sich die Frage, wie man überhaupt aus dem 'Bannkreis seiner eigenen Vormeinungen' (Gadamer) heraustreten kann, die ohnehin zu einem nicht unerheblichen Anteil unbegriffen, unbewusst bleiben können." (Ritsert 1972,84ff.)

Ganz klar will Ritsert (1972,44) die qualitative Inhaltsanalyse nicht von Fragen der sozialwissenschaftlichen Forschungstechnik lösgelöst wissen: "Sie (die qualitative IA, J.S.) meint auch in der Flexibilität ihrer vom Berelsonschen Rigorismus befreiten Regeln nicht künstlerisch-literarische Produktion, sondern unterwirft diese im Grenzfall selbst der systematischen Organisation nach Prinzipien. Mag sie auch in ihrer Darstellungsform oft - wie gesagt wird - dem Essay ähneln, so bleibt sie doch 'Essay mit schlechtem Gewissen' (Adorno), auf Regeln systematischer Forschung bezogen."

Volmert (1979,7) bemängelt am hermeneutisch, intuitiv-interpretierenden Verfahren, dass man nur selten Wert legt, "auf eine Operationalisierung der Verfahrensweise und der Verfahrensschritte - ein Umstand, der die Nachvollziehbarkeit der Analysetechniken erschwert oder in Frage stellt." Ein Merkmal wissenschaftlicher Arbeitsweise ist sicher die Objektivität - die inter-subjektive Nachvollziehbarkeit - der Vorgehensweise. Unserer Meinung nach sollte die Basis, von der aus argumentiert wird, tatsächlich nachvollziehbar sein; die Argumentation als solche, d.h. die Interpretation darf durchaus subjektiv gefärbt sein, nur muss dieses "Interesse" als solches zu gegebener Zeit und am gegebenen Orte bezeichnet werden.

Delgado (1972) und Holzer (1972) plädieren für eine sinnvolle Kombination quantitativer und qualitativer Elemente. Holzer (cit. bei Bessler 1972,36): "So korrigieren und ergänzen sich die beiden

Methoden gegenseitig: die quantitative Analyse ermittelt aufgrund qualitativer Kategorien die inhaltlichen Elemente der Zeitschriften (Zeitungen - in vorliegender Arbeit, J.S.) und stellt eine sichere und nachprüfbare Argumentationsbasis zur Verfügung. Die qualitative Analyse formiert jene quantitativen Daten zu einer Struktur und untersucht sie auf ihren Zusammenhang mit Real-Gesellschaftlichem." Delgado (1972,18): "Keine der beiden Methoden darf als die einzig Gültige deklariert werden. Eine sinnvolle Verbindung beider Methoden verspricht solide, wissenschaftlich haltbare Ergebnisse."

manifest versus latent

Die Diskussion um die manifeste oder latente Bearbeitung von Textinhalten hängt eng mit der Diskussion qualitativ versus quantitativ zusammen. So kritisiert Ritsert (1972,33) - als Vertreter der qualitativ ausgerichteten Inhaltsanalyse - die von Berelson aufgestellte Forderung, dass nur die "black marks on white" zu berücksichtigen seien. Nach Berelson und seiner Schule sind also nur die manifesten Aeusserungen in Texten zu analysieren, das "Zwischen-den-Zeilen-lesen" muss vermieden werden. Unter manifest verstehen Lisch/Kriz (1978,45) "die Bedeutung, die einem Wort (oder längerem Ausdruck) 'üblicherweise' in einem bestimmten Sprachkreis beigemessen wird - und zwar unabhängig von den Absichten des Senders, den Wirkungen auf spezifische Empfänger, deren Erwartungen und den übrigen Besonderheiten des historisch-geographisch determinierten Kommunikationsprozess, dem das Wort entstammt."

Reliabilität versus Validität

Nach Lisch/Kriz (1978,84) beinhaltet die Reliabilität (Zuverlässigkeit) "die Reproduzierbarkeit von Ergebnissen unter den gleichen intersubjektiven Bedingungen - insbesondere also die Forderung, dass andere Forscher bei Anwendung desselben Erhebungsinstruments in Interaktion mit demselben Untersuchungsgegenstand zu demselben Ergebnis gelangen." Die Reliabilität hängt also eng mit der Kategorienbildung und der Kodierschulung zusammen. Reliabilität kann als Synonym für Objektivität (der Arbeitsanlage) aufgefasst werden: "Das wird offensichtlich, wenn man statt objektiver Analyse von reliabler Messung und statt systematischer Analyse von valider Messung spricht... Zuverlässig ist eine Aussagenanalyse, bei der keine zufälligen Fehler vorkommen." (Bessler 1972,37ff.) Diese Fehler entstehen in erster Linie bei der Kodierschulung.

In diesem Zusammenhang unterscheidet man zwischen intra- und intercodier-Reliabilität. Die Intercodier-Reliabilität bezeichnet den Grad der Uebereinstimmung bei der Verschlüsselung derselben Texte durch verschiedene Verschlüssler (Codierer). Dieser Uebereinstimmungsgrad lässt sich mathematisch formulieren und ausrechnen (vgl. Bessler 1972,44). Da die vorliegende Arbeit vom Verfasser alleine verschlüsselt wurde, existiert keine intercodier-Reliabilitätsproblematik. Die Gefahr, dass der Verfasser die verschiedenen Texte nicht durchgängig nach demselben Verfahren kategorisiert hat, besteht bis zu einem gewissen Grade. Immerhin wurden verschiedene Pretests durchgeführt. Dabei ergab sich eine grundsätzliche Uebereinstimmung hinsichtlich der Codierung.

Auch Kristen (1972,51) definiert Reliabilität als "die Uebereinstimmung zwischen verschiedenen Kodeuren hinsichtlich ihrer Einordnung von Untersuchungsobjekten entsprechend den Kategorialdefinitionen."

Die Verlässlichkeit eines Verfahrens lässt sich nach Ruloff (1978,12) an der Grösse des intersubjektiven Spielraums ablesen: "die Abweichung zwischen den Ergebnissen, die verschiedene Personen unter Anwendung desselben Verfahrens erzielen."

Kann ein Verfahren als zuverlässig angesehen werden, heisst dies noch nicht, dass es auch valide (gültige) Ergebnisse liefert. Wird tatsächlich dasjenige gemessen, was überhaupt gemessen (erfasst) werden soll? Wichtigstes Merkmal der Validität ist die Systematik: "Eine Möglichkeit, systematische Fehler bei der Messung von Aussagenbestandteilen zu begehen ist z.B. eine 'unsystematische' Vorgehensweise, bei der die Analysierenden anstelle zufälliger Auswahlen einige angeblich besonders aufschlussreiche Aussagenbestandteile analysieren und andere ignorieren." (Bessler 1972,38) Deshalb umfasst die vorliegende Arbeit im quantitativen Teil sämtliche Artikel, die in den ausgesuchten Zeitungen in der jeweiligen Periode erschienen sind; und deswegen werden im qualitativen Teil sämtliche Leitartikel und Kommentare berücksichtigt.

Kategorienbildung

Die zu analysierenden Artikel müssen nach einem bestimmten Schema erhoben und anschliessend kategorisiert werden. Als "recording units" (vgl. Spindler 1975,92) verwenden wir nur ganze Artikel. Andere Autoren sprechen auch von "items". Als solche kämen Worte, Themen, Charaktere, Abschnitte, ganze Artikel etc. in Betracht. Lisch/Kriz (1978,92): "Unter Item ist ein Text in dem Umfang, in dem er vom Sender als Einheit produziert wurde, zu verstehen." Magnus (1966,12): "Dabei handelt es sich um den natürlichen Umfang und die natürliche Form, die den Aussagen vom Kommunikator gegeben werden."

Ritsert (1972,51) führt Berelson an, der die Meinung vertritt, dass " 'a content analysis cannot be better than its categories' , mit ihren Kategorien steht und fällt eine Inhaltsanalyse."

Grundsätzlich ist denkbar, dass man auf bewährte Kategoriensysteme zurückgreift und kein eigenes entwirft. "Beim Einsatz unerprobter Kategoriensysteme bedarf es dagegen ausführlicher Voruntersuchungen. Die Kategorien sind dabei dem jeweiligen Forschungsgegenstand anzupassen." (Bessler 1972,71) Dem widerspricht Magnus (1966,15): "Aber fast jede Analyse hat, ihrem Problem und ihrem Kommunikationsmaterial entsprechend ihre eigenen und damit immer wieder neuen Kategorien zu finden." Nach Lisch/Kriz (1978, 69) besteht der Sinn der Kategorienbildung im wesentlichen in der Informationsreduktion. Um eine solche zu erreichen, müssen folgende Auflagen gemacht werden (vgl. Holsti 1969,95):

- das Kategorienschema muss umfassend sein
- Eindeutigkeit der Kategorien
- Unabhängigkeit der Kategorien voneinander
- Anzahl der Kategorien hängt von der Praktibilität ab!
- Zusammenhang mit der Validität und Reliabilität
- Neuentwicklung eines Kategorienmusters für jede Untersuchung (d.h. keine standardisierten Kategorienmuster)
- Probleme des Verhaltens der Kodierer

Für die vorliegende Arbeit sind die inhaltlichen Kategorien von Bedeutung. Da die Arbeit von Guggisberg (1976,29) sehr ähnlich ist, übernehmen wir die dortigen Inhaltskategorien und modifizieren sie für unsere Zwecke:

1 Innenpolitik
2 Aussenpolitik
3 Wirtschaft/Handel
4 Kultur/Wissenschaft/Technik
5 Human-interests/Residuals

(vgl. die detaillierte Klassifikation bei Guggisberg 1975,137)

Für unsere Zwecke haben wir in Anlehnung an Guggisberg (1976, 29) folgende Kategorien aufgestellt:

1 Aussenpolitik
2 Innenpolitik
3 Wirtschaft
4 Kultur
5 Justiz
6 Soziales
7 Militärpolitik
8 Konflikte
9 Wissenschaft
10 Religion
11 Tourismus
12 Human-interests/Residuals

Stichproben - Auswahlkriterien und Umfang

Als Abschluss unserer Betrachtungen zur Methodik der Inhaltsanalyse muss auf die Frage der Stichprobenbildung eingegangen werden.

Lisch/Kriz (1978,56) gehen von der unbedingten Notwendigkeit aus, "zunächst die Grundgesamtheit, über die spätere Aussagen getroffen werden sollen, explizit und eindeutig zu definieren. Eine solche Definition muss mehrere Kriterien erfüllen. Es müssen die Texte, die analysiert werden sollen und die dazu verwendeten Begriffe geklärt sein."

Es sind verschiedene Verfahren denkbar:

- einfache Zufallsauswahl (simple random sample)
- Schichtung z.B. von Zeitungen
- Klumpung (cluster sampling)
- gestufte Auswahl

Friedrichs (1973,331) erwähnt, dass man in den meisten IA mit mehrstufigen Auswahlplänen und mit Klumpenstichproben gearbeitet hat: "Die Auswahl der Elemente geschieht häufig in vier Stufen; dabei trifft man auf jeder Stufe eine Entscheidung über die Art des Materials (Dokumente, Bilder, Sendung) und über den Zeitpunkt seiner Entstehung." Dabei sind folgende vier Schritte durchzuführen:

1) Definition des Universums
2) Auswahl der Materialien
3) Auswahl aus diesen Materialien
4) Einheiten der Untersuchung

Die vorliegende Arbeit ist auf einer mehrstufigen Auswahl im Sinne von Friedrichs (1973) und Ritsert (1972) aufgebaut. "Handelt es sich um periodisch erscheinende Texte (Zeitungen etc.) ist es sinnvoll, einen Untersuchungszeitraum festzulegen (...). So kann es beispielsweise relevant sein, Zeitungsexemplare des Zeitabschnittes t_1 bis t_2 der Auswahl zugrunde zu legen, weil in diesem Zeitraum wichtige politische Ereignisse kommentiert werden." (Ritsert 1972,53)

Folgende wichtige Zeitabschnitte t_1 bis t_2 wurden ausgewählt:

1967:	t_1 - t_2	Mai - Juni	(zwei Monate)	Sechstage-Krieg
1973:	t_1 - t_2	Okt. - Nov.	(zwei Monate)	Yom-Kippur-Krieg
1977:	t_{1a}- t_{2a}	Jan. - März	(drei Monate)	-
1977:	t_{1b}- t_{2b}	Okt. - Dez.	(drei Monate)	Sadats Besuch in Israel

Die Periode t_{1a} - t_{2a} wurde als Pretest verwendet, zugleich auch als eine "ereignislose" Zeit. Uns interessierte die Frage, wie der Umfang und die Aufgliederung der Berichterstattung über Israel in ereignisarmen Zeiten aussieht.

Auch für die Auswahl der Quellen bietet sich das mehrstufige Auswahlsverfahren: "Man wählt zuerst (jeweils nach dem Zufalsprinzip oder im Rahmen von Schichten oder Klumpen) die 'Kommunikationsquellen' aus. (Welche Zeitungen sollen repräsentativ für alle analysiert werden?) Dann, auf der zweiten Stufe, wären die eigentlichen 'Dokumente', die Exemplare auszuwählen. (Jede xte Ausgabe der gewählten Zeitungen z.B.). Schliesslich kann es sinnvoll sein, <u>Binnengrenzen</u> im Material zu ziehen (....), d.h. zum Beispiel nur bestimmte Artikel (etwa die Leitartikel) in der letzten Auswahl zu berücksichtigen." (Ritsert 1972,55) Innerhalb der von uns gewählten Zeitabschnitte sind Vollerhebungen durchgeführt worden, da dies vom Arbeitsaufwand zu rechtfertigen war und nur Vollerhebungen umfassende Aussagen über die jeweilige Zeitspanne zulassen.

Auch mit den Aussagen Besslers (1972,55) zum Thema der Stichproben kann man einig gehen: "Bei der Auswahl von Aussagen eines grossen nationalen Zeitungsmarktes könnten z.B. relativ selbständige geographische Gebiete, wichtige politische Ausrichtungen, ihre Auflagenstärke usw. als Kriterien bei der Bildung von Teilgesamtheiten herangezogen werden."

Guggisberg (1976,23) bildet das Sample aufgrund eines publizistischen Instrumentes; die Schaffung eines "künstlichen Jahres". Dies kommt hier nicht in Betracht, da wir es ja immer nur mit relativ kurzen Zeitspannen von wenigen Monaten zu tun haben.

REZIPIENTEN- UND WIRKUNGSFORSCHUNG

Bauer (1973,154) zeigt auf, wie Ende der fünfziger Jahre die beiden Forschungsrichtungen in der Massenkommunikationsforschung - Umfrageforschung und experimentelle Forschung - zusammengelegt wurden, wobei sich herausstellte, dass sehr grosse Unterschiede inner- und ausserhalb von Laborsituationen vorhanden sind: "Das Publikum selektiert, welcher Kommunikation es sich aussetzen will. Da die Menschen im allgemeinen nur das lernen oder sich das anhören, was sie auch interessiert, sind das natürlich die Themen, worüber sie recht gut informiert sind und auch eine feste Meinung haben. Aus diesem Grund ist die Meinung gerade der Menschen am schwierigsten zu verändern, die sich aller Wahrscheinlichkeit nach eine bestimmte Botschaft überhaupt anhören."

Es geht also in diesem Abschnitt darum, die Mechanismen ansatzweise darzustellen, die zur Meinungsbildung der Rezipienten führen. Als erstes soll der Begriff der "opinion leaders" eingeführt werden.

Opinion leaders (Meinungsführer)

Eurich (1976,19) erwähnt die "vier klassischen Studien" zum Meinungsführerproblem. Die Erie-Studie (vgl. Eurich 1976,19) brachte bezüglich der Meinungsführer folgende wichtige Erkenntnis: "Der Meinungsführer räumte zudem den Massenmedien einen wesentlich stärkeren Einfluss auf seine Meinungen ein als den persönlichen Kontakten, was die Forscher schliesslich zur mittlerweile berüht gewordenen Hypothese über den 'Zwei-Stufen-Fluss der Kommunikation' (Two-Step-Flow of Communication) führte:... that the ideas often flow from radio and print to the opinion leaders and from them to the less active sections of the population." (Lazarsfeld/Berelson/Gaudet: The people's choice, 1960,151 cit. bei Eurich 1976,19).

Auch wenn die Rolle der Meinungsführer im Rahmen der sozialen Gruppe (vor allem Primärgruppen) weitgehend geklärt ist, bleibt sie doch noch sehr diffus, was ihre Rolle im sozialen System angeht. In unserem Zusammenhang interessiert ja gerade die gruppenüberschreitende Funktion der Meinungsführer: "Weitgehende Unklarheit herrscht über die Existenz und Funktion von Meinungsführern in primärgruppenüberschreitenden sozialen Systemen, wobei ein Grund für das Fehlen diesbezüglicher Informationen möglicherweise in dem Nichtvorhandensein einer einheitlichen Methodologie zur Untersuchung interpersonaler Kommunikationsprozesse im sozialen System zu sehen ist." (Eurich 1976,101ff.)

Tatsächlich hat die two-step-flow Hypothese viel von ihrer Bedeutung verloren. So kritisiert Renckstorf (1973,170) an der two-step-flow Hypothese, dass sie zwischen Information (information) und Einfluss (influence) keinen Unterschied macht. Gerade dies ist aber von entscheidender Bedeutung. Leiten Meinungsführer Informationen nur weiter oder nehmen sie dabei auch Einfluss auf die Meinungen der anderen Rezipienten? "In den ersten Erläuterungen der OL fehlen(verständlicherweise) selbst jene Hinweise, die Katz und Lazarsfeld später geben, wenn sie zwischen zwei Funktionen der OL unterscheiden: der der Transmission ('relay function') und der der Persuasion (sinnvollerweise gleich 'reinforcement function' genannt)... Die Meinungsführer beeinflussen (das ist das Ergebnis der People's Choice-Untersuchung) vor allem qua Transmission (..). Analytisch betrachtet ist es aber doch sicherlich so, dass bevor ein Prozess der 'Persuasion' einsetzen kann, ein Stadium der 'Transmission' - der puren Uebermittlung also - durchlaufen werden muss. Der Umkehrschluss ist nicht zulässig. Nicht jede Transmission endet - wie man weiss - mit Persuasion. Transmission (als conditio sine qua non) von Botschaften ist eben eine notwendige, nicht aber hinreichende Bedingung für Beeinflussung."

Lazarsfeld/Menzel (1964,120ff.) modifizierten die Meinungsführer-Hypothese dahingehend, "dass diese'Meinungsbildner' nicht in erster Linie in den gebildeten Schichten zu finden sind oder in der Gemeinschaft besonders angesehene Stellungen innehaben, sondern gleichmässig auf alle Schichten und Berufsgruppen verteilt waren. .. Dieses Verfahren führte zu der wichtigen Schlussfolgerung, dass die Fähigkeit, Meinungen zu prägen, nicht eine allgemeine Charaktereigenschaft eines Menschen ist, sondern sich immer nur auf bestimmte Fragen bezieht. Diejenigen, die als Meinungsbildner in vielen Fragen der Gemeindeangelegenheiten anerkannt wurden, waren nicht identisch mit denen, die Menschen zu politischen zu politischen Problemen der Nation prägten. Diese letzteren, die 'kosmopolitischen Meinungsbildner' waren es, die sich von den übrigen dadurch unterschieden, dass sie überregionale Zeitungen lasen und im Rundfunk Sendungen zur Politik hörten. Es zeigte sich also, dass Meinungsprägung nur auf einem bestimmten Gebiet auftritt... Wieder einmal erwies sich, dass die einflussreichen Menschen gleichmässig über alle Bildungs- und Einkommensschichten verteilt waren und in der Regel nicht viel anders waren als die, die sie beeinflusst hatten. Lediglich im Hinblick auf die politischen Meinungen ergab sich, dass die Führungsqualitäten in gewissem Grad auf die höchste gesellschaftlich-ökonomische Stellung konzentriert waren."

Die Rolle der Meinungsführer kommt nach Eurich (1976,208) nur sekundär zum Zuge: "Persönlicher Einfluss kam erst zur Wirkung in Gesprächen über den Ereignisinhalt, nachdem er qua Massenkommunikation zur Kenntnis gebracht worden war... Conditio sine qua non für das Informiertsein über aktuelle politische Ereignisse und Gegebenheiten ist jedoch die intensive Nutzung der Massenmedien, welche wiederum - wie wir festgestellt haben - abhängig ist vom Interesse an politischen Fragen. Wie obige Ueberlegungen weiter ergaben, steht Interesse an politischen Fragen in Abhängigkeit zum Grad der Bildung und den ökonomischen Verhältnissen."

Nachdem unser Elite-Begriff sich eng an die Bildung und die ökonomischen Verhältnisse (in Kaufkraft ausgedrückt) der Zeitungsleser anlehnt, kann ein gewisser Zusammenhang zwischen der Meinungsführer-Hypothese und dem Elite-Konzept nicht abgesprochen werden. Eine Bestätigung dieser Annahmen finden wir bei Frei/Glass (1974,36), die die Rolle der Meinungsführer bei der Beharrung und dem Wandel in den aussenpolitischen Einstellungen junger Schweizer untersucht haben. "Die Meinungsführer zeichnen sich durch ein stärkeres Interesse für Politik, durch grössere Offenheit gegenüber neuer Information und durch einen höheren Wissensstand aus. Aussenpolitisch neigen sie stärker zu Annahme innovativer Alternativen als die Nichtmeinungsführer.. Die Nichtmeinungsführer bilden somit das konstante, beharrende Element im aussenpolitischen Meinungsstrom. Um die Aussichten für Beharrung und Wandel in der künftigen Schweizer Aussenpolitik richtig einzuschätzen, tut man gut daran, im Auge zu behalten, dass nur eine kleine Minderheit der Bürger zu den Meinungsführern zählt."

Elemente des Wahrnehmungsprozesses von Rezipienten

Es geht hier im folgenden um das publizistische Gesetz der selektiven Wahrnehmung, welches seine psychologische Erklärung in der Theorie der kognitiven Dissonanz findet (vgl. Reumann 1969,77). Welches sind die Einflussmöglichkeiten der Massenmedien, die zur Bildung oder Veränderung von Meinungen der Rezipienten zu bestimmten Fragen führen; und welches sind die bewussten oder/und unbewussten Abwehrmechanismen der Rezipienten gegenüber diesen Beeinflussungsversuchen?

Noack (1975,199): " 'Selektive Wahrnehmung' bedeutet: Der Empfänger von Information nimmt nur auf, was in eine schon vorhandene Meinung eingepasst werden kann. Solches Verhalten wurde bisher durch die sogenannte 'kognitive Dissonanz' erklärt - der Empfänger will verhindern, dass sein Weltbild erschüttert wird."

Nach Noelle-Neumann (1977,118) besteht der Grundgedanke der kognitiven Dissonanz darin, dass "Menschen versuchen, sich ihre Einstellungen, Ansichten möglichst widerspruchsfrei zu erhalten, keine Inhalte aufzunehmen, die ihren Interessen, Ueberzeugungen oder psychologischen Dispositionen widersprechen und darum Konflikte auslösen würden, die in mühsamer innerer Arbeit beigelegt werden müssten."

Silbermann/Krüger (1973,79) wollen diese Zusammenhänge im gesamtgesellschaftlichen Rahmen verstanden wissen: "Mit aller Deutlichkeit muss unterstrichen werden, dass es nicht möglich ist (so wie es primitive Geister in ihrer abergläubischen Anhänglichkeit an die Festingerschen Ideen tun), die persönliche Geschichte des Individuums in seinem kommunikativen Verhalten zu verstehen, ohne dieses in engste Beziehung zur Struktur und Geschichte derjenigen Gesellschaft zu sehen, deren Teil es ist." Diese Kritik von Silbermann/Krüger ist sicher berechtigt, wenn man bedenkt, dass das Konzept von Festinger aus einer Laborsituation heraus entstanden ist, und nicht einfach tel quel in das soziale Umfeld jeglichen Individuums, bzw. Rezipienten übertragen werden kann.

Noelle-Neumann (1977,63) gliedert die Phasen der selektiven Wahrnehmung: "In der präkommunikativen Phase wird die Auswahl unter dem Gesichtspunkt getroffen, dass nur diejenigen Sendungen eingeschaltet, nur diejenigen Zeitungen oder Zeitschriften in die Hand genommen werden, von denen man erwarten kann, dass sie keine kognitive Dissonanz auslösen, sondern die Stabilität befestigen werden.. Während der Kommunikation, das heisst, während des Lesens einer Zeitung oder Zeitschrift..wird versucht, allen Mitteilungen, allen Inhalten auszuweichen, die im Widerspruch zu vorhandenen Ueberzeugungen stehen und umgekehrt wird das dargebotene Material danach abgesucht, was bestehende Ueberzeugungen absichert, bestärkt... In der dritten Phase nach der Kommunikation, werden widersprüchliche Inhalte teils umgedeutet, so dass sie in die Vorstellungswelt passen, ausserdem werden dissonante Elemente rascher vergessen."

Dröge et al. (1969,158) sehen die Möglichkeit oder Gefahr, je nachdem, wie man diese Erscheinung einschätzen will, dass Habitualisierung eintritt: "Zu häufige Wiederholung derselben Elemente führt zur Abstumpfung und Gleichgültigkeit. Die publizistische Aussage, wenn sie keine definierten Belohnungen offerieren kann, muss formal sehr stark variieren, wenn sie bestimmte inhaltliche Elemente wiederholen will... Rezeption ist durchwegs <u>Programmrezeption</u> und nicht Empfang von Einzelaussagen. Das führt dazu, dass einzelne Wirkungen unmittelbar korrigiert, verstärkt oder vermindert werden. Konsumiert man das Medium länger, treten <u>Habitualisierungsaspekte</u> hinzu, die die Wirkungen weiterhin modifizieren."

7. TABELLEN DER QUANTITATIVEN INHALTSANALYSE

A. Summe der Gesamtberichterstattung

B. Anteil der nicht politischen-militärischen Berichterstattung nach Zeilen und Prozenten der Gesamtberichterstattung

C. Prozentuale Aufgliederung der Gesamtberichterstattung

D. Gesamtzahl der Leitartikel und Kommentare

E. Eigenleistung (Verhältnis der Eigen- zu den Fremdberichten)

F. Leserbriefe

G. Bildberichterstattung

H. Liste der nicht politisch-militärischen Beiträge

Tab. A

1.Spalte: Anzahl Items
Summe der Gesamtberichterstattung; 2.Spalte: Zeilenzahl

	DER BUND	NEUE ZUERCHER ZEITUNG	TAGES-ANZEIGER	VATERLAND
Mai 1967	51/ 3028	147/ 7240	30/ 1603	31/ 2605
Juni 1967	152/ 9874	529/23773	140/ 8538	133/11821
Oktober 1973	141/ 9360	315/17470	116/ 8954	112/ 6630
November 1973	72/ 9874	193/10443	66/ 4318	79/ 4398
Januar 1977	32/ 1119	37/ 2639	24/ 1322	25/ 865
Februar 1977	33/ 856	40/ 2167	33/ 1457	33/ 1434
März 1977	17/ 446	42/ 2890	15/ 995	20/ 1046
Oktober 1977	40/ 1494	39/ 1822	20/ 1062	28/ 1145
November 1977	65/ 2180	62/ 4074	63/ 4605	75/ 3170
Dezember 1977	52/ 2425	91/ 6298	64/ 3559	52/ 2473
Σ	603/38307	1495/78816	571/36413	588/35587

Tab. B.1. DER BUND

Anteil der nicht politisch-militärischen Berichterstattung nach Zeilen und Prozenten der Gesamtberichterstattung

	Wirt	Kult	Soz	Wiss	Reli	Tour	H-I/R	Σ	%
Mai 1967	-	-	-	-	15	-	-	15	0.4
Juni 1967	38	220	-	-	-	-	-	258	2.6
Oktober 1973	-	-	-	-	-	-	-	-	-
November 1973	-	-	-	-	-	429	-	429	5.4
Januar 1977	16	-	-	-	-	-	22	38	3.3
Februar 1977	13	48	-	-	-	-	6	67	7.8
März 1977	12	-	-	-	-	-	9	21	4.7
Oktober 1977	20	41	-	-	-	-	14	75	5.0
November 1977	89	-	-	-	-	-	9	98	4.5
Dezember 1977	-	-	-	33	-	-	-	33	1.4
Σ	188	309	-	33	15	429	60	1034	2.7

Tab. B.2. NEUE ZUERCHER ZEITUNG

Anteil der nicht politisch-militärischen Berichterstattung nach Zeilen und Prozenten der Gesamtberichterstattung

	Wirt	Kult	Soz	Wiss	Reli	Tour	H-I/R	Σ	%
Mai 1967	-	390	-	32	61	-	-	483	6.7
Juni 1967	56	460	-	-	-	66	-	582	2.5
Oktober 1973	373	-	-	-	-	-	-	373	2.1
November 1973	222	-	-	-	-	-	-	222	2.1
Januar 1977	288	345	-	-	467	-	-	1100	41.7
Februar 1977	31	-	71	24	-	-	-	126	5.8
März 1977	307	483	433	-	85	-	-	1308	45.3
Oktober 1977	89	134	-	83	66	-	-	372	20.4
November 1977	274	-	-	90	-	-	-	364	25.6
Dezember 1977	275	320	-	-	-	450	-	1045	16.6
Σ	1915	2132	504	229	679	516	-	5975	7.6

Tab. B.3. TAGES-ANZEIGER

Anteil der nicht politisch-militärischen Berichterstattung nach Zeilen und Prozenten der Gesamtberichterstattung

	Wirt	Kult	Soz	Wiss	Reli	Tour	H-I/R	Σ	%
Mai 1967	-	-	-	-	-	-	-	-	-
Juni 1967	72	330	-	-	-	-	-	402	4.7
Oktober 1973	-	220	-	-	-	-	-	220	2.5
November 1973	-	-	-	-	-	-	-	-	-
Januar 1977	-	44	-	-	-	14	-	58	4.4
Februar 1977	-	-	-	-	-	-	-	-	-
März 1977	53	-	-	-	-	-	-	53	5.3
Oktober 1977	-	-	-	-	-	-	-	-	-
November 1977	-	-	-	-	-	-	-	-	-
Dezember 1977	-	-	-	-	32	27	-	59	1.7
Σ	125	594	-	-	32	41	-	792	2.1

Tab. B.4. VATERLAND

Anteil der nicht politisch-militärischen Berichterstattung nach Zeilen und Prozenten der Gesamtberichterstattung

	Wirt	Kult	Soz	Wiss	Reli	Tour	H-I/R	Σ	%
Mai 1967	-	-	-	-	36	-	-	36	1.4
Juni 1967	-	-	-	30	-	-	-	30	0.3
Oktober 1973	-	-	-	-	-	-	-	-	-
November 1973	-	-	-	-	-	-	-	-	-
Januar 1977	-	147	-	-	-	-	-	147	16.9
Februar 1977	18	170	-	-	-	-	-	188	13.1
März 1977	-	131	-	-	-	169	-	300	26.7
Oktober 1977	-	-	-	-	-	20	-	20	1.7
November 1977	61	120	-	-	-	-	-	181	2.5
Dezember 1977	-	78	-	-	-	-	-	78	3.3
Σ	79	568	-	30	36	189	-	902	2.5

Tab. C.1. DER BUND

Prozentuale Aufgliederung der Gesamtberichterstattung

	LB	LA	KOMM	KORR	AND	DR	NA	Σ %
Mai 1967	-.-	4.8	3.9	16.6	10.0	-.-	64.6	100
Juni 1967	4.2	5.4	3.1	18.7	4.3	2.2	62.1	100
Oktober 1973	6.7	6.7	3.3	27.1	2.3	15.1	38.8	100
November 1973	7.2	5.5	2.8	19.3	1.4	8.9	54.9	100
Januar 1977	-.-	8.7	5.4	30.4	-.-	12.2	43.1	100
Februar 1977	-.-	-.-	11.8	27.8	4.5	-.-	55.9	100
März 1977	-.-	-.-	-.-	32.9	-.-	-.-	67.1	100
Oktober 1977	-.-	-.-	3.8	29.7	2.2	19.6	44.6	100
November 1977	3.1	7.7	2.4	36.4	2.7	-.-	47.7	100
Dezember 1977	-.-	10.8	-.-	38.0	-.-	-.-	51.1	100

Tab. C.2. NEUE ZUERCHER ZEITUNG

Prozentuale Aufgliederung der Gesamtberichterstattung

	LB	LA	KOMM	KORR	AND	DR	NA	Σ %
Mai 1967	1.1	9.5	6.3	44.6	6.6	5.4	28.2	100
Juni 1967	1.2	6.9	3.3	48.0	5.8	1.9	32.7	100
Oktober 1973	1.2	4.4	4.2	69.1	2.9	0.7	17.5	100
November 1973	4.3	11.5	14.9	43.9	5.2	-.-	20.0	100
Januar 1977	-.-	-.-	3.0	75.8	13.0	-.-	8.0	100
Februar 1977	-.-	8.9	-.-	78.9	-.-	-.-	12.2	100
März 1977	0.6	-.-	6.9	55.2	12.5	15.6	9.3	100
Oktober 1977	-.-	-.-	7.8	65.8	11.9	-.-	14.4	100
November 1977	-.-	5.6	7.1	69.7	2.5	-.-	15.0	100
Dezember 1977	-.-	-.-	6.4	66.3	12.2	-.-	15.0	100

Tab. C.3. TAGES-ANZEIGER

Prozentuale Aufgliederung der Gesamtberichterstattung

	LB	LA	KOMM	KORR	AND	DR	NA	MB	Σ %
Mai 1967	-.-	-.-	10.7	46.0	7.4	13.7	7.6	15.9	100
Juni 1967	1.5	9.6	8.4	30.4	9.4	10.2	27.6	2.7	100
Oktober 1973	1.4	4.8	4.2	42.8	6.3	3.5	20.6	16.1	100
November 1973	1.3	10.2	3.7	33.7	2.8	-.-	25.2	22.9	100
Januar 1977	12.2	-.-	11.9	33.8	3.5	-.-	20.7	17.7	100
Februar 1977	-.-	-.-	10.6	45.9	9.9	-.-	18.8	14.6	100
März 1977	5.4	-.-	6.5	61.6	7.1	-.-	19.2	-.-	100
Oktober 1977	-.-	11.6	12.9	19.1	-.-	-.-	26.8	29.4	100
November 1977	2.9	10.0	6.3	27.9	3.2	-.-	24.9	24.5	100
Dezember 1977	-.-	8.4	6.6	31.7	9.1	-.-	24.8	19.4	100

Tab. C.4. VATERLAND

Prozentuale Aufgliederung der Gesamtberichterstattung

	LB	LA	KOMM	KORR	AND	DR	NA	Σ %
Mai 1967	-.-	7.6	3.0	-.-	3.0	-.-	86.3	100
Juni 1967	0.2	7.4	3.9	8.3	2.1	2.3	75.9	100
Oktober 1973	-.-	2.2	8.0	29.9	-.-	6.7	53.0	100
November 1973	0.5	3.5	8.5	22.3	6.2	3.8	54.9	100
Januar 1977	-.-	-.-	7.0	9.3	13.8	-.-	69.7	100
Februar 1977	-.-	10.6	9.3	21.3	19.3	-.-	39.4	100
März 1977	-.-	-.-	-.-	32.0	41.7	-.-	26.2	100
Oktober 1977	-.-	-.-	-.-	36.7	-.-	-.-	63.3	100
November 1977	-.-	4.5	6.4	30.9	5.1	7.0	46.0	100
Dezember 1977	-.-	4.8	11.2	31.8	2.9	-.-	49.2	100

Tab. D Gesamtzahl der Leitartikel und Kommentare
1. Spalte: Anzahl Items
2. Spalte: Zeilenzahl

		DER BUND	NEUE ZUERCHER ZEITUNG	TAGES-ANZEIGER	VATERLAND
Mai	1967	3/ 266	10/1146	3/ 172	2/ 277
Juni	1967	19/1739	20/2453	18/1542	11/1331
Oktober	1973	9/ 932	10/1506	9/ 822	10/ 682
November	1973	8/ 934	19/2766	5/ 602	8/ 533
Januar	1977	2/ 158	1/ 80	2/ 158	1/ 61
Februar	1977	2/ 101	1/ 193	1/ 57	2/ 285
März	1977	-	2/ 201	3/ 155	-
Oktober	1977	1/ 58	1/ 143	4/ 261	-
November	1977	3/ 221	5/ 518	7/ 751	4/ 346
Dezember	1977	3/ 262	4/ 404	7/ 534	5/ 396
Σ		50/4671 Ø 93	73/9410 Ø 129	59/5054 Ø 86	43/3911 Ø 91

Tab. E

$$x = \frac{\text{Eigenberichte (= Leitartikel/Kommentare/Korrespondentenberichte)}}{\text{Fremdberichte (= Agenturberichte) (+ Mischberichte beim TA)}}$$

	DER BUND	NEUE ZUERCHER ZEITUNG	TAGES-ANZEIGER	VATERLAND
ai 1967	0.55	2.35	2.72	0.15
uni 1967	1.25	1.96	1.90	0.28
ktober 1973	1.01	4.61	1.58	0.75
ovember 1973	0.94	3.77	1.04	0.74
anuar 1977	1.03	11.38	1.27	0.43
ebruar 1977	0.79	7.21	1.99	1.53
März 1977	0.78	8.01	3.92	2.81
Oktober 1977	0.80	5.92	0.77	0.57
November 1977	0.95	5.64	0.96	1.02
Dezember 1977	0.96	5.66	1.26	1.03

Tab. F

Leserbriefe

1. Spalte: Anzahl Items
2. Spalte: Zeilenzahl

	DER BUND	NEUE ZUERCHER ZEITUNG	TAGES-ANZEIGER	VATERLAND
Mai 1967	-	2/ 80	-	-
Juni 1967	-	7/285	5/126	1/ 29
Oktober 1973	18/ 785	5/211	3/129	-
November 1973	29/1016	12/453	5/ 57	1/ 24
Januar 1977	-	-	5/161	-
Februar 1977	-	-	-	-
März 1977	-	1/ 16	1/ 68	-
Oktober 1977	-	-	-	-
November 1977	2/ 85	-	2/137	-
Dezember 1977	-	-	-	-
Σ	49/7886	27/1045	21/678	2/ 53

Tab. G **Bildberichterstattung**

1. Spalte: Photos
2. Spalte: Karrikaturen
3. Spalte: Karten, Skizzen

	DER BUND	NEUE ZUERCHER ZEITUNG	TAGES-ANZEIGER	VATERLAND
Mai 1967	18/-/-	9/-/1	12/1/1	11/-/1
Juni 1967	30/3/4	47/-/4	52/5/6	26/-/2
Oktober 1973	47/1/6	49/-/-	55/3/8	13/1/1
November 1973	15/2/1	18/-/-	9/-/3	2/-/-
Januar 1977	-	3/-/-	2/-/-	-
Februar 1977	4/-/-	-	4/-/-	3/-/-
März 1977	1/-/-	1/-/-	4/-/1	4/-/-
Oktober 1977	4/-/-	3/-/-	-	1/-/-
November 1977	13/1/-	13/-/-	16/-/-	9/-/-
Dezember 1977	11/1/-	15/-/-	13/1/2	6/-/-
Σ	138/8/11 157	158/-/5 163	167/10/21 198	75/1/4 80

Tab. H Liste der nicht politisch-militärischen Beiträge

Der Bund

8. 5.67	Gedenktrauer in Israel
20. 1.77	Israels "James Bond" gestorben
18. 2.77	Streikwelle in Israel
21. 2.77	"Hartnäckiges Judentum"
2. 3.77	Grösster Rauschgiftfang
5. 3.77	Schneefall in Jerusalem
23. 3.77	Blockierte Häfen
3.10.77	Unangenehme Währungsreform
29.10.77	Christen und Juden
31.10.77	Begin operiert
3.11.77	Besänftigungsversuche abgelehnt
4.11.77	"Shalom"...
11.11.77	Natur und Naturschutz in Israel

Neue Zürcher Zeitung

7. 5.67	Masada
8. 5.67	Das Projekt für Meerwasserentsalzung in Israel
11. 5.67	Die Auseinandersetzung um die Obduktion in Israel
1. 6.67	Tourismus in Israel
21. 6.67	Israels Wirtschaft nach dem Krieg
25. 6.67	Theater in Israel
7.10.73	Wachstum aus dem Nichts
31.10.73	Rückschlag im israelischen Fremdenverkehr
6.11.73	Steuererhöhungen in Israel
9.11.73	Kriegsfolgen in der israelischen Wirtschaft?
26.11.73	Weitere massive Preiserhöhungen in Israel
6. 1.77	Konsumentenboykott gegen teuren Kaffe in Israel?
7. 1.77	Schnee im Heiligen Land
15. 1.77	Märchen aus Israel
20. 1.77	Formen des Elementaren; Gedichte von David Rokeach
26. 1.77	Zwiespältige Wirtschaftsbiland Israels
26. 1.77	Hazor - die wiederentdeckte Stadt
28. 1.77	Umstrittener israelischer Haushaltentwurf

29. 1.77	Christliches Jerusalem
2. 2.77	Fristenlösung mit sozialer Indikation
11. 2.77	Auszeichnungen für F.Dürrenmatt und W.Kägi; Ehrendoktorate der Universität Jerusalem
15. 2.77	Vorläufige Einigung über Lohn-Preis-Stopp in Israel
12. 3.77	Als Arzt bei den Beduinen im Sinai
12. 3.77	Saul Bellow: Jerusalem - Erlebnis und Nachdenken
15. 3.77	Geschliffene Diamanten aus Israel
16. 3.77	Eine Nahost-Arbeitstagung der Schweizer Wizo-Föderation
18. 3.77	Israels Uebergangsbudget angenommen
19. 3.77	Tod und Nachfolge eines grossen Rebben
23. 3.77	Dockerstreik in Israel
25. 3.77	Ein Kinderdorf braucht Geld
26. 3.77	Abbruch des israelischen Hafenstreiks
1.10.77	Das Laubhüttenfest in Jerusalem
11.10.77	Ansprüche auf den Tempelberg in Jerusalem
25.10.77	Israel kürzt Subventionen auf Nahrungsmittel
26.10.77	Biologische Schädlingskontrolle in Israel
28.10.77	Die Norbert Schimmel-Sammlung antiker Kunst
31.10.77	Das Sanierungsprogramm für Israels Wirtschaft
1.11.77	Proteststreiks in Israel
3.11.77	Israels "neue Wirtschaftspolitik"
8.11.77	Kongress des israelischen Gewerkschaftsbundes
11.11.77	Abschluss des Gewerkschaftskongresses in Israel
11.11.77	Die Wüste wächst
2.12.77	Entwicklung und Angebot Israels als Ferienland
5.12.77	"Von den Juden als Juden sprchen" Gershom Scholem zu seinem 80. Geburtstag
7.12.77	Israels "New Deal" im Test der Wirklichkeit
16.12.77	Israels touristischer Leitplan bis 1985
20.12.77	Heimkehr ins Unbekannte
29.12.77	Menschenschicksale im Nahen Osten

<u>Tages-Anzeiger</u>

10. 6.67	Israel braucht Kapital
17. 6.67	Es gibt nur das Problem des Antisemitismus - Ein fragwürdiges Buch über dunkle Seiten der Menschheitsgeschichte

24. 6.67	Interview mit Sartre: Araber und Juden
2.10.73	Leben im Kibbuz - einst und heute
12. 1.77	Wann lebte Abraham?
13. 1.77	Zürich-Mexiko direkt
12. 3.77	Wirtschaftsspionage gegen Israel
2.12.77	Ein Leben für die Kabbala - Zum 80. Geburtstag von Gershom Scholem am 5. Dezember
8.12.77	Israel will freiwillige Missionare bestrafen
24.12.77	Das Heilige Land wird von Touristen überflutet

Vaterland

29. 5.67	Deutscher Theologiestundent in Israel redigiert hebräische Studentenzeitschrift
16. 6.67	Welt der Jugend; Kochen mit Sonnenenergie
6. 1.77	"Israel Nachrichten"
18. 1.77	Israel wertet ab
20. 1.77	Vom Charakter der israelischen Gesellschaft
12. 2.77	Aus einem Kibbuz Tagebuch
18. 2.77	Israel friert ein
26. 2.77	Aus dem Kibbuz Tagebuch
5. 3.77	Wo Du stehst, ist heiliges Land
12. 3.77	Jerusalem, Stadt der Sehnsucht
14. 3.77	Vortrag über Israel
16. 3.77	Hoffnungsvolle Neuentwicklung im Nahen Osten?
19.10.77	Fast eine Million Touristen
2.11.77	Wirtschaftsreform in Israel
3.11.77	Proteststreiks in Israel
3.11.77	Golda reiste zu einer "Golda"-Premiere
11.11.77	Kishon wird Ritter
18.11.77	Golda Meirs Theatererfolge
28.11.77	Ehrendoktorwürde für Dürrenmatt und Kägi
7.12.77	Abschied von einem Philosophen

Josef Schoppig

Nachwort zur Einführung

Diese Arbeit entstand in der Zeit von 1980 bis 1983. - Nach dem Abschluss mit dem Lizentiat in Sozial- und Wirtschaftswissenschaften an der Universität Basel im Jahre 1979 hatte ich Kontakt mit Prof. Dr. Erhard Roy Wiehn von der Universität Konstanz aufgenommen, um sein Interesse an einer Dissertation zum Thema "Israel im Spiegel der Schweizer Presse" abzuklären. Prof. Wiehn ermutigte mich zur Auseinandersetzung mit diesem Thema.

Der Nahostkonflikt ist leider seit vielen Jahren eine Realität, welche regelmäßig ihren Niederschlag in der medialen Berichterstattung findet. Es gab Vermutungen, welche Schweizer Zeitungen sich kritischer oder wohlwollender mit dem Staat Israel auseinandersetzten als andere. Eine systematische Aufarbeitung fehlte allerdings. Mit dieser Arbeit wurde eine Lücke für die damalige Zeit geschlossen.

Aus familiären Gründen war es mir damals leider nicht möglich, das Doktorats-Studium abzuschließen, was zur Folge hatte, dass auch die Dissertation zwar angenommen, aber nicht veröffentlicht wurde.

Nach einigen Jahrzehnten im aktiven Berufsleben als Geschäftsführer von schweizerischen, europäischen und weltweit tätigen Organisationen hatte ich vor zwei Jahren den Ruhestand angetreten.

In der letzten Zeit reifte der Gedanke, die damalige Dissertation einem breiten Publikum zur Verfügung zu stellen. Prof. Dr. Wiehn, den ich nach 40 Jahren wieder kontaktierte, griff diese Idee spontan auf und schlug eine Veröffentlichung in seiner Edition Schoáh & Judaica im Hartung-Gorre Verlag (Konstanz) vor.

Ich würde mich freuen, wenn aktuelle Untersuchungen über das Israel-Bild in den schweizerischen Zeitungen und anderen Medien folgen würden. An Ereignissen in den letzten 40 Jahren fehlt es wahrlich nicht, da sich der Staat Israel noch immer zumindest mit einem Teil seiner arabischen Nachbarn im Konflikt befindet, auch wenn erfreulicherweise mit einigen arabischen Staaten inzwischen offizielle Beziehungen aufgenommen wurden.

Im Februar 2022

Josef Schoppig

Josef Schoppig, geb. 1954, studierte in Basel Sozialwissenschaften und Ökonomie und schloss das Studium mit dem M.A. der Universität Basel ab. Er hat über drei Jahrzehnte Erfahrung in der Geschäftsführung von nationalen und internationalen Berufsverbänden aus verschiedenen Industriezweigen. Er ist ein erfahrener und gesuchter Spezialist im Bereich der Oberflächenbehandlung von Aluminium. Seit seiner Pensionierung ist er als Berater von KMU und NPO tätig. Josef Schoppig lebt in Zürich, ist verheiratet und hat drei erwachsene Kinder.